Der Chef, den ich nie vergessen werde

Alexander Groth ist Experte für Leadership im oberen und mittleren Management. Als Professional Speaker gibt er Führungskräften auf Tagungen und Konferenzen mit seinen Vorträgen neue Impulse für ihre Arbeit. Groth ist Lehrbeauftragter an drei Universitäten. Zu seinen Kunden zählen die Führungsetagen internationaler Konzerne.

Alexander Groth

Der Chef, den ich nie vergessen werde

Wie Sie Loyalität und Respekt
Ihrer Mitarbeiter gewinnen

Mit 26 Zeichnungen von Thomas Plaßmann

Campus Verlag
Frankfurt/New York

Für meine Söhne

ISBN 978-3-593-50134-5

Das Werk einschließlich aller seiner Teile ist urheberrechtlich geschützt.
Jede Verwertung ist ohne Zustimmung des Verlags unzulässig. Das gilt
insbesondere für Vervielfältigungen, Übersetzungen, Mikroverfilmungen
und die Einspeicherung und Verarbeitung in elektronischen Systemen.
Copyright © 2014 Campus Verlag GmbH, Frankfurt am Main
Umschlaggestaltung: total italic, Thierry Wijnberg, Amsterdam/Berlin
Umschlaghandschrift: Genneth A. Agbenu
Satz: Publikations Atelier, Dreieich
Gesetzt aus: Minion und Myriad
Druck und Bindung: Beltz Bad Langensalza
Printed in Germany

Dieses Buch ist auch als E-Book erschienen.
www.campus.de

Inhalt

Vorwort

1. **Wer wollen Sie sein?**
   Zwei grundsätzliche Entscheidungen, die Sie als
   Führungskraft treffen müssen 9

2. **Von der Kopie zum Original**
   Wie Sie erreichen, dass Ihre Mitarbeiter Ihnen folgen 32

3. **Der innere Hochofen**
   Wie Sie eine wirkungsstarke Persönlichkeit werden 61

4. **Das alles entscheidende Element**
   Wie Sie sich verändern müssen, um die Welt zu verändern 79

5. **Das Beste fordern**
   Was gute Mitarbeiter wollen, ohne es selbst zu wissen 110

6. **Das Beste fördern**
   Warum Sie Ihre Mitarbeiter nicht verändern müssen 140

7. **Sehen, was andere nicht sehen**
   Was Menschen wirklich inspiriert 166

8. **Den Kern verstehen**
   Das größte Leadership-Prinzip aller Zeiten 194

Ihre ersten Schritte zum We-care-Leader 213

Danksagung 215

Literatur 216

Anmerkungen 218

Register 221

Vorwort

Haben Sie Vorgesetzte, deren Führungsqualität Sie in jeder Hinsicht beeindruckt? Eher nicht? Dann geht es Ihnen wie den meisten Menschen. Nur wenige Berufstätige bekommen die Chance, unter einer herausragenden Führungspersönlichkeit zu arbeiten. Die meisten lernen ihr ganzes Berufsleben lang keinen echten Leader kennen. Warum gibt es so wenige exzellente Vorgesetzte, obwohl doch die meisten von ihnen genügend Führungsseminare besuchen und Bücher zum Thema Führung lesen? Das Problem ist, dass man sich auf diese Weise nur Werkzeuge und Techniken aneignen kann, wie zum Beispiel Selbstmanagement-Methoden, Führen mit Zielen oder Situatives Führen. Doch erlernte Methoden stoßen früher oder später an ihre Grenzen. Um Außergewöhnliches zu leisten, Menschen nachhaltig zu beeinflussen und damit in Erinnerung zu bleiben, genügen sie nicht. Sie verbessern zwar die Führungskompetenz, machen aber aus einem Vorgesetzten keinen Leader.

Großartige Führungskräfte sind vor allem großartige Persönlichkeiten. Diese steckt zwar in den meisten Menschen – sie muss aber freigelegt und entwickelt werden. Deshalb geht es in diesem Buch in erster Linie darum, die persönlichen Eigenschaften einer Führungskraft Schicht für Schicht herauszuschälen, statt außen etwas anzuheften. Dabei vermittelt der Ratgeber neue, teils ungewohnte Denkhaltungen, mit denen Vorgesetzte ihre Mitarbeiter wirklich zu Höchstleistungen animieren. Am Ende des Prozesses steht ein Mensch, der sein Leben nicht auf Karriereoptimierung ausrichtet, sondern andere mit Demut, Akzeptanz, Vertrauen und Liebe führt.

Wahre Führung geht von innen nach außen. Im ersten Teil des Buches wird daher erörtert, wie Sie als Chef eine Persönlichkeit werden können, die nicht nur Respekt genießt, sondern Spuren in den Unternehmen und in den Köpfen und Herzen der Menschen hinterlässt. Im zweiten Teil beschäftigt sich das Buch mit den Prinzipien, die heute für die Führung von motivierten Wissensarbeitern in einem komplexen Umfeld tatsächlich wesentlich sind.

Dieses Buch kann Ihnen einen herausragenden Chef nicht ersetzen, aber es kann etwas anderes leisten. Neben einem großartigen Chef würden sich die meisten Führungskräfte einen Mentor wünschen, also jemanden, der ihnen aus seiner langjährigen Erfahrung heraus wertvolle Hinweise für den Weg als Führungskraft und für die persönliche Weiterentwicklung geben kann. Dieses Buch enthält die Erkenntnisse, die Ihnen ein lebenserfahrener Leader bei abendlichen Kamingesprächen mit auf den Weg geben würde. Planen Sie regelmäßige Sequenzen für diese Kamingespräche ein. Wenn Sie pro »Sitzung« einen guten Gedanken mitnehmen, den Sie umzusetzen beginnen, wird dieses Buch eine wunderbare Herausforderung für Sie sein.

1. Wer wollen Sie sein?

Von zwei grundsätzlichen Entscheidungen, die Sie als Führungskraft treffen müssen

Stehe an der Spitze, um zu dienen, nicht, um zu herrschen!
Bernhard von Clairvaux (französischer Zisterzienser-Abt)

Es war eines der wichtigsten Ereignisse des Jahres. Die Vertreter eines asiatischen Konzerns waren angereist, und wir präsentierten ihnen unsere Vorschläge für eine Zusammenarbeit. Dieses Treffen war über Monate vorbereitet worden. Wir hatten sogar eine interkulturelle Schulung erhalten. Während ein Kollege am Beamer vortrug, blinkte plötzlich das stummgeschaltete Handy meiner Kollegin, die zwischen mir und meinem Chef saß. Ich dachte: »Wie kann man bei so einem Ereignis vergessen, das Handy auszuschalten?«, denn ihre Präsentation sollte als nächste folgen. Auf dem Display stand »Schule«. Die Kollegin drückte den Anruf weg. Ungefähr eine Minute später leuchtete es erneut auf: »Schule.« Die Nervosität der Kollegin war zu spüren, denn sie hatte eine siebenjährige Tochter, die in die zweite Klasse ging. Es war aber unmöglich, den Anruf jetzt anzunehmen. Ihr gegenüber saß die gesamte asiatische Delegation, und es ging für unser Unternehmen um sehr viel. Außerdem musste sie sich auf ihren Vortrag konzentrieren. Es ging jetzt einfach gar nicht, zu telefonieren. Plötzlich hörte ich die Stimme meines Chefs, der links von ihr saß: »Wollen Sie nicht drangehen? Es könnte wichtig sein!« Sie: »Ja, aber ich kann doch jetzt nicht stören.« Mein Chef mit Nachdruck: »Gehen Sie raus und telefonieren Sie!« Sie stand unter den verwunderten Blicken aller Anwesenden auf und verließ den Raum. Ungefähr anderthalb Minuten später kam sie wieder. Ich sah, dass sie nur mit Mühe die Fassung bewahrte. Mein Chef hob den Arm und unterbrach den Kollegen in seiner Präsentation. Er fragte: »Was ist passiert?« Meine Kollegin antwortete mit zittriger Stimme: »Meine Tochter ist in der Pause von einem Klettergerüst auf den Rücken gefallen. Sie wird gerade ins Krankenhaus gebracht. Mehr weiß ich noch nicht.« Mein Chef reagierte mit ruhiger, fester Stimme: »Soll ich Ihnen einen Fahrer rufen oder wollen Sie selbst fahren?« Meine Kollegin zögerte kurz und sagte dann: »Nein danke, ich fahre selbst.« Sie nahm ihre Tasche und verließ den Konferenzraum. Mein Chef entschuldigte sich bei der mittlerweile sehr irritierten Delegation und übernahm kurz darauf den Vortragsteil meiner Kollegin.

Die Tochter meiner Kollegin war, wie sich noch am gleichen Tag herausstellte, nicht schlimm verletzt. Den Auftrag verloren wir später, aber das hatte andere Gründe. Meine Kollegin erzählte mir an einem der folgenden Tage, dass sie sich bereits entschieden hatte, zuerst ihre Präsentation zu halten und die Schule dann zurückzurufen. Der Grund des Anrufs hätte ja auch harmlos sein können. Außerdem hätte das Handy ohnehin ausgeschaltet sein sollen. Sie war unserem Chef deshalb überaus dankbar, dass er ihr in einer Situation hoher Anspannung und persönlicher Befangenheit die klare Anweisung gegeben hatte, das Gespräch zu führen. Unser Chef hatte in diesem Moment ihre Bedürfnisse über die der Delegation und des für die Firma sehr wichtigen Auftrags gestellt.

Ich hatte großes Glück. Mein erster Chef hatte viel von dem, was ich für vorbildlich halte und was mancher im gesamten Berufsleben kein einziges Mal erlebt. Er war und ist eine Persönlichkeit von Format. Ich habe viel von ihm lernen dürfen. Er hatte als Chef und als Mensch unsere uneingeschränkte Loyalität. Wir wären für ihn durchs Feuer gegangen. Ich würde es sogar heute noch tun. Er ist ein sehr erfolgreicher Manager, der in der Sache hart verhandeln kann, wenn es erforderlich ist. Er besitzt aber auch Herzensgüte und Demut, beides Eigenschaften eines besonderen Charakters, der in Erinnerung bleibt.

Reden wir über Sie. Vermutlich sind Sie ein hervorragender Manager. Mit großer Wahrscheinlichkeit verfügen Sie über eine sehr gute Ausbildung und große Praxiserfahrung. Im Organisieren, Umsetzen, Kontrollieren und Problemlösen macht Ihnen so schnell keiner etwas vor. Sie wissen, wie man Prozesse aufsetzt und anschließend optimiert. Projekte managen Sie routiniert. Sie erreichen auch sehr anspruchsvolle Ziele. Jeden Tag holen Sie die Eisen aus dem Feuer. In Management sind Sie großartig und verdienen unbesehen Bestnoten! Wozu also sollten Sie dieses Buch lesen? Wenn es Ihnen ergeht wie den meisten Managern, liegt Ihr Wachstumspotenzial nicht mehr in der Verbesserung Ihrer Managementfähigkeiten, sondern beim Thema Leadership. Der amerikanische Berater und

Autor Tom Peters bringt es auf die Formel, die meisten Unternehmen seien »overmanaged« und »underled«. Weshalb ist das so?

Leadership-Fähigkeiten sind ganz überwiegend abhängig vom Charakter und der menschlichen Reife des Leaders und nur zu einem kleinen Teil vom Wissen über Führungstechniken. Bei Managementfähigkeiten ist es genau umgekehrt. Jemand kann sich umfangreiches Managementwissen aneignen und mit der entsprechenden Erfahrung ein guter Manager werden. Aber irgendwann stoßen Manager an eine Grenze. Diese kann darin bestehen, dass sie auf der Karriereleiter stehen bleiben oder unabhängig davon für sich selbst einen Mangel verspüren, den sie beheben wollen. In solchen Lebenslagen wünschen sich viele einen herausragenden Chef, der ihnen als Vorbild dienen und dabei helfen könnte, selbst besser zu werden und weiter zu wachsen. Ich hatte einen solchen Chef. Was ihn und andere Leader gegenüber bloßen Managern auszeichnet, werden Sie in diesem Buch erfahren. Es vermittelt Ihnen das Wissen, das Sie gern von einem Spitzenchef oder einem älteren, erfahrenen Mentor hätten lernen wollen, den Sie vielleicht nie hatten. Es zeigt Ihnen den inneren und äußeren Weg, auf dem Sie vom Manager immer mehr zu einem Leader werden.

Beginnen wir mit der Frage: Wer wollen Sie sein? Im Lauf unseres Lebens treffen wir einige wenige Grundsatzentscheidungen. Mit zwei dieser Entscheidungen stellen Sie die Weichen dafür, ob Sie eine Führungskraft werden, der die Mitarbeiter Respekt und Loyalität entgegenbringen. Viele Führungskräfte haben diese beiden Entscheidungen nie bewusst getroffen. Sie gehen einfach den Weg des geringsten Widerstands. Keine bewusste Entscheidung zu treffen ist aber auch eine Entscheidung – meist die schlechtere. Diese Vorgesetzten machen auf eingefahrenen Gleisen einfach weiter wie bisher. Wer jedoch die Weichen für seine Entwicklung als Führungskraft nicht selbst stellt, bewegt sich zuverlässig in Richtung Mittelmaß.

Ich vermute, die erste Entscheidung haben Sie bereits getroffen. Jetzt geht es um die zweite, die Ihr Leben verändern wird. Die zweite Entscheidung wird noch seltener bewusst getroffen als die erste. Deshalb gibt es auch nicht viele großartige Leader. Betrachten wir kurz die erste Entscheidung, um dann zu sehen, vor welcher Sie wahrscheinlich jetzt stehen.

Die erste Entscheidung

Sicherlich erinnern Sie sich noch an die Zeit, in der Sie Ihre erste Führungsposition erhalten haben. Wahrscheinlich hatten Sie gehofft, diese Position zu bekommen, und sich sogar darauf beworben. Und dann kam endlich der Tag, an dem Sie erfuhren, dass Sie die oder der Glückliche sind. In Zukunft würde auf Ihrer Visitenkarte ein Synonym für »Chef« stehen. Sie waren im Glücksrausch, aber vermutlich nur für kurze Zeit. Wie die meisten neuen Vorgesetzten empfanden Sie den Rollenwechsel vom Kollegen zum Chef wahrscheinlich als schwierig. Gestern standen Sie noch mit den Kollegen in der Kaffeeküche und haben über das unfähige Management diskutiert, und heute verstummen plötzlich alle Gespräche, wenn Sie den Raum betreten. Ihr Versuch, mit einigen Sätzen eine lockere Atmosphäre zu schaffen, misslingt. Sie gehören offensichtlich nicht mehr dazu, denn Sie sind jetzt Teil einer anderen Gruppe. In dieser werden Sie aber noch nicht voll akzeptiert. Zwar behandeln Sie die Managerkollegen einigermaßen höflich, die Zwölfender lassen Sie aber deutlich spüren, dass Sie noch ein sehr kleiner Hirsch ohne ernst zu nehmendes Geweih sind. Wenn Sie in der Leitungsrunde das Wort ergreifen wollen, finden Sie keine passende Gesprächslücke, weil trotz deutlicher Signale ihrerseits niemand für Sie eine Redepause macht.

Im Führungsalltag werden Sie sich nach und nach Ihrer Defizite bewusst. Keiner hat Sie ausreichend auf die Rolle als Führungskraft vorbereitet. Bei verschiedenen Anlässen verhalten Sie sich unangemessen, und Sie merken das nur zu deutlich. Ihnen wird bewusst, dass Ihr Rückgrat für manche Situationen noch nicht genügend ausgebildet ist. So etwas kennen Sie von sich bisher gar nicht. Das ist eine unangenehme Erkenntnis, die Sie verunsichert und ärgert. All das will emotional verarbeitet werden. Irgendwann akzeptieren Sie die Situation, auch wenn sie Ihnen nicht gefällt.

Nach der Akzeptanz gewöhnen Sie sich nach und nach an den neuen Job. Das alleine reicht aber noch nicht. Um eine wirkliche Führungskraft zu werden, der die Menschen folgen, ist mehr nötig als nur Gewöhnung an die neuen Umstände. Alfred Herrhausen, in den 1980er Jahren Vorstandssprecher der Deutschen Bank, hat einmal treffend formuliert: »Führung muss man wollen.«

Es war, als hätten Sie mental einen Schalter im Kopf umgelegt. Sie haben sich zu einem bestimmten Zeitpunkt entschieden, Menschen führen zu wollen und nicht nur per Stellenbeschreibung zu müssen. Von der Position, führen zu müssen, in die Positon, führen zu wollen, haben Sie sich innerlich selbst befördert. Von diesem Zeitpunkt an wurden Sie tatsächlich ein Chef. Sie haben die Führungsrolle nicht nur erhalten, sondern für sich angenommen. Ihr inneres Selbstbild rastete in die äußerlich bereits erteilte Position ein. Damit gingen die ersten Weichenstellungen einher, sich in bestimmten Situationen wie eine Führungskraft zu verhalten. Ihre Managerkollegen begannen, Ihnen zuzuhören. Auch der Blick der Mitarbeiter auf Sie veränderte sich. Sie nahmen wahr, dass diese Ihnen in Alltagssituationen mehr Respekt entgegenbrachten. Ihre innere Entscheidung, ein Chef sein zu wollen, wurde nach außen hin sichtbar.

Kennen Sie die Art Vorgesetzte, die laut Titel zwar Chef sind, sich aber nie entschieden haben, führen zu wollen? Sie bleiben als Vorgesetzte ihr Leben lang brave Verwalter. Sie machen in einem geregelten Umfeld vielleicht sogar einen ganz ordentlichen Job, aber mehr ist nicht zu erwarten. Wer wirklich führen will, muss sich willentlich dafür entscheiden. Treffen Sie diese Entscheidung für sich nicht, ist das auch eine Entscheidung. Sie wählen den bereits ausgetretenen Weg hin zum Verwaltertyp und zum Mittelmaß als Führungskraft.

Neben der Entscheidung, Menschen führen zu wollen, gilt es noch eine weitere Entscheidung zu treffen. Diese verändert Sie noch mehr als die erste. Jeder Mensch kann diese Entscheidung für sich treffen. Wenn Sie aber eine Führungskraft sind, hat sie besonders deutliche Konsequenzen, weil Sie dann ein Multiplikator sind. Als solcher können Sie im Sinne der zweiten Entscheidung Großes leisten.

Die zweite Entscheidung

Welches ist nun die zweite wesentliche Entscheidung, nachdem Sie sich entschlossen haben zu führen? Die alles entscheidende zweite Frage ist jetzt: Was für eine Führungskraft wollen Sie sein?

Es gibt zwei Arten von Vorgesetzten. Es gibt diejenigen, die sich hauptsächlich um sich selbst kümmern. Sie sind in ihrer Sicht auf die Welt und das Leben sehr eingeschränkt, als wäre ihr Blick durch einen Schleier getrübt. Sie können all das, was hinter dem Schleier liegt, nicht scharf sehen. Diese Art von Vorgesetzten hat nur genau so viel Interesse an ihren Mitarbeitern, dass sie sich selbst einreden können, sie täten doch einiges für ihre Leute und seien im Großen und Ganzen gute Chefs. Auf einer Skala von 1 bis 10 (1 bedeutet »sehr schlechter Chef« und 10 heißt »exzellenter Chef«) würden sich diese Vorgesetzten wahrscheinlich selbst eine 8 geben. Die zwei zur Maximalzahl fehlenden Punkte sind dem zukünftigen Wachstum geschuldet. Man hat ja schließlich noch etwas vor sich. Von dieser Art Manager gibt es leider viel zu viele, und das Ergebnis ihrer Arbeit ist die tägliche Demotivation der Mitarbeiter. Sie sorgen dafür, dass Menschen ihr Potenzial nicht entwickeln. Sie sind der Grund für ein schlechtes Arbeitsklima, für gestresste Mitarbeiter und Eltern, die ihrer Familie nicht mehr gerecht werden.

Auf der anderen Seite gibt es Vorgesetzte, die sich als Leader erweisen. Das sind Führungskräfte, deren Können ebenfalls mit einer Schätzung von 8 und auch darüber bedacht wird, allerdings nicht von ihnen selbst, sondern von deren Mitarbeitern. Diese Leader sind außergewöhnliche Persönlichkeiten. Sie wecken das Beste in den Menschen. Wenn deren frühere und aktuelle Mitarbeiter an sie denken, empfinden sie vor allem Respekt, Loyalität und Dankbarkeit. In diesem Buch werde ich Ihnen aufzeigen, was diese Führungskräfte auszeichnet und wie Sie ein solche werden. Die Grundhaltung, die das Handeln dieser Top-Leader bestimmt, lässt sich so zusammenfassen:

We care!

Werden Sie ein We-care-Leader

Den ersten Kontakt zu einem We-care-Leader hatte ich auf dem Gymnasium. Dort gab es einen Lehrer, Robert Link, der damals schon kurz vor seiner Pensionierung stand. Er unterrichtete unter anderem Geschichte, und er verstand es, Begeisterung dafür zu wecken. Er war ein hervorragender Didaktiker. Eine Eigenschaft aber machte ihn einzigartig, die ich bei kaum einem anderen Lehrer und auch später in der Wirtschaft nur selten erlebt habe. Besonders deutlich wurde diese beim sogenannten Pausendienst, den Robert Link in den neun Jahren, in denen ich die Schule besuchte, jeden Tag freiwillig (!) beaufsichtigte. Dabei musste man in der zweiten großen Pause mit einer langen Metallklammer in der einen und einem Müllsack in der anderen Hand gemeinsam mit anderen Schülern und Herrn Link den Schulhof vom Müll befreien. Es war ein Strafdienst für Schüler, die im Unterricht auffällig geworden waren und zu denen ich gelegentlich auch gehörte. Meist befand man sich beim Pausendienst in Gesellschaft der schwierigsten Charaktere, die eine Schule zu bieten hat. Es war eine gute Schule, aber natürlich gab es auch einige ernsthafte Herausforderungen unter den Schülern. Es waren zur Hälfte immer dieselben Anwärter mit schlechten Noten und auffälligem Verhalten, die sich in der Pause zum Dienst trafen. Sie waren die schwarzen Schafe in ihren Klassen, und ihnen war klar, dass sie nicht als Kandidaten für das Abitur galten. Sie kannten es bisher nicht, dass jemand ihnen gegenüber Respekt, Vertrauen und Anerkennung zeigte. Robert Link tat genau das. Er begegnete auch Schülern, die auf den Pausendienst abonniert schienen, immer mit echter Freundlichkeit und großem Respekt, als seien sie Musterschüler, die sie sich freiwillig für einen Dienst an der Gemeinschaft gemeldet hätten. Wenn jemand etwas Unverschämtes zu Herrn Link oder auch einem Mitschüler sagte, war er sichtlich bestürzt und fragte sofort zurück, wie man so etwas denn sagen könne. Er suchte auf der Stelle (also im Pausenhof) das Gespräch mit demjenigen. Stets wurde sein unbedingter Glaube an das Gute in jedem von uns deutlich. Auch die Hartgesottenen blieben ihm gegenüber nach ein oder zwei Ausreißern höflich. Man wollte ihn einfach nicht enttäuschen. Dieser Glaube an uns entsprang aber nicht einer Naivität, sondern seinem inneren Bild davon, wie wir sein könnten.

Im Hintergrund setzte er sich regelmäßig still und leise für einige der »schwierigen Fälle« ein und versuchte bei ihnen, den Eltern und der Schulleitung das Vertrauen zu stärken, dass sie das Abitur schaffen könnten. Auch der Schuldirektor ließ sich von »Papa Link«, wie wir ihn heimlich nannten, beeinflussen. Nicht wenige haben seinem Glauben an sie ihr Abitur zu verdanken. Dieser Mann beeindruckt mich im Nachhinein noch mehr als damals, weil ich erst heute verstehe, welche Charakterstärke und welches Menschenbild er hatte. Damit bewirkte er bei manchen Schülern mehr als das ganze restliche Lehrerkollegium zusammen. Er war weder ein strenger noch ein besonders dominanter Lehrer, aber er besaß Herzensgüte, Überzeugungskraft und Demut. Als wir zum Schulabschluss unsere Abizeitung herausgaben, war er einer von zwei Lehrern, die rundweg positiv dargestellt wurden. Dieser Mann hatte sich unseren Respekt verdient. Er war eine außergewöhnliche Persönlichkeit und hat sehr wahrscheinlich nicht nur mich nachhaltig beeindruckt.

Später hörte ich an der Universität Mannheim im Grundstudium mit über 500 Kommilitonen Marketingvorlesungen von Prof. Dr. Hans Raffeé, der auch ein We-care-Leader ist. Er war ein begnadeter Rhetoriker, und wir BWL-Studenten hingen an seinen Lippen. Die letzten 15 bis 20 Minuten seiner 90-minütigen Vorlesungen nutzte er jeweils, um uns einen Artikel über gesellschaftliche Themen aus der *ZEIT* oder der *FAZ* vorzulesen, den er anschließend kommentierte. Raffeé hielt uns BWL-Studenten zu einem Studium generale an und ermahnte uns immer wieder: »Werden Sie nicht zu Fachidioten und besuchen Sie auch Vorlesungen an anderen Fakultäten. Hören Sie mal bei den Kollegen etwas über Ethik oder Geschichte. Bilden Sie sich.« Raffeé stand in dem Ruf, sehr viel für die Studenten zu tun. Unter anderem organisierte er Besuche von Kunstausstellungen in den Mannheimer Museen. Mit seinen Wahlpflichtfachstudenten unternahm er mehr Kursfahrten als andere Professoren, die unter anderem regelmäßig ins Kloster führten. Dort trafen die Studenten auf einen sehr gebildeten Mönch, der Vorstände beriet und mit dem sie stundenlang die Bedeutung von Werten diskutierten. Professor Raffeé förderte die Studenten nicht nur beruflich, indem er zum Beispiel Kontakte zu Unternehmen herstellte, sondern auch in ihrer menschlichen Entwicklung. Er nahm sich Zeit, wann immer ein Student ihn darum bat. Raffeé war für mich ein Vorbild an Integrität, lebensbejahender Energie und Menschlichkeit. Obwohl er unter anderem wegen seiner brillanten Rhetorik ein in Kreisen der nationalen Wirtschaft bekannter Professor war, redete er mit uns Studenten sowohl in der Vorlesung als auch im Einzelgespräch immer auf Augenhöhe. In den Vorlesungen zeigten sich sein humanistisches Menschenbild und sein Glaube an uns Studenten als herausragende Persönlichkeiten. Auch er sah das Beste in uns und forderte uns auf, es zu entwickeln und hervorzubringen. Die Wirkung eines solchen ausgesprochenen Vertrauens ist so fulminant, dass man es am liebsten auf der Stelle rechtfertigen würde. Ich habe gehört, dass ihn zu seiner nächtlichen Emeritierungsfeier über 100 ehemalige Doktoranden und Studierende überraschten, die aus aller Welt angereist waren, um ihn mit einem Fackelzug von seinem Haus zur Universität zu geleiten. Kennen Sie jemanden, der mit 100 Fackelträgern, von denen viele Tränen in den Augen hatten, aus seinem Amt geleitet wurde?

Natürlich geht jemand wie Hans Raffeé nicht einfach in den Ruhestand, nur weil er ein bestimmtes Lebensalter erreicht hat. Er setzte sich auch weiterhin für seine Studenten ein. Damals brach der Kontakt der Alumni zu ihrer deutschen Universität nach Beendigung des Studiums in der Regel vollständig ab. Alumni-Organisationen, wie man sie aus den USA und vielen Ländern der Welt kennt, gab es hierzulande nicht. Nach seiner Emeritierung 1994 beteiligte sich Raffeé deshalb als erster Vorsitzender am Aufbau der Absolventenvereinigung AbsolventUM (Absolventen der Universität Mannheim). Die 1995 ins Leben gerufene Organisation wurde unter anderem 1998 vom damaligen Bundespräsidenten Roman Herzog als Innovation im Hochschulbereich ausgezeichnet, und heute noch gilt AbsolventUM als *der* Maßstab für alle universitären Absolventennetzwerke im deutschsprachigen Raum. 2003 wurde Raffée für sein universitäres, kirchliches und kulturelles Engagement mit dem Bundesverdienstkreuz 1. Klasse geehrt.

Der dritte We-care-Leader auf meinem Weg war der Chef, von dem ich Ihnen in diesem Buch berichte. Auch wenn ich natürlich etwas verfremdet habe, ist einiges, was ich in diesem Buch über ihn erzähle, doch sehr persönlich, wie Sie noch merken werden. Deshalb nenne ich seinen Namen nicht. Von ihm erfahren Sie jeweils etwas zu Beginn der einzelnen Kapitel.

Serving-Leader versus Selfserving-Leader

Hinter dem Lebenswerk so hervorragender Leader steckt eine Geisteshaltung. Ich kam der Geisteshaltung dieser großartigen We-care-Leader das erste Mal inhaltlich auf die Spur, als ich mich mit dem 1990 verstorbenen amerikanischen Autor Robert K. Greenleaf beschäftigte, der mit dem Aufsatz »The servant as leader« von 1970 international bekannt wurde. In diesem Artikel hatte er den Begriff Servant-Leader geprägt. Da der Begriff »servant« nicht dieselbe Konnotation hat wie das deutsche »Diener«, ist die Übersetzung nicht ganz adäquat. Sie finden den Originaltext in den Endnoten. Greenleaf beschreibt den Servant-Leader so (eigene Übersetzung, A. G.):

»Der dienende Führer ist in erster Linie Diener […] Zunächst verspürt er den natürlichen Wunsch zu dienen, primär zu dienen. Darauf folgt die bewusste Entscheidung zu führen […] Der Unterschied äußert sich in der Sorgfalt, die der Diener aufwendet – als Erstes sicherzustellen, dass die wichtigsten Bedürfnisse anderer erfüllt werden.

Der beste, aber am schwierigsten anzuwendende Test: Wachsen diejenigen, denen die Fürsorge gilt, als Persönlichkeiten? Werden sie dadurch gesünder, klüger, freier, selbstständiger und besser befähigt, selbst Dienende zu werden? Und wie sind die Auswirkungen auf die, die in der Gesellschaft am wenigsten privilegiert sind: Profitieren sie oder werden sie zumindest nicht benachteiligt?«[1]

Diese Fragen, die sich ein Leader stellen sollte, sind seit über 40 Jahren von immer gleicher Aktualität und Relevanz. Sie führen weg von der

Perspektive des Selfserving-Leaders hin zum Serving-Leader. Die meisten Leser dieses Buches haben vermutlich nicht den Anspruch, ihr Leben ausschließlich in den Dienst ihrer Mitmenschen zu stellen. Mit großer Wahrscheinlichkeit wollen sie Karriere machen und sich selbst und ihrer Familie ein ordentliches Maß an Wohlstand ermöglichen. Deswegen ist meine Empfehlung, nicht ein Servant-Leader, sondern ein Wecare-Leader zu werden. Diese schaffen es, eine gute Balance zwischen den eigenen Ansprüchen und denen ihrer Mitmenschen herzustellen. Sie finden einen Sinn in ihrer Arbeit und können diesen vermitteln.

Der Anspruch von Greenleaf an den Servant-Leader in diesem und anderen Texten, er solle das natürliche Verlangen »to serve« haben und sich ganz in den Dienst anderer stellen, bevor er zu führen beginnt, erscheint mir etwas idealisiert und übertrieben. Wenn ein Mensch geboren wird, ist er erst einmal ausschließlich »self-serving«, denn ein Baby nimmt zunächst nur die eigenen Bedürfnisse wahr. Es weckt die Eltern nachts im Zwei-Stunden-Takt, obwohl diese am nächsten Tag früh aufstehen und arbeiten müssen. Auch in unserer Jugend zählen unsere eigenen Bedürfnisse meist mehr als die anderer Personen. Alle Eltern von Kindern in der Pubertät wissen zum Beispiel, dass diese nicht im Traum daran denken, freiwillig die Spülmaschine auszuräumen, obwohl sie wissen, dass sie die oft sehr stark angespannten Eltern damit entlasten würden. Wenn die Kinder dann nach Schule und Studium in den Beruf einsteigen, wollen sie sich erst einmal selbst beweisen. Danach kommt die Zeit der ersten Führungsverantwortung und parallel dazu oft auch die Verantwortung für den eigenen Nachwuchs. Jetzt geht es für die Führungskräfte darum, die berufliche Entwicklung in die richtige Bahn zu lenken, während gleichzeitig der Aspekt der Sicherheit eine immer größere Rolle spielt. Erst mit über 40 Jahren, wenn Führungskräfte oft schon einiges erreicht haben, kommt die Frage nach dem Sinn und danach, wie es weitergehen soll, noch einmal neu auf.

Meine Beobachtung ist, dass viele Führungskräfte mit Anfang 40 etwas in ihrer Arbeit vermissen. Bis dahin stand die Karriere im Mittelpunkt, und der Erfolg war sinnstiftend. Auch jetzt noch managen sie jeden Tag das Abarbeiten der auftretenden Probleme und gehen dabei kontinuierlich ihren Karrierepfad weiter. Aber das kann doch irgendwie nicht alles sein?

Viele vermissen in ihrer Arbeit einen übergeordneten Sinn. Sie würden gern für etwas stehen, das mehr bedeutet. Sie wollen Teil von etwas Großem sein, vielleicht sogar mit Begeisterung für etwas brennen. In dieser Hinsicht haben die meisten Unternehmen und auch die jeweiligen Vorgesetzten aber wenig zu bieten. Wo nichts brennt, kann auch keine Funke fliegen, der andere entzündet. In diesem Buch will ich Ihnen aufzeigen, wie Sie genau das erreichen, wie Sie Ihrer Arbeit und Ihrem Leben etwas Großes hinzufügen. Sie können eine Führungskraft werden, welche die eigenen Mitarbeiter durch Charakter und Vision inspiriert. Und nicht zuletzt werden Sie auch ein besserer Partner in der Beziehung und ein besserer Vater oder eine bessere Mutter. Alles, was Sie benötigen, steckt in Ihnen. Sie haben das Zeug dazu, ein außergewöhnlicher We-care-Leader zu werden! Im Lauf dieses Buches bekommen Sie konkrete Ideen und Haltungen vermittelt, es zeigt, was Sie tun können, um sich selbst und Ihre Mitarbeiter zu inspirieren.

Was macht gute Führung aus?

Viele Vorgesetzte halten sich selbst für gute, oft sogar für brillante Führungskräfte. Hatten Sie mal einen Chef oder eine Chefin, der oder die Ihre Nerven so richtig strapaziert hat? Und hielt sich diese Person selbst für unfähig? Sehr wahrscheinlich nicht. Es ist wie mit den Autofahrern. 94 Prozent der europäischen Fahrer halten sich für gute bis sehr gute, also überdurchschnittliche Autofahrer. Das liegt daran, dass all diese Fahrer »gutes Fahren« mit einer Eigenschaft verbinden, die sie zu besitzen glauben. Wer gut im Einparken ist, definiert »gutes Fahren« über das Einparkenkönnen. Wer vorsichtig und seit Langem unfallfrei fährt, definiert »gutes Fahren« eben so, auch wenn er all den »sportlichen« Autofahrern mit seiner zögerlichen Fahrweise das Nervenkostüm ruiniert. Mit der Führung ist es genauso. Viele Führungskräfte schätzen ihre Führungsfähigkeit als hoch ein. Befragt man ihre Mitarbeiter, sieht das Ergebnis oft anders aus. Wie steht es mit Ihnen? Halten Sie sich für einen guten bis sehr guten Chef?

Ob jemand eine gute Führungskraft ist, hängt, ähnlich wie beim »guten Fahren«, zuerst einmal davon ab, wie man »gute Führung« definiert. Jeder, der führt, weiß, was mit Führung gemeint ist. Bittet man aber jemanden darum, zu definieren, was er oder sie unter »Führung« versteht, fällt das den meisten sehr schwer. Es folgt fast immer eine Aufzählung, welche Tätigkeiten eine Führungskraft ausübt. Das hat aber nichts mit einer Definition zu tun. Jetzt werden Sie vielleicht denken: Wen interessiert denn die Definition von Führung, wenn doch jeder weiß, was gemeint ist? Oder anders gefragt: Warum ist eine klares Verständnis des Begriffs für Sie als Führungskraft von Bedeutung?

Die Antwort ist so einfach, dass man sich wundert, wie wenige sich damit beschäftigen. Die Definition von Führung ist der Maßstab, an dem Sie und auch jeder andere feststellen kann, wie gut Sie darin sind. Eine gute Definition stellt auch klar, woran man eine echte Führungskraft erkennen und von einem bloßen hierarchischen Vorgesetzten ohne Führungsqualitäten unterscheiden kann.

Darf ich Ihnen einen Vorschlag machen, wie Sie Führung in Zukunft für sich definieren könnten? Es kommt dabei nicht auf eine wissenschaftliche Definition an. Uns genügt hier eine praxisnahe Definition, unter der sich Führungskräfte etwas vorstellen können und mit deren Hilfe sie einschätzen können, ob und wie gut sie führen.

Führung heißt, die *Energie* der Mitarbeiter auf Handlungen *auszurichten,* um einen von der Führungskraft gewünschten Zustand in der Zukunft zu erreichen, *und* die Energie der Mitarbeiter *auf Dauer zu mehren.*

Die etwas verkürzte Formel zum Merken lautet:

> **Führung heißt, Energie auszurichten und auf Dauer zu mehren.**

Die Definition hat drei Aspekte, mit deren Hilfe Sie Ihre eigene Führung kritisch hinterfragen können:

1. Führung muss sich an der Erreichung eines gewünschten Zustands in der Zukunft messen lassen. Die Voraussetzung für die Erreichung eines gewünschten Zustands ist aber, dass die Führungskraft ein Bild davon hat, was sie anstrebt. Das klingt banal, ist aber viel zu oft nicht der Fall. Viele Vorgesetzte in Unternehmen verbringen ihre Zeit Tag für Tag mit den drei Managerdisziplinen Feuerlöschen, Hühnerfangen und Kühe-vom-Eis-Schieben. Das ist nach der eben genannten Definition keine Führung, denn die Energie der Mitarbeiter wird hier von den aktuellen Umständen gelenkt und nicht von einem selbst gewählten Bild der Zukunft. Natürlich geben die Unternehmen den Führungskräften Ziele vor, die im besten Fall sogar inspirierend und deckungsgleich mit denen der Führungskräfte sind. Letzteres ist allerdings eher selten der Fall, denn viele Ziele sind als Kennziffern und zu erreichende Zahlen formuliert. Nummern inspirieren Menschen aber nun mal nicht. Nicht von oben vorgegebene operative Ziele, sondern Ihr persönliches Bild von der Zukunft kann Sie und andere inspirieren. Dieses Bild könnte zum Beispiel eine neue Kultur sein, die Sie in Ihrem Bereich einführen wollen.

Welchen Anspruch haben Sie an sich selbst? Wenn Sie einfach einen ordentlichen Job machen und Ihre Mitarbeiter dabei fair behandeln wollen, ist das respektabel. Wenn sich aber nach Ihrer jahrelangen Tätigkeit als Chef in den Köpfen und Herzen der Menschen nichts verändert hat und nur die tagesaktuellen Probleme bearbeitet und der Status quo aufrechterhalten wurde, kann man kaum von Führung, sondern eher von Verwaltung sprechen. Ein Leader hat ein Bild vor Augen, wohin er will. Er hat eine Richtung, er geht voran, und andere folgen ihm. Der erste Präsident der Stanford-Universität, David Starr Jordan, hat einmal gesagt: »Die Welt tritt zur Seite, um jemanden vorbeizulassen, der weiß, wohin er geht.« Wohin gehen Sie? Was wollen Sie mit Ihrer

Führung für die Menschen, das Unternehmen und die Gesellschaft erreichen? Für welche Idee begeistern Sie sich?

2. Wenn Ihnen selbst klar und deutlich ist, welchen Weg Sie mit Ihren Leuten gehen wollen, dann ist der zweite Schritt, die Energie der Mitarbeiter in diese richtige Richtung zu lenken. Jeder Mensch hat Energie, aber es gibt unendlich viele Reize, denen die Mitarbeiter täglich ausgesetzt sind und die deren Energie binden und zerstreuen. Ihre Aufgabe ist es, die Wahrnehmung der Mitarbeiter auf den angestrebten Zustand zu fokussieren. Wenn Sie ein Bild der Zukunft im Kopf haben, das es zu erreichen gilt, ist es wichtig, dieses auch in den Köpfen der Mitarbeiter entstehen zu lassen. Das ist aber kein einmaliges Ereignis. Ein Leuchtturm am Hafeneingang blinkt ja auch nicht nur einmal in der Nacht nach dem Motto: »Jetzt kennt ihr ja die Richtung.« Vielmehr sendet er ununterbrochen Signale, an denen sich die Kapitäne und Seeleute auf dem Weg in den Hafen ausrichten können. Ihre Aufgabe als Führungskraft ist es ebenfalls, unentwegt das »Leuchtfeuer« Ihrer Idee zu senden und damit die Wahrnehmung der Menschen zu lenken. Das kostet Energie, die auf Dauer nur von innen kommen kann. Wissen Ihre Mitarbeiter alle ohne Ausnahme, was Sie gemeinsam mit ihnen erreichen wollen? Können diese täglich Ihr Leuchtfeuer sehen, das den Zustand markiert, der angestrebt wird?

3. Jeder Mensch hat Lebensenergie. Im Idealfall wird diese Energie durch Ihre Arbeit als Führungskraft im Lauf der Zeit vermehrt. Ihre Mitarbeiter empfinden Gemeinschaft, Herausforderung und Sinn. Sie entwickeln mehr Selbstbewusstsein und Selbstvertrauen und reifen in ihrer Persönlichkeit. Wie ist es bei Ihnen? Wenn Ihre Mitarbeiter abends nach Hause gehen, in welchem Zustand sind sie dann? Und wie treffen sie auf ihre Familien? Natürlich gibt es auch im Job die harten Zeiten, die für alle anstrengend sind. Die Frage ist aber, was bleibt den Menschen in Erinnerung, wenn sie an ihre Zeit mit Ihnen als Chef zurückdenken? Der von mir für seine Weisheit und Demut sehr geschätzte Anselm Grün hat ein Buch mit dem perfekten Titel *Menschen führen – Leben wecken* verfasst. Genau darum geht es. Wecken Sie durch Ihre Persönlichkeit und Führung Leben in den Menschen oder bewirken Sie das Gegenteil?

Zu Beginn des Kapitels hatte ich Ihnen drei We-care-Leader vorgestellt, die diese Aspekte in hohem Maße umsetzen. Dafür muss man aber nicht einmal eine Führungskraft im engeren Sinn sein. Denken Sie an das Beispiel von meinem Lehrer Robert Link, der ein We-care-Leader war. Er hatte ein Bild im Kopf, wie die Zukunft für uns Schüler aussehen sollte, oder besser gesagt, was für Menschen wir werden sollten. Und dieses Bild hat er uns stets vermittelt, im Unterricht ebenso wie im Pausendienst. Mit seinem Glauben an uns hat er auch unsere Energie erhöht und bei manchem Schüler einen erstaunlichen Wandel bewirkt. Mit dieser Energie haben manche ihr Abitur geschafft, denen es niemand mehr zugetraut hatte.

We-care-Value versus Shareholder-Value

Für We-care-Leader ist es hilfreich, wenn auch nicht notwendig, in einem Umfeld zu arbeiten, das sich an bestimmten Werten orientiert. Ist das nicht der Fall, müssen Sie sehr viel Energie aufbringen, um trotz des Umfelds etwas zu bewirken. Um ihr Unternehmen in dieser Hinsicht besser einschätzen zu können, erläutere ich kurz, wie in den meisten großen Unternehmen heutzutage gedacht und gehandelt wird. Sie können dann vergleichen und bestimmen, wie Ihr aktuelles Unternehmen einzuordnen ist. Idealerweise arbeiten Sie in einem We-care-Unternehmen. Was aber zeichnet ein solches aus?

»We care« steht für:
- *to care about something* = etwas wichtig nehmen
- *to care about somebody* = jemanden wichtig nehmen

Ein We-care-Leader nimmt also bestimmte Werte wichtig und orientiert sein Handeln an den Menschen. Den Begriff »We-care-Leader« habe ich von Heinz Landau übernommen. Er ist ein We-care-Leader und bezogen auf das Thema Führung der belesenste Mann, den ich bis jetzt kennen gelernt habe. Als Leiter von Merck Thailand hat er 16 Jahre lang mit enormem Erfolg Menschen geführt und dabei bis auf die drei Asien-Krisenjahre immer zweistelliges Wachstum erzielt. Seine Auslandsniederlassung mit mehreren Hundert Angestellten war ein We-care-Unternehmen.

Ein We-care-Unternehmen richtet sich ebenfalls nach bestimmten Werten aus und handelt, um für die Anspruchsgruppen der Mitarbeiter, Kunden, Anteilseigner und für die Gesellschaft etwas Positives zu bewirken.

Die We-care-Idee bedeutet für Unternehmen:
- We care for employees.
- We care for customers.
- We care for shareholders.
- We care for society.

Sie werden jetzt sehr wahrscheinlich denken: Hat jemals ein Unternehmen etwas anderes behauptet, als genau das zu tun? Damit haben Sie natürlich Recht. Alle Unternehmen geben an, genau diesen vier Gruppen zu dienen. Das Problem ist aber, dass nur sehr wenige es auch wirklich tun. Die meisten Unternehmen haben vor allem eine Zielgruppe, deren Bedürfnissen sie dienen wollen, und das sind die Shareholder. Diese einseitige Orientierung hat viele negative Konsequenzen für die verbleibenden Gruppen der Mitarbeiter, der Kunden und für die Gesellschaft.

Grafik 1: Die tatsächliche Ausrichtung der meisten Unternehmen

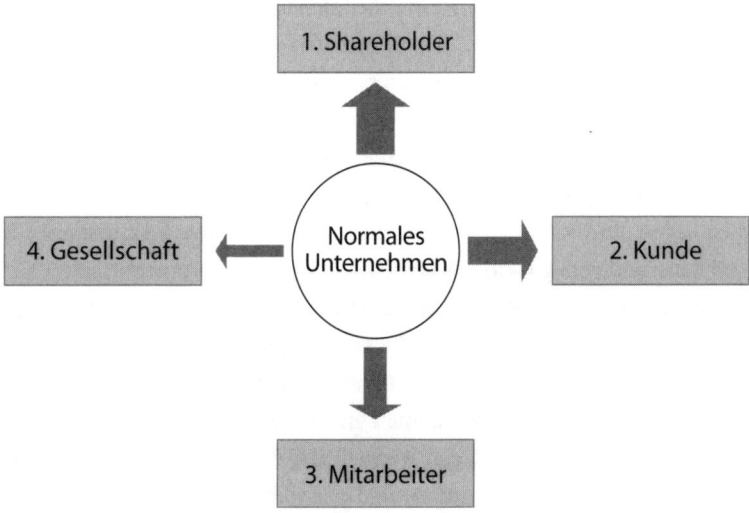

Warum folgen die meisten großen Unternehmen heute dem Shareholder-Value-Ansatz? Und warum vernachlässigen sie, anders als es ihre Hochglanzbroschüren kommunizieren, die anderen drei relevanten Gruppen? Zu Ludwig Erhards Zeiten galt der Satz: »Geht es der Wirtschaft gut, geht es auch den Menschen gut.« Heute lautet der Satz für viele Menschen: »Je besser es der Wirtschaft geht, desto schlechter geht es mir.« Woran liegt das? Zur Beantwortung der Frage ist es sinnvoll, sich kurz die Entwicklung hin zum Shareholder-Value-Ansatz anzusehen. Sie werden dann besser verstehen, warum wir heute in vielen Unternehmen ein Problem haben. Steven Pearlstein hat in einer sehr verständlichen Analyse in der *Washington Post* aufgezeigt, wie es zur weltweiten Priorisierung dieses Ansatzes kam.[2] Der Grund liegt demnach in zwei großen strukturellen Veränderungen: der Globalisierung und der Deregulierung der Märkte. Bis Ende der 1960er Jahre währten die goldenen Zeiten, in denen jedes Unternehmen Gewinne machen konnte, wenn das Management sich nicht allzu dumm anstellte. In dieser Zeit fühlten sich die Unternehmenslenker, ganz im Sinne des Erhard-Zitats, »ihren« Arbeitern und auch der Gesellschaft gegenüber verpflichtet. Als sich in den 1970er Jahren der Wettbewerb verschärfte und die Gewinne schrumpften, zahlten die Unternehmenslenker deshalb eher den Shareholdern weniger Gewinne aus, als die Arbeiter und Kommunen zu enttäuschen. Ab Mitte der 1980er Jahre gewannen aber plötzlich die Corporate Raiders (Stichwort: Heuschrecken) an Bedeutung. Sie kauften mithilfe der eigens aufgelegten Junk-Bonds Unternehmen in Krisen oder mit einem unterbewerteten Aktienkurs auf. Dafür machten sie den Aktienbesitzern Angebote über dem aktuellen Aktienkurs, und die enttäuschten Shareholder waren froh, die Aktien profitabel verkaufen zu können. Anschließend wurden die Unternehmen neu ausgerichtet oder zerschlagen und in Einzelteilen gewinnbringend verkauft. In der Folge begannen auch die Unternehmen selbst, ihre Konkurrenten aufzukaufen, wenn deren Aktienkurs ein Tief hatte und genug Geld vorhanden war, um den Corporate Raiders zuvorzukommen. Ein solcher Aufkauf bzw. das Ausnutzen der zeitweiligen Schwäche eines Mitbewerbers war bis zum Aufkommen der Finanzinvestoren gesellschaftlich verpönt und damit undenkbar.

Natürlich will ein Unternehmen mit schwachem Aktienkurs nicht übernommen und zerschlagen werden. Die bloße Gefahr einer möglichen Übernahme reichte auf einmal aus, dass Maßnahmen getroffen wurden, die bis dahin undenkbar waren: Entlassungen, Gehaltskürzungen, Werksschließungen, Ausgliederung von Unternehmensteilen oder die Verlegung der Produktion in Billiglohnländer. Alles war plötzlich erlaubt, wenn nur die Shareholder zufrieden waren und die Aktien nicht veräußerten. Die Entwicklung ging immer mehr weg von der Mitarbeiter- und der gesellschaftlichen Orientierung hin zur Maximierung von Profiten und Aktienkursen.

Shareholder-Value und Cashflow wurden damit zu den maßgeblichen Konzepten. Unterstützt wurde der Prozess von den Business-Schools, die Manager mit der Shareholder-first-Ideologie indoktrinierten und Techniken zur Manipulation der Quartalsgewinne und der kurzfristigen Aktienkurse vermittelten. In die Unternehmensgremien zogen Firmenanwälte ein, die gegen alles stimmten, was den Shareholder-Value möglicherweise hätte senken können. Gleichzeitig verloren die Konzernzentralen die Verantwortung gegenüber der Gesellschaft immer mehr aus dem Blick, deren Wahrnehmung nicht mehr das Ziel war.

Die Shareholder-Value-Ideologie zeigte immer stärker negative Auswirkungen für die drei anderen Gruppen. Wenn zum Beispiel ein Unternehmen seinen Shareholder-Value optimiert, indem es durch juristische Konstrukte kaum noch Steuern zahlt, wird der Staat auf Dauer die sehr teure Infrastruktur nicht mehr aufrechterhalten können, die dem Unternehmen die Leistungserbringung überhaupt erst ermöglicht. Ein Beispiel: Amazon machte in Deutschland, dem zweitwichtigsten Markt nach den USA, 2012 einen Umsatz von 6 800 Millionen Euro (also 6,8 Milliarden), zahlte aber an den deutschen Fiskus nur knapp über 3 Millionen Euro an Steuern, weil die tatsächlichen Gewinne über eine Firmenkonstruktion in Luxemburg abgerechnet werden. Obwohl Amazon das deutsche Straßennetz nutzt wie kein anderes Unternehmen, trägt es so gut wie nichts zu dessen Erhaltung bei. Es ist klar, dass solche Entwicklungen zwar dem Shareholder nützen, aber der Gesellschaft und damit auch den Menschen auf Dauer Schaden zufügen. Leider verhalten sich Starbucks und viele andere internationale Konzerne ähnlich.

Aber die Unternehmen schaden sich mit dem Ansatz auch selbst. Manche Unternehmen streichen beispielsweise den Mitarbeitern das Weihnachtsgeld, um die Eigenkapitalrendite von 15 auf die von Investoren

geforderten 18 Prozent zu steigern. So etwas hat Konsequenzen für das Engagement der Belegschaft. Auch Kunden sind Leidtragende der Entwicklung, denn selbst bei ihnen wird gespart. Für den gleichen Preis bekommt der Konsument mittlerweile oft Produkte, die zwar immer noch aussehen wie früher, die aber wesentlich mehr billige und damit minderwertige Teile enthalten. Oder der Kunde erhält eine reduzierte Dienstleistung. Vielleicht erinnert sich der ein oder andere Leser noch: Früher konnten Sie Ihren Bankberater, der Sie persönlich kannte, einfach in der Filiale anrufen, wenn Sie etwas wollten. Heute landen Sie im Callcenter, bei dem Sie sich erst einmal durch das Computermenü kämpfen müssen (»ja«… »eins«… »nein«… »persönlicher Berater«), bis Sie irgendeinen Menschen sprechen dürfen, den Sie aber nicht kennen und der auch Sie nicht kennt. Der Shareholder-Value geht vor.

Vom Shareholder-Value zum We-care-Value

Was könnte Firmen dazu bewegen, der Shareholder-Value-Ideologie abzuschwören? Es gibt durchaus Unternehmen, die ohne diesen Ansatz sehr erfolgreich sind. Das beste Beispiel gab der Apple-Gründer Steve Jobs, der mehr Wohlstand für mehr Aktienbesitzer schuf als jemals zuvor ein CEO in der Wirtschaftsgeschichte. Er hat dies erreicht, obwohl oder gerade weil er die Interessen der Shareholder an die letzte Stelle seiner Prioritätenliste gesetzt hat. Ein anderes Beispiel ist Porsche, der seit Jahren mit großem Abstand profitabelste Autobauer der Welt. Sicherlich erinnern Sie sich noch an die deutschlandweiten Diskussionen, als der damalige Porsche-Chef Wendelin Wiedeking sich weigerte, die üblichen Quartalsberichte abzuliefern, weil diese den Aktienkurs schwankungsanfälliger machen und er sie für unsinnig hielt. Zur Strafe wurde das Unternehmen 2001 von der Deutschen Börse aus dem prestigeträchtigen MDAX gestrichen. Umsatz und Gewinn des Unternehmens sind seitdem dennoch in jedem Jahr gewachsen, weil man bei Porsche langfristig denkt. Es gibt also wirtschaftlich äußerst erfolgreiche Vorbilder für die Abkehr vom einseitigen Shareholder-Value-Ansatz. Die Interessen der Shareholder müssen natürlich berücksichtigt werden (»We care for shareholders«), aber eben nicht einseitig auf Kosten von Mitarbeitern, Kunden und der Gesellschaft.

Neben erfolgreichen Vorbildern gibt es noch weitere Gründe für die Abkehr von Shareholder-Value: Einer der Engpässe der Zukunft wird für Unternehmen die Verfügbarkeit von guten bis exzellenten Mitarbeitern sein. Das ist heute schon spürbar. Was aber motiviert den exzellenten Wissensarbeiter? Ich lese und höre immer wieder, der Generation Y sei Geld weniger wichtig als der Sinn und die Freude an der Arbeit. Das mag sein, aber diese Entweder-oder-Entscheidung stellt sich erst gar nicht. Eine leistungsgerechte Bezahlung wird den qualifizierten Wissensarbeitern bereits heute von vielen Unternehmen angeboten. Hochqualifizierte können daher unter den Angeboten wählen, welches ihren Ansprüchen an den Sinn von Arbeit und die Übernahme gesellschaftlicher Verantwortung durch das Unternehmen am besten entspricht.

Der Anspruch, immer mehr Geld für die Shareholder zu erwirtschaften, wird in Zukunft nicht mehr genügen. Geld zu erwirtschaften schafft keinen Sinn. Hier hilft ein Vergleich: »Natürlich benötigen wir Atemluft, um zu leben. Aber wir leben nicht, um zu atmen.« Genauso verhält es sich mit den Gewinnen. Sie zu maximieren ist nicht sinnstiftend. Was wirklich Sinn ergibt, werden wir noch besprechen.

In vielen Unternehmen ist heute eine Sinnkrise zu bemerken. Nicht ohne Grund ist der Anteil der Mitarbeiter, die sich emotional stark an ihr Unternehmen gebunden fühlen, seit Jahren niedrig. Mitarbeitern entgeht natürlich nicht, wenn das eigene Unternehmen immer wieder Entscheidungen zum Vorteil der Shareholder und zum Nachteil der anderen drei Gruppen trifft. Darunter leidet auf Dauer das Engagement der Mitarbeiter und damit auch der Erfolg in der Zukunft. Wenn ein Unternehmen dagegen einen guten Ruf hat, soziale Verantwortung für Mitarbeiter und die Gesellschaft übernimmt, schafft das Vertrauen und Bindung. Einen solchen Ruf baut man sich aber nicht über Nacht auf. Es erfordert eine klare Geisteshaltung und konsequentes Handeln über Jahre. Wer heute damit beginnt oder bereits begonnen hat, die Themen Mitarbeiterorientierung und gesellschaftliche Verantwortung des Unternehmens, neudeutsch Corporate Social Responsibility (CSR), ernst zu nehmen, wird damit in absehbarer Zeit einen klaren Wettbewerbsvorteil haben.

Grafik 2: Wer beeinflusst wen?

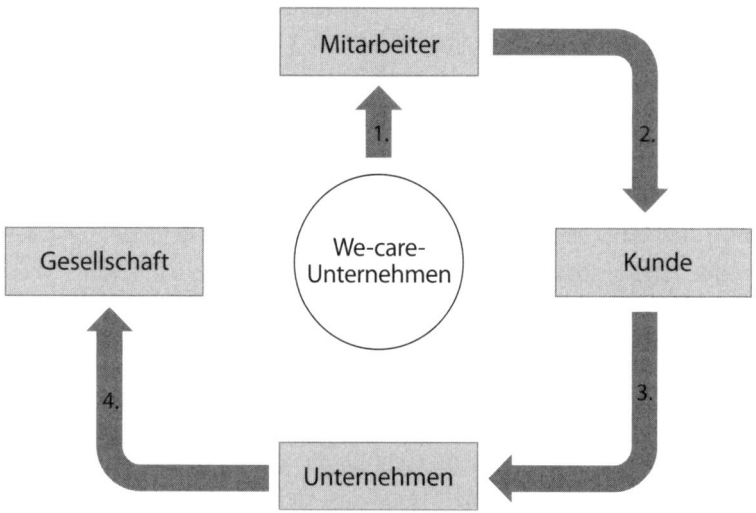

Um ein echtes We-care-Unternehmen zu werden, muss sich ein Konzern vor allem wieder den beiden Gruppen Mitarbeiter und Gesellschaft zuwenden. Der erste Schritt zur Exzellenz geht in Richtung der eigenen Mitarbeiter. Bei Unternehmen, die schon lange am Markt sind, werden vor allem die Stakeholder befriedigt. An zweiter Stelle stehen die Kunden, und erst an dritter Stelle folgen die Mitarbeiter (siehe Grafik 1). Gerade bei den Mitarbeitern lässt sich daher ein Unterschied machen, der einen echten Wettbewerbsvorteil bringt. Wenn die Mitarbeiter mit dem We-care-Leadership-Ansatz geführt werden, erzeugt dies Zufriedenheit bis hin zur Begeisterung. Zufriedene Mitarbeiter sorgen für zufriedene Kunden, und nur solche kommen wieder. Begeisterte Mitarbeiter leisten sogar noch mehr, denn sie sorgen für begeisterte Kunden, die das Unternehmen gern weiterempfehlen. Der erwirtschaftete Gewinn entspricht dann wiederum den Vorstellungen der Shareholder und gibt dem Unternehmen die Möglichkeit, etwas für die Gesellschaft zu tun, indem man Personal und Geld in We-care-Projekte investiert. Diese Projekte erhöhen, wenn sie ernsthaft betrieben werden, wiederum die Identifikation der Mitarbeiter mit dem Unternehmen. Für die meisten Unternehmen beginnt die Reise daher erst einmal bei der Mitarbeiterorientierung.

Handlungsempfehlungen

1. Entwerfen Sie ein klares Bild, was Sie mit Ihrer Führung erreichen wollen. Was sollen Ihre Mitarbeiter später einmal auf die Frage antworten, welche positiven Veränderungen in Ihrer Zeit als Chef erreicht wurden?
2. Sorgen Sie dafür, dass Ihre Mitarbeiter wissen, was Sie gemeinsam mit ihnen erreichen wollen. Senden Sie wie ein Leuchtturm immer wieder Signale, um die Richtung zu markieren und die Energie zu lenken.
3. Überlegen Sie sich an jedem Tag und auch in alltäglichen Situationen, was Sie tun können, um die Lebensenergie von Menschen zu steigern. Handeln Sie entsprechend.

2. Von der Kopie zum Original

Wie Sie erreichen, dass Ihre Mitarbeiter Ihnen folgen

»Man mag 3 000 oder 4 000 Menschen gekannt haben,
man spricht aber immer nur von sechs oder sieben.«
Elias Canetti (deutschsprachiger Schriftsteller, Literaturnobelpreisträger)

Das Unternehmen, in dem ich arbeitete, bereitete einen Sammelband zu einem wichtigen gesellschaftlichen Thema vor. Er sollte Beiträge von Ministern, Vorständen, bekannten Unternehmern und Kirchenvertretern enthalten. Meine Aufgabe war es, einige der Beiträge zu betreuen und den Kontakt mit den Prominenten zu halten. Einer der Autoren war ein sehr bekannter Vorstandsvorsitzender, der zu den mächtigsten Männern Deutschlands gehörte. Leider war sein Text zum festgesetzten Termin nicht fertig. Ich versuchte wiederholt, ihn zu erreichen, um ihn freundlich an die Abgabe zu erinnern, konnte aber immer wieder nur Nachrichten in seinem Sekretariat hinterlassen. Schließlich wurde die ganze Sache kritisch, und ich sagte seiner Sekretärin, der Beitrag müsse bei weiteren Verzögerungen durch einen anderen ersetzt oder ganz gestrichen werden. Daraufhin bekam ich endlich den gewünschten Telefontermin. Ich war nervös, als ich anrief. Schon zu Beginn des Gesprächs merkte ich, dass mein Gesprächspartner gereizt war. Ich sagte ihm, wie sehr wir uns auf seinen Beitrag freuen würden, dass es jedoch bereits terminlich sehr eng würde, da der Herausgabetermin immer näher rücke. Bis dahin mussten auch noch Lektorat und Druck erfolgen. Der Vorstand erwiderte, dass ich ja wohl mitbekommen habe, in welcher Situation die Branche sei, in der er arbeite. Er habe im Moment zu viel um die Ohren, um einen Beitrag zu schreiben, und bot mir in leicht gönnerhaftem Ton an, stattdessen das Geleit- oder Grußwort für den Band zu übernehmen. Das Geleitwort bei einem Sammelband mit hochkarätigen öffentlichen Personen zu schreiben ist eine besonders ehrenvolle Aufgabe, für die wir bereits zwei sehr geeignete Personen gewonnen hatten. Ein weiteres Geleitwort hätte lediglich der Profilierung des Managers gedient. Ich blieb trotz meiner Verärgerung äußerst höflich und antwortete in wohlformulierten Worten, dass ein drittes Geleitwort nicht geplant sei und wir seinen Beitrag nach seiner Absage zu unserem großen Bedauern aus dem Sammelband herauszunehmen müssten. Dann solle ich das tun, war die lapidare Antwort.

Wenige Tage später erhielt die Geschäftsführung, also der Vorgesetzte meines Chefs, einen Brief. Darin erklärte der Manager, er würde keinen Beitrag schreiben. Die Betreuung sei ihm zu dilettantisch gewesen, da habe etwas ganz anderes erwartet. Der Brief ließ keinen Zweifel daran, dass er auch noch eine Entschuldigung erwartete. Mein Chef, der den Brief sofort zum Lesen erhielt, kam daraufhin zu mir und fragte nach, was da passiert sei. Ich schilderte ihm den genauen Ablauf der Kontaktversuche und auch des Gesprächs. Anhand meiner Notizen konnte ich belegen, wie oft und wann ich den Artikel im Sekretariat des Vorstands angemahnt hatte. Außerdem bestätigte meine Kollegin, mit der ich das Büro teilte, ich sei in dem Telefonat ausgesprochen höflich gewesen. Ich hätte lediglich erklärt, welche Konsequenzen das Ausbleiben des Beitrags habe. Daraufhin beruhigte mich mein Chef, ich solle mir keine Sorgen machen und ich müsse mich auch nicht entschuldigen. Tags darauf kam ein Anruf von der Geschäftsleitung, ich solle den Vorstand anrufen und mich entschuldigen, auch wenn es dafür keinen Grund gebe. Ich erzählte das konsterniert meiner Kollegin, die sofort zum Hörer griff und es unserem Chef mitteilte. Eine Minute später stand dieser aufgebracht im Raum und fragte: »Was sollen Sie? Anrufen und sich entschuldigen?« Ich bejahte. Ohne ein Wort zu sagen drehte er sich um und verließ das Büro. Wie wir kurz darauf erfuhren, ging er stracks ins Büro der Geschäftsführung. Das Gespräch dort wurde in einer Lautstärke geführt, dass es die gesamte Etage durch die geschlossene Tür hören konnte. Mein Chef hat dem Vernehmen nach gedroht, den Vorstandsvorsitzenden unverzüglich selbst anzurufen und ihm deutlich zu sagen, was er von seinem Brief und der Absage halte. Nach diesem Gewitter war die Sache vom Tisch. Ohne Entschuldigung.

Von den Gründern großer deutscher Unternehmen haben viele ihrem Unternehmen den eigenen Familiennamen gegeben. Beispiele dafür sind Robert Bosch, Fritz Henkel, Friedrich Alfred Krupp, Reinhard Mannesmann, Heinrich Nestlé, Adam Opel, Ferdinand Porsche, August Thyssen, Werner von Siemens und viele andere. All diese Männer waren enorm erfolgreich. Liest man ihre Biografien, stellt man fest, dass die meisten Gründer des 19. und frühen 20. Jahrhunderts keineswegs einfache Persönlichkeiten waren. Ihre Charaktere werden zum Teil als herrisch, selbstverliebt, geizig, derb oder auch pedantisch beschrieben.

Auch große Unternehmernamen der letzten Jahrzehnte wie Steve Jobs, Jack Welch und Ferdinand Piëch gelten nicht gerade als Synonyme für empathisches Führen. Und trotzdem haben sie herausragende Leistungen erzielt, für die sie weltweit bewundert werden. In jedem Fall waren oder sind sie Originale mit Ecken und Kanten. Es sind Menschen mit einer einzigartigen Persönlichkeit, an die man sich auch nach einer langen Zeit noch erinnert. Betrachtet man die Anforderungen an moderne Manager, mag ein solches Original vielleicht nicht dem Standard entsprechen, aber sehnen wir uns letztendlich nicht alle nach mehr markanten Persönlichkeiten?

Schaut man sich heute unter den Menschen um, erscheinen viele merkwürdig profillos oder, bezogen auf die Ecken und Kanten der Persönlichkeit, irgendwie glatt gelutscht oder »smart«. Jetzt kann man sich natürlich fragen, ob Originale in den großen Organisationen heutzutage überhaupt noch überleben könnten. Wahrscheinlich hätte sie binnen kurzer Zeit mehrere Einträge in der Personalakte. Andererseits finden wir in den Chefetagen Pedanten, Chaoten, Choleriker und Psychopathen. Man kann also auch nicht behaupten, Manager wären frei von Ecken und Kanten.

Ein Original kann Ecken und Kanten haben, aber vor allem steht eine solche Persönlichkeit für etwas Überzeugendes. Wenn die Ecken und Kanten jedoch nur aus der Kultivierung des eigenen Egos und persönlicher charakterlicher Defizite resultieren, sind sie für die Mitarbeiter schädlich und hochgradig demotivierend. Entstehen die Ecken und Kanten dagegen aus den gelebten Werten und Überzeugungen, ist das etwas völlig anderes. Ich glaube auch, dass die Mitarbeiter sehr gut unterscheiden können, ob jemand hauptsächlich an sich selbst und seiner eigenen Karriere interessiert ist oder ob der Chef im Großen und Ganzen zum Wohle seiner Mitarbeiter handelt, aber in manchen Dingen etwas eigen ist.

Respekt erwirbt man sich nicht damit, dass man ein braver Durchschnittstyp ist, der es jedem recht machen will. Nach meinem Eindruck gibt es heute zu viele geklonte Typen unter den Vorgesetzten. Diese sind nicht nur ecken- und kantenfrei, sie ähneln sich auch äußerlich immer mehr: Die jung-dynamische Führungskraft trägt einen Anzug von Boss und schwarze Schuhe von Lloyd. Die Krawatte schick, aber nicht zu auffällig. Zwei bis drei Jahre später signalisiert man dann mit Windsor-Anzug, Van-Laack-Hemd und zum Teil handgearbeiteten Allen-Edmonds-Schuhen, dass man ein sicherer Anwärter für die oberen Etagen ist. Der Füller ist ein Montblanc. Die Uhr ist eine Rolex GMT, zu Hause mischen sich selektiv ausgewählte Ikea-Möbel mit farblichen Highlights aus der Vitra-Kollektion und dem Flatscreen von Löwe. Der Audi A6 als Dienstwagen rückt immer näher, und die ebenfalls beruflich erfolgreiche Partnerin bestellt sich derweil schon mal den schicken Mini, der wunderbar zum Burberry-Mantel und der Louis-Vuitton-Tasche passt. Etagenwohnung, Reihenhaus und frei stehendes Einfamilienhaus lösen sich parallel zu den dazukommenden Kindern der Reihe nach ab.

Diese Art »erfolgreiche« Menschen halten sich für Individualisten. Sie glauben, ganz anders zu sein als der Rest der Bevölkerung. Ihre einzigartige »Individualität« drücken sie zum Beispiel durch den offenen ersten Knopf am Ärmelaufschlag des Anzugs und die Anfangsbuchstaben des Namens auf dem Hemd oder dem Reisekoffer aus. Viele Manager sind in ihrem Geschmack ebenso standardisiert, wie sie als Persönlichkeit genormt sind. Erich Fromm hat diese Entwicklung bereits 1956 in seinem sehr lesenswerten Buch *Die Kunst des Liebens* beschrieben:

»Der moderne Kapitalismus braucht Menschen, die in großer Zahl reibungslos funktionieren, die immer mehr konsumieren wollen, deren Geschmack standardisiert ist und leicht vorausgesehen und beeinflusst werden kann. Er braucht Menschen, die sich frei und unabhängig vorkommen und meinen, für sie gebe es keine Autorität, keine Prinzipien und kein Gewissen – und die trotzdem bereit sind, sich kommandieren zu lassen, zu tun, was man von ihnen erwartet, und sich reibungslos in die Gesellschaftsmaschinerie einzufügen; Menschen, die sich führen lassen, ohne dass man Gewalt anwenden müsste, die sich ohne Führer führen lassen und die kein eigentliches Ziel haben außer dem, den Erwartungen zu entsprechen, in Bewegung zu bleiben, zu funktionieren und voranzukommen.«[3]

Diese fast 60 Jahre alte Beschreibung passt erstaunlich gut auch auf manche Vorgesetzte. Konsumieren und Funktionieren füllen aber nicht aus. Ich glaube, viele Menschen spüren instinktiv, dass sie ihr eigenes Potenzial nicht nutzen. Statt sich aber nach innen zu orientieren und ihr einzigartiges Wesen zu entwickeln, versuchen sie, sich in Äußerlichkeiten zu unterscheiden.

Denken Sie zum Beispiel an den Trend zum Tattoo, den es seit den 1990er Jahren gibt. Mit einem Motiv am Körper wollten die Träger etwas Einzigartiges und Individuelles schaffen, das sie von anderen unterscheidet. Die Ironie ist, dass Tattoos inzwischen so verbreitet sind, dass sie nichts Individuelles mehr an sich haben. An manchen Mittelmeerstränden fällt man heute schon auf, wenn man kein Tattoo hat. Während man früher Seemänner, ehemalige Zuchthausinsassen und Mitglieder der Fremdenlegion an Tattoos erkannte, also Menschen mit einem meist abenteuerlichen Leben, trägt es heute sogar der Bankangestellte aus Castrop-Rauxel. Äußerlichkeiten wie Tattoos oder die Initialen auf dem Oberhemd zeigen letztlich die Sehnsucht nach ein bisschen Individualität. Aber weder Titel noch Luxusgegenstände oder Tattoos können innere Individualität oder Originalität ersetzen.

Wesentlich stärker als der Wunsch nach Individualität ist meist der, zum Kollektiv zu gehören. Jeder Mensch sucht seine Position im Spektrum zwischen ausgeprägter Individualität und extremer Anpassung. Wer herausragt, wird gesehen und muss bestehen. Dafür braucht es Persönlichkeit. Wer vor allem »dazugehören« und nicht anecken will, fragt sich in unterschiedlichen Varianten: Was denken die anderen von mir? Macht das einen guten Eindruck? Wäre das jetzt korrektes Verhalten? Ein Original folgt starken inneren Impulsen, denen es seine Außenwirkung im Zweifel unterordnet. Und deshalb entspricht sein Verhalten nicht immer der Norm. Es ist also nicht immer »korrekt« und hinterlässt einen anderen Eindruck als ein angepasster Mensch.

Viele Vorgesetzte wirken merkwürdig steif und aufgesetzt. Ist man bei ihnen privat zu Gast, sind sie aufs Äußerste bemüht, einen guten Eindruck zu machen. Die Konversation könnte man aufzeichnen und beim nächsten Anlass dieser Art vom Tonband abspielen, so wenig Echtes ist daran. Warum ist das so? Weil diese Menschen mit ihrer Persona verschmolzen sind. Die Persona war im antiken Griechenland eine Maske, die von Schauspielern in Theaterstücken getragen wurde. Nach C. G. Jung ist die Persona der Teil des Ich, der für ein normgerechtes und sozialverträgliches Verhalten sorgt. Dieses angepasste Verhalten ist in einem gewissen Umfang notwendig, damit wir in sozialen Situationen zurechtkommen. Dumm nur, wenn die Anpassung so stark ist, dass außer einem Abziehbild des modernen erfolgreichen Karrieretypen nichts individuell Echtes mehr übrig bleibt.

Wie aber wird oder bleibt man ein Original? Zuerst einmal ist zu sagen, dass man sich das nicht als Ziel setzen kann. Der Plan »Am 31.12. dieses Jahres bin ich ein Original« wäre wohl recht albern. Originalität ist wie Autorität eine Eigenschaft, die uns andere zuerkennen. Selbst ernannte Originale sind meist keine. Hier verhält es sich wie mit der Weisheit. Wer sie sich selbst zuspricht, hat damit im Normalfall das Gegenteil bewiesen. Nun stellt sich natürlich das Problem, dass in der Arbeitswelt hohe Anforderungen an die Freundlichkeit gegenüber Kunden, Kollegen und Mitarbeitern gestellt werden. Zeigt man allzu viele Ecken und Kanten, kann das schnell die Karriere hemmen. Wie also lässt sich die Entwicklung von Individualität und einer besonderen, eigenen Persönlichkeit mit den heutigen Erwartungen vereinbaren? Schauen wir uns dazu noch mal an, was genau ein Original eigentlich ist. Bei Wikipedia finden wir einen zwar schon sehr alten, dafür aber umso treffender formulierten Auszug aus einem Brockhaus-Lexikon, das den Begriff Original so definiert:

»Auch Menschen werden Originale genannt, wenn sie sich durch Originalität ihrer Denkungsart oder ihres Benehmens auf eigentümliche und auffallende Weise vom Gewöhnlichen entfernen; dies kann jedoch ebenso gut durch Seltsamkeit und Torheit, wie durch edle und vortreffliche Eigenschaften geschehen.«[4]

In diesem Kapitel geht es natürlich nicht um die Toren und Exzentriker, sondern um Menschen, die sich durch die Originalität ihres Denkens sowie durch hervorragende Eigenschaften auffallend vom Durchschnittlichen abheben. Gerade in einer Zeit, in der viele Menschen wie genormt erscheinen, wird man zu einem Original, indem man einen starken Charakter ausbildet und klare Werte vertritt.

Moderne Originale zeichnen sich durch die Originalität ihres Denkens, einen hervorragenden Charakter und klare Werte aus.

Wird man Sie als Chef in Erinnerung behalten? Sie hinterlassen Spuren, wenn Sie als Persönlichkeit einen starken positiven Einfluss auf Ihre Mitarbeiter hatten, indem Sie diese zum persönlichen Wachstum angeregt haben. Und das erreichen Sie als Chef vor allem durch Ihr Vorbild. Mir fällt in der Praxis auf, dass es oft nicht die großen heroischen Taten sind, die dazu führen, dass jemand im Gedächtnis bleibt. Es sind die vielen kleinen Momente des Alltags, in denen sich Integrität, Authentizität und emotionale Intelligenz offenbaren. Beginnen Sie, auf die »kleinen« Dinge zu achten, und die Gesamtwirkung wird eine große sein.

Suchen Sie sich ein Vorbild

Ich glaube, dass alle Menschen das Potenzial haben, eine aufrechte und integre Persönlichkeit zu werden. Warum finden wir sie dann nicht so häufig in unserer Gesellschaft, wie wir es uns wünschen? Ein Grund mag der Mangel an Vorbildern sein. Wir lernen durch und von Vorbildern. Wir eifern ihnen nach, wenn sie uns beeindrucken. Mit einer gewissen Wahrscheinlichkeit haben Sie aber zurzeit keinen Chef, der Sie als Persönlichkeit zutiefst beeindruckt. Sie haben auch sonst kein Vorbild in Ihrem Umfeld, das durch die Schule des Lebens gegangen ist und heute sowohl Weisheit als auch Güte des Herzens ausstrahlt? Was können Sie dann tun? Die Antwort ist einfach: Schaffen Sie sich eines! Ich meine damit keine Fantasiefigur. Lassen Sie einen außergewöhnlichen Menschen der Geschichte oder der Gegenwart für sich lebendig werden. Beschäftigen Sie sich mit dem Leben dieses Menschen und lernen Sie ihn kennen. Viele große Persönlichkeiten haben Autobiografien geschrieben. Wobei ich festgestellt habe, dass die Autobiografien oft wesentlich mühseliger zu lesen sind als die oft hervorragend geschriebenen Biografien versierter Autoren über diese Person. Begeben Sie sich doch einfach auf die Suche nach Ihrem persönlichen Vorbild. Vielleicht gibt es eine historische oder auch aktuelle Persönlichkeit, die Sie schon länger im Kopf haben. Nach dem Motto: »Wenn ich mal Zeit habe, würde ich gern etwas über diese Person lesen.« Wann aber soll diese Zeit sein? Wenn Sie in Rente gehen? Tun Sie es jetzt! Wenn Sie wenig Zeit finden, lesen Sie zehn Seiten am Tag. Das schaffen Sie! Dann haben Sie in einem Monat ein 300-Seiten-Buch gelesen.

Wie entsteht Charakter? Natürlich durch die Stürme des Lebens. Eine Möglichkeit zur Unterstützung ist aber das *Nach*-Denken darüber, was große Geister vor Ihnen gedacht haben. Wenn Sie die für Sie richtige Person gefunden haben, wird das Studium von deren Denken und Handeln spannend sein und eine Wirkung auf Sie haben. Wer übrigens in den letzten drei Jahren kein anspruchsvolles Buch mehr gelesen hat, kann mir nicht erzählen, der Stress sei schuld. Es ist Bequemlichkeit und das Setzen falscher Prioritäten. Ich weiß von einigen sehr erfolgreichen Vorständen großer Unternehmen, die es schaffen, regelmäßig anspruchsvolle Literatur zu lesen. Wenn die es einrichten können, dann schaffen Sie das auch!

Nachdem Sie die für Sie richtige Person gefunden haben, vertiefen Sie Ihr Wissen. Lesen Sie mehr über und von dieser Person, bis diese für

Sie lebendig zu werden beginnt. Entwickeln Sie ein Gespür dafür, wie dieser Mensch gedacht hat. Irgendwann werden Sie feststellen, dass Sie sich nicht mehr fragen müssen, was der- oder diejenige in dieser Situation getan hätte, sondern Sie wissen es in den meisten Situationen, weil Sie das Denken der Person studiert und mit der Zeit verinnerlicht haben. Das Reflektieren der Geschichte und der Gedanken großer Persönlichkeiten verändert mit der Zeit auch Ihr eigenes Denken.

Ich habe während meines Studiums der Betriebswirtschaftslehre und Philosophie beispielsweise die Ethik von Kant studiert und meine Magisterarbeit über »Die vollkommenen Pflichten gegen sich selbst« geschrieben. Kant war ein sonderbarer Mensch. Ich wollte ihn nicht zum Freund haben. Seine Pflichtenlehre hat mich dennoch sehr beeindruckt, seine Ethik beeinflusst mich bis heute. Es gibt aber auch anspruchsvolle Lektüre, die lebensnäher und praxisbezogener ist.

Im Lauf der Zeit habe ich die Biografien von einigen »Großen« der Menschheitsgeschichte gelesen. Mit Abstand am stärksten beeindruckt und auch geprägt hat mich Albert Schweitzer, über den ich mehrere Biografien und von dem ich die philosophischen Werke gelesen habe und immer noch lese. Ein Bild Albert Schweitzers von dem Fotografen Yousuf Karsh hängt in meinem Büro neben meinem Schreibtisch. Der Fotograf, der viele sehr berühmte Menschen getroffen hat, erzählt:

»Ich hatte lange auf ein Treffen mit ›le Grand Docteur‹ warten müssen. Bereits seit einigen Jahren überlegte ich, wie in aller Welt ich sein Zuhause und das Hospital in Lambaréné in Französisch-Äquatorialafrika (heute Gabun) erreichen sollte; dann, durch einen Glücksfall, war ich 1954 in Frankreich, als er seinem Heimatort Günsbach im Elsass einen Besuch abstattete.

Da ich alle Werke Dr. Schweitzers gelesen und ihn seit geraumer Zeit aus der Entfernung bewundert hatte, befürchtete ich, dass er meine Erwartungen in der Wirklichkeit nicht würde erfüllen können. Aber er war genau so, wie ich ihn mir vorgestellt hatte. Wie alle Menschen zog er mich sofort in den Bann seiner bewussten und unermesslichen Weisheit, die gerade aufgrund ihrer Einfachheit umso stärker war.

[…]

Während unseres Gesprächs beobachtete ich Dr. Schweitzer genau, besonders seine Hände. Es waren die feinen Hände eines Musikers und Heilers. Mein Wunsch war es, ihn zu fotografieren, während er ein Buch in Händen hielt, vorzugsweise einen Notentext von Bach, aber dies behagte ihm nicht. Für diesen Anlass Bachs Musik zu verwenden sei zu dick aufgetragen. Mit einem verlegenen Lächeln nahm er stattdessen ein paar seiner eigenen Werke zur Hand. Und dann offenbarte er eine sehr menschliche Seite, indem er sich weigerte, mit Brille fotografiert zu werden. Die mache ihn zu alt, sagte er.

Es war selbstverständlich mein Wunsch, nicht so sehr ein Porträt nach den Vorstellungen Schweitzers zu machen, sondern ihn möglichst in einem unbedachten Moment einzufangen, sodass meine Kamera vielleicht ein paar seiner Eigenschaften festhalten würde, die ihn als den großartigen Arzt, Musiker, Philosophen, Philanthropen, Theologen und Schriftsteller auszeichneten, der er war. Die [...] Aufnahme wurde in einem sehr nachdenklichen Augenblick gemacht.

Ich entsann mich seiner Liebe und Fürsorge für die afrikanische Bevölkerung und fragte ihn, wie Christus wohl aufgenommen würde, wenn er in unserer Zeit erschiene. Dr. Schweitzer schaute zu mir hoch und erwiderte mit seiner ruhigen Stimme: ›Die Menschen würden ihn überhaupt nicht verstehen.‹ Und welches der Zehn Gebote er denn für das wichtigste hielte? Darüber dachte er einige Zeit nach, das wie aus Stein gemeißelte Gesicht hell erleuchtet, der Mann hinter der Legende plötzlich sichtbar. ›Christus‹, sagte er, ›hat nur ein Gebot gegeben. Das Gebot der Liebe.‹«[5]

Wenn Sie im Internet die Namen Schweitzer und Karsh suchen, finden Sie das Bild Albert Schweitzers, der über das wichtigste Gebot in Gedanken vertieft ist. Haben Sie Lust, seine Bekanntschaft zu machen? Dann empfehle ich Ihnen die aktuelle Biografie von Nils Ole Oermann über ihn oder Schweitzers *Straßburger Predigten*, die auch heute noch aktuell sind.

Zeigen Sie Humor

Viele Manager bemühen sich zäh darum, seriös und ernsthaft zu wirken. Der würdevolle Auftritt scheint ihnen mit Humor nicht vereinbar. Manche empfinden sogar das Lachen von Mitarbeitern als störend:

Ich habe vor Jahren einmal zwei Workshops für den Personalleiter eines DAX-Konzerns durchgeführt. Mir begegnete dieser Bereichsleiter HR ausgesprochen freundlich. In der Abteilung selbst nahm ich aber bei meinem ersten Besuch eine seltsam unnatürliche, bedrückende und fast feindliche Stimmung wahr. Ich bekam bald eine Ahnung, woran das liegen könnte. Der Personalchef hatte seinen Mitarbeitern zuerst unter anderem den Sekt-Umtrunk zu Geburtstagen verboten. Es mache keinen guten Eindruck, wenn jemand das Großraumbüro betrete und die Mitarbeiter Alkohol trinken würden. Mit der gleichen Begründung wurde bei einem der folgenden Geburtstage auch mitgebrachter Kuchen untersagt. Der nächste Schritt bestand darin, dass der Personalleiter Mitarbeiter ansprach, die seiner Meinung nach zu laut lachten. Sie wissen schon … das wirke unprofessionell auf Besucher. Das ging so weit, dass irgendwann niemand mehr lachte. Mit der Zeit bekam die Geschäftsleitung mit, dass dieser Mann nicht nur humorlos, sondern auch noch hochgradig unorganisiert und in mehreren weiteren Belangen ein schlechter Chef war. Ihm wurde viel zu spät gekündigt. Ich brauche es fast nicht zu erwähnen, dass dieser Personalchef durch alle Instanzen gegen das Unternehmen klagte und eine maximale Abfindung für sich herausholte. Die Mitarbeiter hatten aber Glück im Unglück. Sein Nachfolger wurde ein authentischer, integrer und auch noch sehr humorvoller Chef. Das Lachen kehrte schon nach kurzer Zeit zurück. Heute ist besagter Personalchef wieder Bereichsleiter HR und Prokurist bei einem großen Automobilzulieferer. Meine Hoffnung ist gering, dass er etwas aus der Sache gelernt hat, statt weiterhin viele Menschen zu demotivieren.

Das Beispiel wirkt wie erfunden, oder? Als Leser denkt man vermutlich, das könne doch nicht wahr sein. Leider sind humorlose Chefs, die vor allem sich selbst ungemein wichtig nehmen, in fast jedem Unternehmen anzutreffen. Wer sich aber selbst zu ernst nimmt, wird schon bald von den Mitarbeitern nicht mehr ernst genommen. Wer nicht mit anderen lachen kann, wird zum Objekt des Lachens anderer. Humorlose Chefs im Unternehmen auszumachen und gegebenenfalls zu ersetzen kann viel bewirken. Mitarbeiter leiden unter einem solchen Chef, denn Freude, Kreativität und Inspiration sind fast immer stark eingeschränkt. Humorvolle Chefs schaffen dagegen meist ein Arbeitsumfeld, in dem die Mitarbeiter sie selbst sein dürfen und in dem die Hierarchie nicht sonderlich betont wird. Sie können schon bei einem ersten Besuch in einem Unternehmen, einem Bereich oder einer Abteilung feststellen, ob Humor hier Teil der Kultur ist. Wenn nirgendwo gelacht wird und alle finster blicken, ist das ein klares Zeichen. Es sagt vor allem etwas über die Führung aus.

> Lachen und Humor sind wichtige Gradmesser für eine gute Arbeitsatmosphäre, Produktivität und Führung.

Wenn wir Humor zeigen, zeigen wir auch immer etwas von uns, von unserem wahren Wesen. Die Talkmaster-Legende Alfred Biolek sagte einmal: »Man erkennt den Charakter eines Menschen an den Späßen, über die er lacht.« Man kann ergänzen: »… und die er macht.« Gerade gegenüber dem Chef oder der Chefin kann es heikel sein, spontan den eigenen Humor zu zeigen, denn eine humorlose Person wird ihn unter Umständen übelnehmen. Sehen Sie es also als ein Zeichen von Vertrauen und guter Atmosphäre an, wenn Ihre Mitarbeiter Ihnen gegenüber ihren Humor zeigen.

Es bleibt aber die Frage, warum so viele Manager Probleme mit Humor haben. Lassen Sie uns dazu ein kleines Quiz machen: Was ist das Gegenteil von »humorvoll«? … Bitte überlegen Sie sich JETZT ein Wort! … Lesen Sie bitte erst weiter, wenn Ihnen ein Wort eingefallen ist.

Haben Sie jetzt spontan mit »ernsthaft« geantwortet? Die richtige Antwort wäre »humorlos«! Dieses Missverständnis stellt in der Praxis ein echtes Problem dar! Führungskräfte wollen nämlich ernsthaft wirken, damit sie ernst genommen werden. Was aber ist die Folge davon, wenn man glaubt, Humor sei das Gegenteil von Ernsthaftigkeit? Die Konsequenz kann nur sein, dass man keinen Humor zeigen darf.

Mit »Ernsthaftigkeit« bezeichnet man eine Haltung der Sachlichkeit, Nachdenklichkeit und Aufrichtigkeit. Wenn wir sachlich und nachdenklich sind, wirken wir normalerweise nicht fröhlich und heiter, »ernsthaft« ist aber nicht gleichbedeutend mit humorlos. Humor bezeichnet die »Fähigkeit und Bereitschaft, der Unzulänglichkeit der Welt und der Menschen, den Schwierigkeiten und Missgeschicken des Alltags mit heiterer Gelassenheit zu begegnen«.[6] Wenn wir ernsthaft sind, lächeln oder lachen wir in dem Moment nicht, aber selbstverständlich haben wir die Fähigkeit dazu. Nur wer diese Fähigkeit nicht mehr hat, der ist humorlos.

Denken Sie mal an eine Person, die Autorität, Würde und Courage ausstrahlt. Lächelt oder lacht diese Person in Ihrer Vorstellung? Sehr wahrscheinlich nicht, denn mit diesen drei Eigenschaften verbinden viele Ernsthaftigkeit und damit meist eben kein Lächeln oder gar Lachen. Darf ich Ihnen zwei Personen nennen, die alle drei Eigenschaften im hohen Maße besitzen und ausstrahlen? Beide sind höchste Würdenträger großer Weltreligionen: der Dalai-Lama und Papst Franziskus. Beide besitzen ohne Zweifel Autorität und Würde und haben in ihrem Leben Courage bewiesen. Man darf sie auch getrost als ernsthafte Persönlichkeiten bezeichnen. Machen Sie einfach mal den Test und geben im Web »Dalai-Lama« für die Bildersuche ein. Was sehen Sie? Und jetzt machen Sie bitte das Gleiche mit »Papst Franziskus«. Was sehen Sie nun? Speichern Sie diese Bilder im Gedächtnis bitte unter »ernsthafte Persönlichkeit, die Würde, Autorität und Courage besitzt« und halten Sie es in Zukunft genauso.

Seien Sie wahrhaftig

Viele Manager nutzen ihre Sprache unüberlegt. Sie verspielen damit das Vertrauen ihrer Mitarbeiter. Integre Menschen achten darauf, was sie sagen (und was nicht) und mit welchen Worten. Ein Beispiel aus der Praxis:

Ein hoher Manager verkündet eines Freitagvormittags im allwöchentlichen Führungskreis, dass er das Unternehmen bald verlassen und in den Ruhestand gehen werde. Er bitte aber alle anwesenden Führungskräfte, dies bis Montag für sich zu behalten, weil es der Belegschaft aus verschiedenen Gründen erst am Montag mitgeteilt werden solle. Die Führungskraft M. verlässt nun nach der Veranstaltung das Meeting und geht wieder in ihre Abteilung. Dort spricht sie auf dem Gang der Mitarbeiter A. an, ihm sei zu Ohren gekommen, besagter Manager wolle das Unternehmen verlassen. »Wissen Sie etwas darüber?«, fragt er seinen Chef. Dieser erinnert sich an die Mahnung, vor Montag nichts preiszugeben, und antwortet: »Nein, tut mir leid.« Anschließend geht jeder seiner Wege. Am Montag hält dann der ausscheidende Manager eine kurze Rede vor einem Teil der Belegschaft. Darin sagt er zu Beginn: »Heute möchte ich Ihnen etwas mitteilen, was Ihre Führungskräfte bereits am Freitag im Führungskreis erfahren haben: Ich werde das Unternehmen Mitte des Jahres verlassen.« Unter den Zuhörern ist auch der Mitarbeiter A. Er weiß, dass sein Chef am Führungskreis teilgenommen hatte und dementsprechend informiert gewesen sein musste. Ihm hatte er aber gesagt, er wisse nichts darüber. Demnach hatte er gelogen.

Wenn Sie diese Geschichte lesen, könnte man denken: »Na ja, ist halt ein bisschen dumm gelaufen.« Objektiv betrachtet hat die Führungskraft aber gelogen. Die wenigsten Manager hintergehen ihre Mitarbeiter, indem sie diese regelmäßig bewusst und mit einer hinterhältigen Absicht belügen. Es sind diese kleinen, scheinbar nicht so wichtigen Momente, die das Vertrauen in die Führungskraft aushöhlen. Was hätte der Manager in dieser Situation sagen können? Hier ein paar Beispiele, wie er hätte reagieren können:

Mit einer Gegenfrage:

»*Interessant. Wer sagt denn so etwas?*«

Kommentieren, ohne zu antworten:

»*Wenn das so wäre, wird es sicherlich schnell die Runde machen.*«
»*Das wäre wirklich schade, denn ich schätze ihn sehr.*«
»*In seinem Alter kann man das natürlich nie ausschließen.*«

Ablenken:

»*Ah, bevor ich es vergesse: Haben Sie den Kunden eigentlich schon erreicht?*«

Verweigern:

»*Sie wissen doch, dass ich mich zu Personalangelegenheiten prinzipiell nicht äußere.*«

Der ein oder andere mag das als Wortklauberei empfinden, aber diese Formulierungsbeispiele sind nicht gelogen. Auf Dauer macht das einen Unterschied. Stellen Sie sich vor, Sie wären der Mitarbeiter A., der soeben gehört hat, dass der Manager das Unternehmen verlassen wird. Haben Sie bei einem der oben genannten Sätze den Eindruck, Ihr Chef hätte Sie angelogen?

Ich selbst bemühe mich beispielsweise schon seit meinem Studium der Philosophie, präzise zu formulieren und darauf zu achten, dass ich nicht aus Unachtsamkeit oder Bequemlichkeit etwas Unwahres sage. Mit etwas Übung ist es erstaunlich leicht, stets bei der Wahrheit zu bleiben. Wenn mir zum Beispiel eine Frage gestellt wird, die ich nicht ehrlich beantworten will, wechsele ich einfach das Thema oder stelle eine Gegenfrage. Erstaunlich viele Menschen sind in Gesprächen unkonzentriert. Sie lassen sich leicht ablenken und stellen die Frage äußerst selten noch einmal, selbst dann, wenn sie die Antwort wirklich interessiert hat.

Ein Problem sind die Höflichkeitslügen, die Menschen dazu verleiten, wenn auch gesellschaftlich akzeptiert, regelmäßig zu lügen. Ein Beispiel: Ein Kollege bringt Ihnen ein Stück von seinem ersten selbst gebackenen Käsekuchen mit. Beim nächsten Treffen fragt er mit erwartungsfrohem Gesicht, wie er geschmeckt habe. Die ehrliche Antwort wäre: »Wie eine neutrale Masse, allerdings sehr süß.« Das empfiehlt sich aber nicht. Eine glatte Lüge aus Bequemlichkeit oder Rücksichtnahme wäre: »Danke, sehr lecker!« Was könnten Sie in dieser Situation sagen, um bei der Wahrheit zu bleiben und den anderen nicht zu verletzen? Ganz einfach. Sie nehmen eine Teilaussage, die wahr ist. Die andere Person assoziiert dann, dass der Kuchen Ihnen geschmeckt hat, obwohl Sie das nicht sagen.

Meine Antwort wäre:

»Ich liebe Käsekuchen (das ist wahr) *und habe mich total gefreut, dass du welchen mitgebracht hast* (auch wahr). *Das war echt eine super Idee* (gemeint ist das Backen und Mitbringen, nicht der Kuchen)!«

Jetzt werden Sie vielleicht denken: »Was bitte schön soll ich sagen, wenn ich Käsekuchen hasse?« Es bleibt dabei:

»Ich freue mich darüber, dass du an mich gedacht hast (wenn das stimmt). *Selbst gemachten Kuchen zu verschenken ist wirklich eine sehr schöne Idee.«*

Wenn Sie ein Schalk sind:

»Sag mal, hast du den selbst gebacken?« – »Ja.« – »Siehst du, das habe ich gleich geschmeckt!« (Jeder professionelle Konditor würde nämlich pleitegehen.)

Sie mögen bezweifeln, dass solche Sätze die Person befriedigen. Ich kann Ihnen aber aus Erfahrung sagen, dass es wunderbar funktioniert. Letztendlich will die Person kein kritisches Feedback hören. Wer fragt in so einer Situation, um wirklich Verbesserungsvorschläge zu bekommen? Wer backt einen Kuchen und verschenkt ihn auch noch an nette Kollegen, wenn man ihn selbst für eine geschmackliche Zumutung hält? Die Person will ein Lob hören! Sie interpretiert Ihre Antwort deshalb willig in diese Richtung. Nach jeder dieser Antworten geht die Person davon aus, dass er Ihnen geschmeckt hat. Und Sie sind bei der Wahrheit geblieben.

Der ein oder andere wird jetzt immer noch denken: »Das ist doch alberne Wortklauberei!« Dann lassen Sie uns die Situation weiterspinnen. Der Kollege schenkt Ihnen und Ihrer Assistentin jeweils ein Stück Kuchen. Ihre Assistentin sagt zu Ihnen: »Die Geste ist ja nett, aber schmecken tut der Kuchen wie Bauschaum mit Süßstoff!« Sie antworten: »Stimmt! Ich esse ja gerne Käsekuchen, aber der schmeckt wirklich überhaupt nicht.« In diesem Moment betritt die Person das Zimmer und fragt mit erwartungsfrohem Blick, wie denn der Kuchen geschmeckt habe. Auch Ihre Assistentin schaut Sie jetzt an und ist gespannt, wie Sie aus der Nummer rauskommen. Wenn Sie jetzt die Variante wählen: »Danke, sehr lecker!«, haben Sie verloren. Dann sind Sie ein höflicher und braver Mensch, der es allen recht machen will und … der gerade gelogen hat. Was Sie mit Sicherheit nicht sind, ist ein Original. Bleiben Sie aber mit einer der oben genannten Varianten bei der Wahrheit, nimmt vor allem Ihre Assistentin dies wahr. Sie wird denken: »Geschickt!« Auf Dauer wird Sie aber vor allem merken, dass Sie es vermeiden zu lügen.

Diese Ehrlichkeit im Detail zahlt sich aus. All Ihre Mitarbeiter verstehen mit der Zeit durch viele kleine Alltagssituationen, dass Sie nur Dinge sagen, die wahr sind oder an deren Wahrheit Sie zumindest glauben. Nicht alles, was wir sagen, ist tatsächlich immer wahr (Wahrheit als Sachverhalt), denn manchmal irren wir uns, aber bei allem, was wir sagen, sollten wir nach bestem Wissen die Wahrheit sagen (Wahrhaftigkeit als Eigenschaft). Entweder Sie sind als Person wahrhaftig oder nicht. Und ob Sie es sind, zeigt sich eben vor allem in den kleinen Situationen des Alltags. Irgendwann wird das Festhalten an der Wahrheit ein Teil Ihrer Ausstrahlung. Sie werden feststellen, dass Ihnen auch fremde Menschen, die Sie gar nicht kennen, einfach glauben und Ihnen vertrauen.

Als Redner bin ich bei Veranstaltungen immer etwas früher vor Ort und höre mir noch einen oder zwei Vorträge vorher an. Dabei sind gelegentlich Menschen, die eine starke Integrität ausstrahlen, sodass ich ihren Worten glaube, ohne sie zu kennen. Diese Wirkung kann man aber nicht trainieren oder durch Schauspiel erzielen. Es ist die Ausstrahlung eines Menschen, der wahrhaftig ist.

Natürlich muss man im Job auch mal fünfe gerade sein lassen. Und selbstverständlich werden Sie einem Kunden nicht immer alles sagen können, was Sie wissen oder vielleicht sogar gern sagen würden. Aber es ist wichtig, wahrhaftig zu sein.

Alles eben Gesagte lässt sich übrigens eins zu eins auf Erziehung übertragen. Falls Sie Vater oder Mutter sind, wird Ihre Wahrheitsliebe auch einen Einfluss auf Ihre Kinder haben. Diese bekommen schon im Alter von zwei bis drei Jahren sehr klar mit, wenn ein Elternteil lügt. Ein Beispiel: Das dreijährige Kind fragt, ob noch Kekse da sind. Der Vater verneint, wohl wissend, dass dies nicht stimmt. Er will sich aber das mit Sicherheit folgende Gequengel und eine unfruchtbare Diskussionen ersparen. Das Kind bekommt später mit, dass doch noch Kekse waren.

Damit kann sich der Vater in Zukunft seine ganzen moralischen »Du sollst nicht lügen«-Appelle sparen.

Wahren Sie Ihre Würde

Jeder Mensch hat ein Bewusstsein des eigenen Werts, das man mit »Würde« bezeichnen kann. Verwandte Begriffe für das, was ich meine, sind Ehrgefühl, Selbstachtung und Format. Was ich nicht meine, sind Eitelkeit, Stolz oder Dünkel. Wir werden uns später noch mit dem Thema Demut befassen. Ein wirklich großartiger Chef und ein Original sollte die Charaktereigenschaft der Demut besitzen. Gleichzeitig ist er sich aber seiner Würde bewusst, und er ist nicht bereit, diese zu opfern oder von anderen verletzen zu lassen.

Man kann zwei Möglichkeiten unterscheiden, die eigene Würde zu wahren:

- ▶ Sie unterlassen Handlungen, die Ihre Würde beschädigen.
- ▶ Sie handeln so, dass Sie Ihre Würde bewahren.

Zur ersten Kategorie gehört es, nichts zu tun, was Ihren Werten widerspricht. Ein mir bekannter Manager erzählte von einem Chef, der regelmäßig Dinge tat, die zu seinem Vorteil und zum Nachteil des Unternehmens waren. Er flog zum Beispiel in der Business-Class zu Terminen, obwohl es ICE-Verbindungen gab, die schneller waren und nur einen Bruchteil gekostet hätten. So konnte er aber Meilen für seine Senator-Karte sammeln, deren Status er nicht verlieren wollte, um auch weiterhin die Bonusmeilen privat nutzen zu können. Dieser Chef forderte von meinem Bekannten regelmäßig, gleichfalls Dinge zu tun, die dieser nicht gut mit seinem Gewissen vereinbaren konnte. Als er dies einmal bei einer passenden Gelegenheit ansprach, antwortete sein Chef: »Mein Gott, jetzt haben Sie sich mal nicht so. Da müssen Sie einfach etwas moralelastischer werden.« Dieser Begriff ging mir nicht mehr aus dem Kopf: *moralelastisch*. Wie moralelastisch müssen manche Menschen im Job sein, und wo ist die Grenze? Tatsächlich gibt es Schwellen. Überschreitet man diese, gewöhnt man sich schnell daran, jenseits der Schwelle zu agieren. Manche Menschen sind sich noch nicht einmal bewusst, dass sie eine Schwelle überschritten haben:

Ein Manager verwaltet das Budget für die Handbibliothek der Abteilung. Davon sollen Bücher angeschafft werden, die den Mitarbeitern zugutekommen beziehungsweise deren Arbeit erleichtern. Der Manager bestellt sich immer wieder teure Fachbücher, leiht diese nach Hause aus und »vergisst« sie dann im heimischen Bücherregal. Natürlich redet er sich das schön: »Ich lese ja zum Teil auch in meiner Freizeit. Das ist ja auch eine Investition meinerseits. Und es ist immer noch billiger, als wenn ich ein Seminar besuchen würde. Außerdem benutzt die Bibliothek doch eh keiner.« Fakt ist: Auf die Dauer für über 500 Euro Bücher mitzunehmen ist auch nicht besser, als eine Bürolampe zu stehlen. Der Manager hat eine Schwelle überschritten, wenn er nicht bereits vorher schon jenseits dieser Schwelle war.

Wenn Sie sich nicht sicher sind, wie Sie in einer bestimmten Situation handeln sollen, führen Sie doch einfach einen inneren Dialog mit Ihrem Vorbild. Ich hatte Ihnen weiter oben vorgeschlagen, Ihr persönliches Vorbild zu finden. Sicherlich wählen Sie jemanden, der nicht nur integer, sondern auch lebensklug ist oder war. Überlegen Sie, was Ihnen diese Person raten würde. Führen Sie bei einem Spaziergang ein imaginäres Gespräch.

Wenn Sie Angst verspüren, das gefühlt Richtige umzusetzen, fragen Sie sich: Was ist das Schlimmste, das passieren kann? Denken Sie gründlich darüber nach. Häufig sind die tatsächlich möglichen Konsequenzen weniger schlimm, als wir vermutet hätten. Akzeptieren Sie die Konsequenzen und handeln Sie.

Sie können auch der Empfehlung des Wirtschaftsvordenkers Gary Hamel folgen, der seinen Studenten an der London Business School zum Abschluss ihres MBA-Kurses den folgenden Text als Grundlage für schwierige Entscheidungen aushändigte:

»Erstens: Ihre verwitwete Mutter hat ihre gesamten Ersparnisse in Ihr Unternehmen investiert. Sie ist die einzige Aktionärin, und diese Investition ist alles, was sie hat. Selbstverständlich tun Sie dann alles in Ihrer Macht Stehende, damit sie ihren Ruhestand sicher und sorglos genießen kann. Aus diesem Grund wird es Ihnen auch nie einfallen, das langfristige Wohl des Unternehmens für einen kurzfristigen Gewinn aufs Spiel zu setzen.

Zweitens: Ihr Chef ist Ihr älterer Bruder. Sie begegnen ihm zwar immer respektvoll, aber Sie zögern auch nicht, ihm offene Ratschläge zu geben, wenn Sie es für notwendig halten – und Sie schmeicheln sich nicht bei ihm ein.

Drittens: Ihre Kollegen und Mitarbeiter sind alte Freunde aus der Kindheit. Sie nehmen im Zweifel immer nur das Beste von ihnen an, und Sie tun alles, um ihnen den Weg zu ebnen. Bei Bedarf erinnern Sie sich jedoch auch daran, dass Freundschaft auf gegenseitiger Verantwortung beruht. Sie behandeln sie niemals als ›menschliche Ressourcen‹.

Viertens: Ihre Kinder sind Großkunden Ihres Unternehmens. Sie wollen sie erfreuen und zufriedenstellen. Aus diesem Grund bekämpfen Sie alle, die sie ausnutzen, übervorteilen oder gar betrügen wollen. Sie handeln nie zum Nachteil eines Kunden.

Fünftens: Sie sind finanziell unabhängig. Sie arbeiten, weil Sie es so wollen, und nicht, weil Sie müssen. Daher sind Sie nicht bereit, für eine Beförderung oder eine bessere Beurteilung Ihre Integrität zu opfern. Sie kündigen, bevor Sie Kompromisse schließen müssen.«[7]

Noch etwas knapper bringt es dieser Grundsatz auf den Punkt, der Warren Buffett zugeschrieben wird, aber auch ohne den prominenten Absender sehr wahr ist:

»Ich will, dass sich Angestellte fragen, ob sie willens sind, dass jegliche erwogene Handlung am kommenden Tag auf der ersten Seite ihrer Lokalzeitung erscheint, gelesen von ihren Ehepartnern, Kindern und Freunden und recherchiert von einem informierten und kritischen Reporter.«

Wenn Sie mit diesem Satz oder Hamels Anleitung in Ihrem gegenwärtigen Unternehmen beziehungsweise unter Ihrem momentanen Chef keine Chance auf Erfolg haben, sind Sie am falschen Platz. Sie können dort nicht glücklich werden. Es gibt wirklich sehr viele gute Arbeitgeber. Sie finden mit Sicherheit einen Ort, an dem Sie erfolgreicher sein werden und sich wohler fühlen. Die Liste der besten Arbeitgeber Deutschlands, jährlich ermittelt durch die »Great Place to Work«-Studie, kann erste Hinweise geben. Auch habe ich die Erfahrung gemacht, dass in mittelständischen Unternehmen oft ein freundlicher, bodenständiger Umgang und klare Werte herrschen. Wenn Sie merken, dass Ihre ethischen Grundpfeiler beschädigt werden, gehen Sie, bevor das Gebäude über Ihnen einstürzt.

Neben der Unterlassung von Handlungen, die Ihre Würde beschädigen, gibt es zweitens solche, die Ihre Würde bewahren. Im Folgenden nenne ich Ihnen einige Beispiele.

Beweisen Sie Rückgrat

Ich war einmal anwesend, als ein We-care-Leader nach einem längeren Schweigen in einer Runde von 36 Managern aufstand und dem anwesenden Vorstand auf dessen zuvor gestellte Frage hin sagte, was alle in der Runde dachten, aber keiner auszusprechen wagte. Der We-care-Leader hatte nicht sofort reagiert, sondern wie alle anderen abgewartet. Irgendwann spürte er, dass niemand die Antwort geben würde. Er wusste aber, wie wichtig es für das Unternehmen, für den Vorstand und auch für die versammelten Managerkollegen war, dass die schwelenden Probleme angesprochen und diskutiert wurden. Also stand er auf und sagte, was zu sagen war. Sie hätten das Fallen einer Stecknadel hören können. Dieser Manager handelte spontan, aber er wählte seine Worte sehr bewusst und brachte auf den Punkt, was kritisch war. Dieses Verhalten war mutig, denn der Vorstand, ein ehemaliger Offizier, der die Befehlsattitüde nie ganz abgelegt hatte, war in seinen Reaktionen schwer einzuschätzen. In diesem Fall reagierte er ruhig, was sicherlich der Person geschuldet war, die von allen sehr respektiert wurde.

Es ist übrigens völlig in Ordnung, in solchen Momenten Angst zu verspüren. Die Chance, etwas falsch zu machen, ist ja durchaus gegeben. Mit wenigen Sätzen lässt sich in so einer Situationen das Ansehen der eigenen Person bei den 35 Kollegen und dem eigenen Chef nachhaltig beschädigen. Man muss sich nur etwas ungeschickt ausdrücken, schon ist der Vorgesetzte stark verärgert, und die Kollegen schauen mitleidig ob der peinlichen Situation. Angst ist also normal. Mut ist ja bekanntlich auch nicht die Abwesenheit, sondern vielmehr die Überwindung der Angst. Menschen, die keine Angst verspüren, nennt man tollkühn.

Sie verkennen das Risiko und bringen sich und andere in Gefahr. Wer seine Angst überwindet, zeigt damit Rückgrat.

Entwickeln Sie Klugheit

Nehmen wir das Beispiel von eben. In einer Runde von 36 Personen derjenige zu sein, der aufsteht und sagt, was alle denken, kann je nach Situation ein Zeichen von Rückgrat, aber auch von Dummheit sein. Es gibt Momente im Leben, in denen man Mut beweisen sollte, in denen etwas gesagt oder getan werden sollte, und es gibt Momente, in denen es klug ist zu schweigen. Wann der richtige Zeitpunkt zum Handeln ist und wann nicht, entscheidet die Klugheit. Diese zu entwickeln ist eine lebenslange Aufgabe. Wenn der Erwerb von Klugheit mit dem von Lebenserfahrung und menschlicher Reife einhergeht, entsteht Weisheit. Eine kleine Geschichte, die das Grundprinzip verdeutlicht, trägt den Titel »Zuverlässigkeit und Weisheit«, wobei Sie »Weisheit« auch durch »Klugheit« ersetzen können:

»Mein Sohn«, sagte der Vater anlässlich seines frühzeitigen Ausscheidens aus der Firma, »von jetzt an gehört das alles dir. Ich habe es aufgrund zweier Prinzipien zu Geld gebracht: Zuverlässigkeit und Weisheit. Zuverlässigkeit ist von großer Bedeutung. Wenn du eine Lieferung für den ersten April zusagst, musst du die Ware, ganz gleich, was passiert, am ersten April liefern.«

»Ich verstehe, Vater! Aber was ist mit der Weisheit?«

»Weisheit bedeutet: Wer hat denn gesagt, dass du feste Zusagen machen sollst?«[8]

Halten Sie Versprechen

Wenn Sie zu jemandem sagen: »Ich gebe dir mein Wort darauf!«, würden Sie dieses Versprechen dann halten? Ich vermute, Ihre Antwort lautet Ja. Es ist in der heutigen Zeit unüblich geworden, jemandem offiziell sein Ehrenwort zu geben. Dementsprechend achtet die meisten darauf, es zu halten, wenn sie es tatsächlich einmal vergeben. Wann aber sind wir an unsere alltäglichen Zusagen gebunden? Wenn wir jemandem sagen: »Ich schicke Ihnen dazu am Dienstag etwas zu«, und tun es dann aber erst einige Tage später oder gar nicht, wie ist das einzuschätzen? Viele Menschen verwechseln eine Zusage mit einer Absichtserklärung. Derjenige, der gesagt hat, er würde etwas schicken, sieht dies als Absichtserklärung an: »Ich nehme mir jetzt vor, es Ihnen am Dienstag zu schicken.« Nur um dann später festzustellen, dass man eigentlich weder die Zeit noch die Lust dazu hat. Manche Menschen merken sogar schon beim Reden, dass sie es wahrscheinlich nicht tun werden. Es hat sich nur im Moment der Zusage so gut angefühlt, dem anderen etwas zu versprechen. Der andere hört aber genau das. Er nimmt ein Versprechen wahr, eine feste Zusage.

Machen Sie deshalb keine übereilten Angebote, die Sie später nicht halten können. Bevor Sie etwas versprechen, halten Sie am besten kurz inne und fragen sich: »Würde ich diese Zusage auch geben, wenn ich bei Nichteinhaltung das Vertrauen dieser Person vollständig und unwiderruflich verlieren würde?« Ist die Antwort Nein, dann schweigen Sie.

Ihr größtes Kapital als Chef ist Vertrauen. Dessen Wert können Sie niemals überschätzen. Es ist besser, wenig zu versprechen und dann mehr zu halten, als Sie versprochen haben, als umgekehrt. Ich unterhielt mich einmal mit einer Führungskraft über das Thema Mitarbeiterjahresgespräch. Mein Gesprächspartner sagte: »Mein Chef ist immer sehr gut vorbereitet auf das Gespräch. Und er verspricht oft Dinge, bei denen ich denke: ›Das wird er wohl kaum halten können.‹ Aber er macht es jedes Mal und übertrifft sein Versprechen oft sogar noch.« Ich fragte ihn, wer sein Vorgesetzter sei. Seine Antwort wunderte mich nicht. Es war ein Manager, den ich kenne und für einen exzellenten We-care-Leader halte. Wie wäre es, wenn Ihre Mitarbeiter genau das von Ihnen sagen würden: »Er hält, was er verspricht, und meistens übertrifft er es.«

Übernehmen Sie Verantwortung

Ob Sie Format haben, zeigt sich auch daran, in welchem Maß Sie Verantwortung übernehmen. Es gibt fast immer einen Grund oder ungünstige Umstände, die man anführen kann, wenn etwas nicht nach Plan gelaufen ist. Fast nie liegt es allein am Versagen des Vorgesetzten. Aber wechseln Sie einmal die Perspektive: Was halten Sie davon, wenn einer Ihrer Mitarbeiter seinen Job nicht ordentlich erledigt und Ihnen dann alle möglichen Details nennt, warum es nicht geklappt hat? Haben Sie anschließend eine bessere Meinung von der Person? ... Eben!

Rudolph W. Giuliani, zum Zeitpunkt des Anschlags auf das World Trade Center Bürgermeister von New York, sagt:

»Viele Führungspersönlichkeiten schmücken ihre Schreibtische mit eingängigen Slogans [...]. Das Schild mit den drei Worten auf meinem Tisch fasst wahrhaftig meine gesamte Grundüberzeugung zusammen: I´M RESPONSIBLE – Ich bin verantwortlich. Während meiner Zeit in der City Hall war es mir stets ein Anliegen, dass diese Worte für jeden städtischen Angestellten, angefangen mit mir selbst, zu einer Art Kennmelodie wurden.«[9]

Der amerikanische Präsident Harry S. Truman hatte auf seinem Schreibtisch im Weißen Haus ein Schild aus Walnussholz, auf dem stand: »The BUCK STOPS here!« Der Spruch ist abgeleitet von der Redewendung »to pass the buck«, was übersetzt bedeutet »jemandem die Verantwortung/den Schwarzen Peter zuschieben«. Truman hatte verinnerlicht, dass er als amerikanischer Präsident keine Verantwortung mehr weiterschieben konnte.

Speichern Sie das auch in Ihrem Kopf. Sie sind verantwortlich! Und das bedeutet, dass Sie nach oben und nach außen Ihr Gesicht zeigen, wenn einem Ihrer Mitarbeiter ein Fehler oder sonst etwas irgendwie Unangenehmes unterläuft. Bedenken Sie einfach, dass ein Teil Ihres Gehalts Schmerzensgeld dafür ist, dass Sie die Verantwortung für die Fehler anderer übernehmen.

Unangenehmes selbst erledigen

Gewöhnen Sie sich als Leader an, harte Nüsse regelmäßig selbst zu knacken. Nehmen wir an, Sie sitzen mit Ihren Führungskräften in einem Meeting. Es stellt sich heraus, dass einer ebenso wichtigen wie »schwierigen« Person etwas Unangenehmes mitgeteilt werden muss. Eine verärgerte Reaktion ist zu erwarten. Natürlich will niemand derjenige sein, der die Nachricht überbringt. In dem Moment sagen Sie mit fester Stimme: »Ich mache das!« Ein Aufatmen geht durch die Gruppe. Jeder im Raum weiß, was das für Sie bedeutet, und erkennt Ihr Verhalten an. In solchen Momenten werden Sie deutlich als Leader wahrgenommen.

Verstehen Sie mich jetzt bitte nicht falsch: Sie sollen Ihren Mitarbeitern nicht alle unangenehmen Aufgaben abnehmen. Was in deren Bereich fällt, erledigen diese natürlich selbst. Das gilt auch für die unangenehmen Dinge. Es gibt jedoch Situationen, in denen sich Zuständigkeiten nicht klar zuordnen lassen und jeder eine bestimmte sehr unangenehme Aufgabe übernehmen könnte. Aber keiner will es machen. Seien Sie auch in solchen Momenten ein Vorbild. Glauben Sie mir, Mitarbeiter registrieren genau, ob der Chef sich drückt oder aber regelmäßig selbst in den sauren Apfel beißt. Wer als Vorgesetzter die sauren Äpfel verteilt, selbst aber beim Golden Delicious zugreift, kann keine Loyalität erwarten. Treten Sie deshalb im Zweifelsfall bei der Suche nach Freiwilligen einen Schritt nach vorn, insbesondere dann, wenn Sie spüren, dass selbst Sie Angst vor der Aufgabe haben. Mit der Zeit hat es eine Wirkung, und jemand anders sagt: »Ich mache das!«, bevor Sie es aussprechen. Natürlich sollten Sie auch manchmal stehen bleiben und warten, bis es ein anderer tut. Damit wären wir wieder bei der Klugheit.

Zu dieser gehört auch, den Menschen Erfolgserlebnisse zu bescheren. Nelson Mandela soll es einmal so formuliert haben:

»Es ist besser, aus dem Hintergrund zu führen und andere in die erste Reihe zu stellen, besonders wenn angenehme Dinge passieren oder Erfolge gefeiert werden. Gehe nach vorne, wenn Gefahr droht, dann werden die Leute deine Führung schätzen.«

Walk the Talk

Sagen Sie, was Sie tun werden, und tun Sie, was Sie sagen. Ihre Mitarbeiter müssen wissen, dass auf Ihre Worte die entsprechenden Taten folgen. Gehen Sie davon aus, dass es ansonsten schon nach sehr kurzer Zeit alle Mitarbeiter wissen. Die meisten unterschätzen die hervorragende Beobachtungsgabe der Mitarbeiter und die ungemeine Sendestärke des Flurfunks. Auf Dauer bleibt nicht verborgen, wie Sie jenseits Ihrer offiziellen Reden denken und handeln.

> **Gehen Sie davon aus, dass Ihre Mitarbeiter es immer mitbekommen, wenn Sie gegen Ihre Worte verstoßen.**

Ein Beispiel gibt uns Martin Luther King:

Am 28. September 1962 stand Martin Luther King auf der Bühne eines Saals in Birmingham. Er hielt die Abschlussrede der viertägigen Southern Christian Leadership Conference. Im Raum waren circa 300 Vertreter der Civil-Rights-Bewegung. King predigte schon seit Jahren Gleichheit und Gewaltlosigkeit. In der sechsten Reihe saß zwischen all den Teilnehmern schwarzer Hautfarbe im Anzug ein weißer Mann im T-Shirt. Sein Name war Roy James. Niemand im Raum wusste, dass er Mitglied der American Nazi Party war. Während der Rede von King sprang er auf die Bühne und begann, mit großer Brutalität vor allen Anwesenden auf den Bürgerrechtler einzuschlagen. Er traf ihn mit dem ersten Faustschlag so heftig ins Gesicht, dass man das Geräusch im ganzen Saal hören konnte. Als King sich wegdrehte, schlug er von der Seite weiter auf dessen Gesicht und die Leiste ein. King schaffte es, sich zu seinem Angreifer umzudrehen. Er schaute dem muskulösen, groß gewachsenen Schläger in die Augen, und dann tat er, was keiner erwartete. Er ließ zum Erstaunen aller seine Arme sinken. Walk the Talk. Er praktizierte Gewaltlosigkeit im Angesicht der nackten Gewalt. Kurz darauf waren mehrere Personen nach einer Schockstarre auf die Bühne gesprungen und hielten Roy James fest. Dieser war darauf gefasst, von der wütenden Menge zusammengeschlagen zu werden, aber Martin Luther King rief laut aus: »Tut ihm nichts. Tut ihm nichts. Lasst uns für ihn beten.« Und so geschah es. Niemand krümmte ihm ein Haar. King sprach nach seinem Vortrag mit dem Angreifer und verzichtete darauf, Anzeige zu erstatten. An diesem Tag hatte er auch seinen internen Kritikern im Saal bewiesen, dass er es ernst meinte mit dem Prinzip der Gewaltlosigkeit. Wer es schafft, seine instinktiven Reflexe in einem Moment größter Anspannung zu unterdrücken, der hat das Prinzip zutiefst verinnerlicht.[10]

Roy James veröffentlichte später übrigens in einem rechtsradikalen Blatt ein unfassbar dummes Interview unter dem Titel »Wie ich den Nigger King verprügelte«, in dem er sich und seine Tat glorifizierte. Nicht immer fruchtet ein vorbildliches Verhalten, aber die 300 Vertreter der Civil-Rights-Bewegung haben an diesem Tag erlebt, dass King ein Leader war, der uneingeschränkt tat, was er sagte.

Werte, deren Einhaltung wir von anderen fordern, müssen in unserem eigenen Verhalten verwurzelt sein. Wie arm erscheinen dagegen manche Vorgesetzte, die von hehren Werten sprechen, während alle Mitarbeiter längst wissen, dass sie damit stets nur die anderen meinen.

Ein Punkt ist mir noch wichtig: Wenn Menschen hören, man solle wahrhaftig sein, Versprechen stets halten und Verantwortung übernehmen, dann klingt das in der Summe irgendwie nach wenig Spaß im Leben. Wenn wir uns eine Person vorstellen sollen, die solche Eigenschaften besitzt, haben die meisten das Bild eines älteren, konservativen, etwas steifen und streng schauenden Herrn im Lodenmantel vor sich.

Was wir mit diesen Eigenschaften nicht verbinden, ist ein jüngerer Chef, der mit seinem Team in der Kaffeeküche steht und lacht, oder eine jüngere Managerin, die mit ihren Mitarbeitern Scherze macht. Genau das sollten Sie sich aber als Bild zu diesen Eigenschaften vorstellen. Es gibt nämlich überhaupt keinen Zusammenhang zwischen wahrhaftigem, zuverlässigem und verantwortlichem Verhalten und wenig Spaß haben. Sicherlich sind Menschen mit diesen Eigenschaften ernsthaft im besten Sinne, aber sie haben eben im Idealfall auch Humor und genießen es, mit anderen zu lachen und Freude am Leben zu empfinden.

Schreiben Sie eine Gebrauchsanweisung für sich selbst

Als Original sind Sie für neue Mitarbeiter vielleicht manchmal schwer einzuschätzen. Sie können daher etwas tun, was ein mir bekannter Manager empfiehlt. Schreiben Sie eine Bedienungsanleitung für sich selbst, die Sie neuen Mitarbeitern zu Beginn der Zusammenarbeit kurz vorstellen. Diese Bedienungsanleitung kann zum Beispiel solche Sätze enthalten:

Dos:
- Fordern Sie von mir regelmäßig und aktiv Feedback ein.
- Eigene Fehler eingestehen, aber auch auf meine Fehler hinweisen (wenn möglich, bevor ich sie mache).
- Auf den Punkt kommen, nicht um den heißen Brei reden.
- Für Probleme Lösungen anbieten.
- Bei Unsicherheit sofort kommen und nicht verzögern (Probleme bei »Gelb« ansprechen und nicht erst bei »Rot«).
- etc.

Don'ts:
- Anrufe morgens vor 8:30 Uhr. Anrufe bis 22:00 Uhr sind kein Problem.
- Mich zu Meetings einladen, bei denen meine Anwesenheit nicht wirklich notwendig ist.
- Beeindrucken Sie mit Leistung, nicht mit langen Arbeitszeiten.

- Vereinbarte Deadlines ohne Rücksprache brechen.
- Mich als Erstkorrektor missbrauchen.
- etc.

Mit einer solchen Anleitung ersparen Sie den Mitarbeitern, nach und nach selbst herauszufinden, wie Sie arbeiten. So gibt es zum Beispiel Chefs, die zu allen wichtigen Meetings Einladungen haben wollen, sonst sind sie beleidigt. Es gibt aber auch Chefs, die sagen: »Ich will nur eingeladen werden, wenn meine Anwesenheit zwingend erforderlich ist.« Sie können auch, nachdem Sie Ihre Bedienungsanleitung verteilt haben, Ihre Direct Reports bitten, selbst eine solche Anleitung zu verfassen und Ihnen zu geben.

Handlungsempfehlungen

1. Beginnen Sie, vermehrt auf Ihre Sprache zu achten, und seien Sie auch und gerade in Kleinigkeiten wahrhaftig.
2. Finden Sie Ihr persönliches Vorbild und studieren Sie dessen Leben und Denken.
3. Entwickeln, zeigen und fördern Sie Humor.
4. Gewöhnen Sie sich an, keine Zusagen zu machen, die Sie nicht 100-prozentig halten können und werden.
5. Wahren Sie in allen Handlungen Ihre Würde. Meiden Sie alles, was Ihre Würde verletzt.
6. Walk the Talk! Überlegen Sie, woran andere das deutlich erkennen können.
7. Erledigen Sie Unangenehmes selbst.
8. Schreiben Sie eine Gebrauchsanweisung für sich.

3. Der innere Hochofen

Wie Sie eine wirkungsstarke Persönlichkeit werden

Finde dich, sei dir selber treu, lerne dich verstehen, folge deiner Stimme, so kannst du das Höchste erreichen.
Bettina von Arnim (deutsche Schriftstellerin)

Was würden Sie gern hören, wenn jemand einen Ihrer direkten Mitarbeiter bittet: »Nenne mir mal drei Eigenschaften deines Chefs!« Bei den meisten Führungskräften stehen zwei Begriffe auf der Wunschliste ganz oben: authentisch und integer. Was Sie tun können, damit man Sie als integer wahrnimmt, haben wir in Kapitel 2 besprochen. In diesem Kapitel geht es nun darum, wie Sie so auftreten, dass ein sehr hohen Anteil Ihrer Mitarbeiter sagt: »Ja, meine Führungskraft ist authentisch.«

Das Wort »authentisch« kommt aus dem Griechischen und bedeutet »echt«. Wann aber wirkt ein Mensch echt, und wann wirkt er unecht oder aufgesetzt?

Hier hilft uns wieder der Begriff der »Persona« weiter. Sie zeigte dem Zuschauer im antiken Theater eindeutig, welchen Charakter ein Akteur auf der Bühne darstellte und ob dieser gut oder böse war. Heute verstehen wir unter Persona den Teil der Persönlichkeit, den Sie nach außen zeigen und darstellen. Dazu gehören Ihre sozialen Rollen wie zum Beispiel der Jobtitel auf Ihrer Visitenkarte, Ihre Funktion als Vorgesetzter und alle offiziellen Ämter, die Sie bekleiden. Wir definieren unsere Persona auch über unsere Besitztümer und Statussymbole wie den Firmenwagen und das Tragen und Nutzen bestimmter Marken.

Mit der Persona versuchen wir, uns der jeweiligen Peergroup anzupassen. Als Manager trägt man zum Beispiel irgendwann keine billige Plastik- oder Digitaluhr mehr, sondern legt sich eine hochwertige mechanische Uhr zu, die unter den unauffällig taxierenden Blicken der Kollegen bestehen kann. Oder der Manager lernt etwas über Weine, um sich beim nächsten Geschäftsessen bei der Bestellung nicht zu blamieren. Die Eigenschaften der Persona werden also mit der Zeit durch die Anpassung an unser jeweiliges Umfeld erworben. Die Persona entspricht deshalb einem angepassten Ich. Diese Anpassung an vermeintliche Erwartungen und Normen erfolgt meistens zulasten der Individualität. Dies lässt sich gut in manchen Bürogebäuden beobachten, in denen die Kleidung der Mitarbeiter in ihrer Einförmigkeit fast schon an Uniformen erinnert.

Anzug und Krawatte oder Kostüm und Perlenkette zeigen auch eine weitere Eigenschaft der Persona. Sie dient nämlich nicht nur der Anpassung, sondern hat auch eine Schutzfunktion, indem sie den dahinterliegenden verletzlichen oder privaten Teil des Menschen durch klare Rollen und Verhaltensmuster abschirmt. Ein Manager sagte mir einmal ganz in diesem Sinne: »Der Anzug ist wie ein Rüstung für mich. Wenn ich den anziehe, bin ich bereit zum Kampf. Wenn ich ihn abends ausziehe, entspanne ich mich, und die Freizeit beginnt.« Manche Manager fühlen sich daher auch sichtlich unwohl, wenn Sie bei einem beruflichen Anlass Freizeitkleidung tragen sollen, da sie sich darin irgendwie merkwürdig schutzlos fühlen.

Hinter der Maske oder der Persona steht der Mensch mit all seiner Verletzlichkeit. Dieser Teil ist das individuelle Ich, das von der Persona geschützt wird. Zum individuellen Ich gehören unsere tatsächlichen Neigungen, Wünsche und Gefühle. Hier finden sich also Ängste, Sorgen und Leiden, aber auch Freude, Begeisterung und Leidenschaft. Zum individuellen Ich gehören auch unsere Fantasien und Unvollkommenheiten. Vieles vom individuellen Ich ist nicht für die Öffentlichkeit gedacht, aus den unterschiedlichsten Gründen. Gleichzeitig ist es aber so, dass alles, was in uns lebendig ist, nämlich unsere Emotionen, hier zu finden sind. Emotionen sind unsere Energiequelle, und sie haben einen großen Einfluss auf eine authentische Wirkung. Wir empfinden jemanden nämlich dann als echt, wenn wir merken, dass das, was er sagt, dem entspricht, was er empfindet.

Emotionen sind unsere wichtigste Energiequelle.

Sicherlich haben Sie auch schon Menschen erlebt, die nach jedem dritten Satz auflachen und scheinbar permanent im Gute-Laune-Modus sind. Wer ein bisschen Menschenkenntnis besitzt, merkt aber schnell, dass dieses Lachen nicht echt ist, weil es keine innere Entsprechung hat. Die Person ist nicht wirklich gut gelaunt, sie spielt es nur. Menschen, die wirklich gut gelaunt sind, haben eine andere Ausstrahlung, und nur diese »echte« gute Laune kann auch anstecken, weil wir als Gegenüber nur auf die tatsächlich vorhandenen Emotionen des anderen reagieren, indem wir manchmal dieselben produzieren. Eine solche Person erscheint uns in dem Moment authentisch, weil wir die Emotionen spüren, während die Person mit der gespielten guten Laune uns unecht und aufgesetzt vorkommt.

Eine Person, die wir als authentisch und vielleicht sogar als charismatisch bezeichnen, ist daher immer jemand, bei dem das individuelle Ich mit seinen Emotionen deutlich durch die Persona hindurchscheint. Der Schlüssel zu einer authentischen Wirkung sind also die Emotionen.

Ein guter Zugang zu den eigenen Emotionen ist die Basis für authentisches Auftreten.

Wenn eine Person sich zu sehr mit ihrer Persona oder Rolle identifiziert, verkümmert mit der Zeit das individuelle Ich. Solche Menschen leben dann hauptsächlich in der Anpassung und verlieren den Kontakt zu den eigenen Gefühlen und Bedürfnissen immer mehr. Seltsamerweise sehen diese darin gar kein Problem, da sie nicht wissen, was ihnen damit an Führungs- und auch an Lebensqualität verloren geht. Von sich selbst sagen sie sogar mit einem gewissen Stolz: »Ich bin eher der rationale Typ.«

Genau dieser rationale Typ wirkt zwar meist fachlich kompetent, aber leider gleichzeitig menschlich oft distanziert und unterkühlt. Die Harvard-Professorin Amy J. C. Cuddy schreibt dazu in einem Artikel:

»Wenn wir über andere urteilen, vor allem über Führungspersonen, schauen wir zuerst auf zwei Dinge: Wie liebenswert ist die Person (Wärme, Verbundenheit, Vertrauenswürdigkeit) und wie furchteinflößend ist sie (Stärke, Macht, Kompetenz)? […] Dass es sich dabei um die beiden wichtigsten Dimensionen bei der Beurteilung von Menschen handelt, steht […] außer Frage.

Warum diese Merkmale so wichtig sind? Weil sie die Antwort auf zwei entscheidende Fragen liefern: Welche Absichten hat dieser Mensch mir gegenüber? Und: Ist er oder sie in der Lage, diese Absichten umzusetzen?

[…] Natürlich beobachten wir auch viele andere Charakterzüge, aber sie sind nicht annähernd so einflussreich wie die beiden Eigenschaften Warmherzigkeit und Stärke.«[11]

Die beiden Merkmale Warmherzigkeit und Stärke sollen demnach sogar zu über 90 Prozent dafür verantwortlich sein, ob wir einen positiven oder negativen Eindruck von einem Menschen in unserem Umfeld gewinnen. Die meisten Manager sind gut darin, ihre Stärke und Kompetenz unter Beweis zu stellen. Das allein reicht aber nicht, damit die Mitarbeiter einen positiven Eindruck bekommen und dem Chef vertrauen. In Zahlen ausgedrückt: Bei einer Untersuchung (Zenger und Folkman) von 51 836 Führungskräften schafften es nur 27 Manager, die von den Mitarbeitern bei der Liebenswürdigkeit im unteren Viertel eingestuft wurden, trotzdem bei der allgemeinen Führungskompetenz im oberen Viertel eingeschätzt zu werden. Anders gesagt: Wer nicht auch menschlich überzeugt, wird nicht als ein guter Chef wahrgenommen, egal, wie kompetent er ist. Aus Stärke und Warmherzigkeit lassen sich laut Cuddy je nach Ausprägung derselben verschiedene Kombination bilden:

- Stärke mit durchschnittlicher Warmherzigkeit führt dazu, dass die Mitarbeiter ordentlich arbeiten. Sie reißen sich für den Chef aber kein Bein aus.
- Fehlt die Warmherzigkeit nahezu gänzlich, können sich die Mitarbeiter sogar gegen den Chef wenden, indem sie zum Beispiel Dienst nach Vorschrift machen oder Vorgänge aktiv blockieren.
- Ist nur Warmherzigkeit und kaum Stärke vorhanden, ruft das als Reaktion normalerweise Mitleid hervor.
- Nur die Kombination aus Stärke und Warmherzigkeit nehmen die Mitarbeiter positiv wahr, und es kann zur aktiven Gefolgschaft kommen.

Was muss nun gegeben sein, damit ein Chef als warmherzig und damit als vertrauenswürdig wahrgenommen wird?

1. Die Führungsperson ist in der Lage, ihre eigenen Emotionen zu zeigen. Wer nicht fähig ist, seine Emotionen auszudrücken, und stets »vom Kopf« gesteuert wird, wirkt auf die meisten Menschen eher distanziert und kalt. Dieses bewusste Zeigen von Emotionen ist auch für die authentische Wirkung der maßgebliche Faktor.
2. Die Führungsperson kann emotional auf den anderen eingehen und diesem das Gefühl geben, gesehen und geachtet zu werden.

Beide Fähigkeiten gehören in den Bereich der emotionalen Intelligenz. Schauen wir uns diese beiden Bedingungen einmal etwas genauer an.

Die eigenen Emotionen wahrnehmen und zeigen können

Das klingt erst einmal simpel: Zeigen Sie gelegentlich Ihre Emotionen, dann wirken Sie authentisch und warmherzig. Nun ist das Wahrnehmen und Zeigen Ihrer Gefühle aber kein Führungstrick, sondern ein Ausdruck Ihrer ganzen Persönlichkeit. Die Fähigkeit, gut mit den eigenen Emotionen und denen der Mitarbeiter umzugehen, hängt meist sehr eng mit der menschlichen Reife zusammen. Und wie Sie wissen, lässt sich diese nicht einfach beschleunigen, sondern geht langsam vonstatten. Fach- und auch Methodenkenntnisse können wir sehr schnell anpassen – unsere Persönlichkeit aber formt und entwickelt sich langsam. Wie steht es also bei den meisten Managern um die Wahrnehmung von und den Umgang mit Emotionen? Vielen Managern fällt es schwer, ihre Emotionen bewusst zu zeigen, ja sie überhaupt nur wahrzunehmen. Oft wird das sogar keineswegs als problematisch, sondern eher als sinnvoll angesehen. Hier einige typische Kommentare:

- »Im Job zählt der Verstand. Ich werde nicht für meine Gefühle bezahlt.«
- »Emotionen zu zeigen kann schnell peinlich werden.«
- »Sehr emotionale Menschen haben im Job eher Nachteile.«
- »Als Manager darf man kein Weichei sein. Es braucht eine gewisse Härte.«
- »Der Job kann halt nicht immer Spaß machen. Mich fragt auch keiner, wie ich mich dabei fühle. Das interessiert hier keinen. ›Augen zu und durch‹ heißt die Parole.«

Viele Führungskräfte haben geradezu Angst davor, als zu emotional zu gelten, weil sie unter anderem glauben, das würde ihre Stärke und Kompetenz untergraben. Wie kommt es, dass so viele ein negatives Bild von Emotionen haben und diese eher dem Privatleben zuordnen? Zum großen Teil hängt dies nach meiner Überzeugung mit der Sozialisierung der meisten Führungskräfte oder besser gesagt der meisten Männer zusammen. Es ist leider nach wie vor so, dass der Großteil der Führungspersonen im mittleren und oberen Management Männer sind, auch wenn sich das langsam ändert. Die Sozialisierung der Männer läuft meist etwas anders ab als die der Frauen. Es sei aber ausdrücklich gesagt, das auch viele Frauen eine Erziehung »genießen«, die der hier beschriebenen vieler Männer gleicht. Diese leiden dann unter denselben Phänomenen.

Männer und Frauen werden unterschiedlich sozialisiert

Auch wenn hier seit Jahrzehnten einiges in Bewegung ist, spielten alte Stereotype in der Biografie heutiger Manager oft noch eine wichtige Rolle. Und ja: Die folgende Darstellung verallgemeinert stark, um das Wesentliche zu zeigen.

Ein kleines Mädchen und ein kleiner Junge werden in Bezug auf deren Emotionen noch gleich behandelt. Wenn sie beispielsweise weinen, kommen die Eltern und trösten sie. Ab dem vierten Lebensjahr verändert sich aber das Verhalten des Vaters oder auch beider Elternteile. Das Mädchen wird weiterhin getröstet und lernt damit, dass das Zeigen von Emotionen in Ordnung ist und sie dafür sogar Zuneigung erhält. Dem Jungen wird dagegen irgendwann signalisiert, sein Verhalten sei nicht mehr angemessen. Typische Sätze, die er zu hören bekommt, sind dann: »Jetzt stell dich mal nicht so an. Bist doch kein Mädchen.« »Ein Indianer kennt keinen Schmerz.« »Sei jetzt mal keine Heulsuse.« »Jetzt komm schon, so schlimm war's nicht.« In der Summe sagen all diese Sätze, dass Weinen (»Heulen«) infolge von Angst, Traurigkeit oder Hilflosigkeit nicht mehr angebracht ist. Selbst wenn die Eltern solche Kommentare vermeiden, hört das Kind sie mit großer Wahrscheinlichkeit von anderen Kindern, deren Eltern weniger achtsam sind. Natürlich beobachtet der Junge auch den eigenen Vater, um zu lernen, wie man als Mann so sein muss. Dieser versucht, sich gegenüber dem eigenen Nachwuchs stets souverän zu zeigen. Weinen sieht der Junge nur die Mutter. Er lernt also, dass dies offensichtlich weiblich ist. Auch in populären Filmen und Videospielen sehen die Kinder den Helden nie schwach und ängstlich. Oder haben Sie John Wayne schon mal weinen sehen? Der männliche Held bleibt stets cool und ist immer Herr der Lage. Hänschen lernt deshalb, sich zu kontrollieren und seine mit Schwäche verbundenen Gefühle nicht mehr zu zeigen.

Nun gibt es im Leben aber gute und schlechte Zeiten und damit verbunden angenehme und unangenehme Emotionen. Auf Dauer ist es schwierig und anstrengend, die unangenehmen Gefühle stets und in jeder Situation zu verdrängen. Dazu gehören zum Beispiel Angst, Traurigkeit, Einsamkeit, Erschöpfung, Scham, Sorge, Frustration oder Hilflosigkeit. Sie zu verdrängen und zu überspielen heißt, einen Teil seines Lebens zu verneinen.

Dass die schwachen Seiten verdrängt werden, gilt ganz besonders für Führungskräfte, weil das Idealbild des erfolgreichen Managers für viele Menschen nach wie vor ein sehr energiegeladener, gut gelaunter Alleskönner ist. Wenn der Stress im Beruf als Führungskraft aber immer weiter zunimmt, erhöht sich auch der Druck. Es kommt bei den meisten früher oder später zumindest zeitweise zu einigen der folgenden Gefühle: Versagens- oder Existenzängste, Verärgerung, Enttäuschung, Hilflosigkeit, Traurigkeit, Erschöpfung, Energie- oder Lustlosigkeit. Auf Dauer wird es immer schwieriger, diese Gefühle zu verleugnen. Durch Verdrängung verschwinden diese ja nicht einfach. Sie sind vielmehr wie ein Ball, den man unter Wasser drückt. Man sieht ihn dann nicht mehr, aber er ist noch da, und er hat Auftrieb. Je mehr wir von diesen unangenehmen Gefühlen verdrängen, desto größer wird der »Ball« und damit sein Auftrieb. Verdrängte Emotionen wollen an die Oberfläche. Lässt die Führungskraft diese nicht zu, kostet es sie immer mehr Energie, sie am Aufsteigen zu hindern und die scheinbar gut gelaunte Fassade aufrechtzuerhalten. Tatsächlich können aber sowohl die Mitarbeiter als auch Menschen aus dem persönlichen Umfeld leicht hinter die Fassade schauen, da die Person trotz ihrer Bemühungen immer stärker gereizt, genervt und gestresst wirkt.

Die Gefahr besteht darin, mit der Zeit gegen die eigenen Emotionen und damit gegen die eigenen Gefühle abzustumpfen. Hier gilt es zu unterscheiden. Eine Emotion ist zuerst einmal eine körperliche Veränderung wie zum Beispiel Schwitzen, ein beschleunigter Pulsschlag oder eine schnellere Atemfrequenz. Diese körperlichen Veränderungen werden vom mittleren limbischen System gesteuert. Erst wenn wir diese Emotionen wahrnehmen und bewusst zuordnen, werden sie zu einem Gefühl. Prinzipiell haben alle Menschen Emotionen, denn diese werden als Reaktion auf Sinnesreize und Gedanken fortlaufend und unbewusst erzeugt. Hier gibt es keine großen Unterschiede zwischen Männern und Frauen. Bei der Übersetzung der Emotionen in bewusste Gefühle und beim Umgang damit sind die Frauen aber aufgrund der Sozialisierung meist geübter. Das gilt ebenso beim Verbalisieren von Gefühlen. Auf die Frage »Wie fühlst du dich gerade?« können die meisten Frauen eine Antwort geben. Männer dagegen wissen mit der Frage oft nichts anzufangen oder antworten wahrheitsgemäß: »Keine Ahnung.«

Männer beschäftigen sich tendenziell lieber mit der Außen- als mit ihrer Innenwelt. Sie sprechen über die äußeren Faktoren einer Situation und wie man diese verändern kann. Sie analysieren, suchen nach Lösungen und Handlungsoptionen. Dies zeigt sich überdeutlich in der Beziehung. Während die Frau darüber spricht, was sie in einer bestimmten Situation empfunden hat, weil sie Verständnis oder auch Mitgefühl sucht, analysiert der Mann das Gesagte und bietet Lösungen an, wie man mit der Situation umgehen könnte. Am Ende ist die Frau enttäuscht, weil der Mann nicht mitfühlt, und der Mann ist ebenfalls enttäuscht, weil keiner seiner Lösungsvorschläge auf fruchtbaren Boden fällt und er sich am Ende trotz seiner ehrlichen Bemühungen auch noch vorwerfen lassen muss, er sei »ein Kühlschrank«. Männer lenken sich auch gerne ab, wenn sie unangenehme Emotionen verspüren. Da wird der Fernseher eingeschaltet oder im Job das Mailprogramm geöffnet.

Sie fragen sich jetzt vielleicht, was das jetzt noch mit Führung zu tun hat. Diese Frage werde ich Ihnen gleich beantworten. Ich werde Ihnen aufzeigen, dass Sie durch eine verbesserte Wahrnehmung Ihrer Gefühle

- ein deutlich besserer Chef werden,
- nicht nur Stärke, sondern auch Wärme ausstrahlen können,

- mit vielen Situationen wesentlich souveräner umgehen können,
- als authentisch wahrgenommen werden.

Lassen Sie mich Ihnen vorher noch aufzeigen, wie Sie sogar Ihre Lebensfreude, Glücksempfinden und Leidenschaft steigern können. Die Abstumpfung gegenüber den Emotionen, die über einen längeren Zeitraum eintritt, hat einen sehr großen Nachteil. Wenn wir Emotionen nicht mehr wahrnehmen, die zu unangenehmen Gefühlen wie Angst, Traurigkeit oder Erschöpfung führen, werden wir gleichzeitig auch den Emotionen gegenüber unempfänglich, die positive Gefühle wie Freude, Leidenschaft und Begeisterung erzeugen. Die auslösenden körperlichen Veränderungen sind nämlich bei beiden dieselben. Wenn Sie beispielsweise heiraten, sind die Reaktionen ähnlich, als wenn Ihr Chef Sie zum Rapport zitiert: feuchte Hände, schneller Puls, flache Atmung. In beiden Fällen signalisieren Ihnen Ihre Emotionen Stress, nur dass es sich im einen Fall um Eustress und im anderen um Distress handelt. Wenn Sie also gegen Emotionen abstumpfen, dann zwangsläufig auch gegen alle Gefühle. Sie verlieren so immer mehr die Fähigkeit, sich zu freuen und intensives Glück zu erleben. Manche Manager zum Beispiel verfolgen über viele Monate ein berufliches Ziel, und wenn sie es endlich erreicht haben, bleibt die Freude über den Erfolg aus. Anstatt zu feiern und ausgelassen zu sein, konzentrieren sie sich direkt auf ihr nächstes Ziel. So merken sie gar nicht, dass ihnen etwas abhandengekommen ist. Ich gebe Ihnen ein Beispiel für echte Freude:

Wir achten bei uns zu Hause auf eine gesunde Ernährung. Deswegen gibt es eher selten Pizza oder Burger. Eines Tages parkte meine Frau in der Einfahrt. Unsere Söhne und ich hatten das gehört und öffneten ihr die Haustür. Sie stieg aus dem Auto, lächelte und zog zwei große Pizzakartons aus dem Wagen. Der Vierjährige sah das und begann, eine Art Lambada auf der Stelle zu tanzen. Dabei rief er rhythmisch und vor Freude fast platzend: »Pizza, Pizza, Pizza!« Die Tanzeinlage dauerte vielleicht 20 Sekunden. Ich staunte, wie geschickt und ungehemmt sich das kleine Energiebündel bewegte, und fragte mich, wann ich das letzte Mal eine solch unbändige Freude gefühlt und ausgedrückt hatte. Mit fiel nichts Vergleichbares ein.

Tatsächlich ist es aber möglich, auch als Erwachsener wieder solche Momente der intensivsten Freude zu empfinden. Nahezu das Gegenteil von einem Menschen, der solch starke Gefühle erlebt, ist eine normotische Persönlichkeit. Der britische Psychologe Christopher Bollas beschreibt eine normotische Persönlichkeit so:

»*Solche Menschen […] leben, um den objektiven, materiellen Maßstäben der Gesellschaft gerecht zu werden – beispielsweise der Anhäufung von ›Dingen‹ wie Wissen, Geld, Freunde, Ehefrauen, Kinder, Autos –, ohne dass dabei die subjektiven Gefühle, Gedanken oder Konflikte erlebt werden, die solchen Errungenschaften oder Beziehungen einen persönlichen Sinn verleihen.*«[12]

Normotische Persönlichkeiten haben einen übermäßigen Drang, »normal« im Sinne der jeweiligen Peergroup zu sein. Dazu gehört ein übertrieben starker Wunsch, alle erforderlichen Insignien zu sammeln, die man in dieser Gruppe besitzen »muss«. Das kann ein bestimmter Firmenwagen oder ein repräsentatives Büro, die Platin-Kreditkarte, die Mitgliedschaft im elitären Golf-Club oder das Fliegen per Business-Class sein. Dagegen ist an sich nichts einzuwenden, aber eine normotische Persönlichkeit sieht diese Dinge als existenziell wichtig an und identifiziert sich im übertriebenen Maße damit. Ihr Ziel ist es, bei dem Spiel »Mein Haus, mein Auto, mein Boot« gut dazustehen. Der eigene Wert wird an Äußerlichkeiten festgemacht. Leider kann die normotische Person sich über den ganzen erworbenen Luxus nicht mal wirklich freuen, da sie den Zugang zu den eigenen Emotionen verloren hat. Das Resultat ist: innere Leere bei äußerem Überfluss.

Hinzu kommt: Wer gegenüber den eigenen Emotionen abstumpft, kann auch seinen Körper nicht mehr richtig wahrnehmen. Erst wenn wir zum Beispiel den sich trockenen anfühlenden Hals wahrnehmen, merken wir, dass wir Durst haben. Nicht wenige Menschen haben ihr natürliches Empfinden für Durst verloren. Manchmal produziert der Körper dann Kopfschmerzen, wenn nichts mehr hilft. Fragt man die Person, wann sie das letzte Mal etwas getrunken hat, fällt ihr überrascht ein, dass dies bereits viele Stunden zurückliegt. Kaum ist dann ein Glas Wasser getrunken, verschwinden auch die Kopfschmerzen im Nu. Viele Menschen spüren ihren eigenen Körper kaum noch richtig. Insbesondere Männer haben oft ein feineres Gespür für ihr Auto als für den eigenen Körper. Wenn der Motor minimal stottert, fällt das dem Fahrer sofort auf, und das gute Stück wird in die Werkstatt gebracht. Wenn aber der Körper »stottert«, wird das einfach ignoriert. Ist der Körper müde: Ein Kaffee bringt ihn wieder auf Trab. Sind der Körper und auch der Geist abends nach der Arbeit zu angespannt: Eine halbe bis ganze Flasche Wein holt ihn wieder runter. Der Körper soll einfach nur funktionieren, aber genau das tut er auf Dauer nicht, wenn man sich nicht um ihn kümmert. Dauerhaft verdrängte Emotionen führen oft zu körperlichen Symptomen. Wer zum Beispiel dauerhaft unter Druck steht, hat irgendwann Bluthochdruck. Wer Ärger runterschluckt, riskiert ein Magengeschwür.

Ein letzter großer Nachteil der emotionalen Verödung ist der unemotionale Kontakt zu den Menschen, die Sie lieben. Wer zu seinen Emotionen immer weniger Verbindung hat, der findet kaum noch Anschluss an die Familie. Als Vater oder Mutter macht die Person allem Anschein nach vielleicht alles, was gute Eltern in und mit der Familie tun. Sie kümmern sich und versorgen die Kinder materiell, sie verbringen auch Zeit mit den Kindern, nur dass sich dabei kein Gefühl von Zuneigung und Wärme aufbauen will. Man bleibt merkwürdig distanziert.

Es gibt vier Grade der emotionalen Wahrnehmungsfähigkeit. Wie gut sind diese vier Stufen bei Ihnen ausgeprägt?

- **Stufe 1:** Sie merken mehr oder weniger nichts.
- **Stufe 2:** Sie nehmen gelegentlich Emotionen wahr. Es fällt Ihnen aber schwer, die diffus empfundenen Körpersignale in klare Gefühle zu übersetzen.
- **Stufe 3:** Sie empfinden Emotionen und können sie immer einem der sechs Grundgefühle Freude, Angst, Ärger, Trauer, Überraschung und Ekel zuordnen.
- **Stufe 4:** Sie nehmen Ihre Emotionen deutlich wahr, können Sie in Gefühle übersetzen und diese auch differenziert verbalisieren.

Viele Führungskräfte befinden sich zwischen Stufe 2 und 3. Bei Stufe 2 sagt eine Person beispielsweise: »Ich fühle mich nicht so gut. Mir ist ir-

gendwie komisch.« Die Person merkt also, dass die Emotionen sich eher unangenehm anfühlen, kann diese aber nicht einem klaren Gefühl zuordnen. Auf der Stufe 3 können viele Manager zwar die Gefühle Freude, Ärger, Überraschung und Ekel zuordnen, aber Ängste und Traurigkeit werden noch zum guten Teil verdrängt. Bei Stufe 4 ist eine Person in der Lage, ein Gefühl klar von anderen zu unterscheiden und es in Worte zu fassen. Eine solche Person sagt zum Beispiel: »Ich fühle mich entmutigt/enttäuscht/erschöpft/verletzt/einsam/verzweifelt.« Wenn Sie sich die Begriffe einmal näher anschauen, stellen Sie fest, dass diese tatsächlich sehr unterschiedliche Gefühlszustände beschreiben, die sich voneinander trennen lassen. Jemand auf der Stufe 3 würde dagegen bei all diesen Gefühlen sagen: »Ich bin irgendwie traurig.« Eine weitere Unterscheidung der Grundemotion »traurig« in die eben genannten Gefühle ist der Person nur auf Nachfrage möglich, bei der man ihr eine Auswahl an Gefühlen nennt. Von sich aus kann sie den Unterschied nicht feststellen und daher auch nicht in Worte fassen. Das bedeutet aber auch, dass die Person mit der gegebenen Situation nicht gut umgehen kann. Es macht nämlich einen großen Unterschied, ob man beispielsweise erschöpft oder einsam ist. Je nachdem, welches der beiden Gefühle zutrifft, könnte die Person völlig andere Dinge unternehmen, um die Situation zu verbessern.

Erweitern Sie Ihre Handlungsmöglichkeiten

Idealerweise entwickeln Sie sich als We-care-Leader auf die Stufe 4 zu. Was haben Sie davon, wenn Sie das tun? Man könnte ja auch argumentieren, dass Sie auf der Stufe 4 den Druck und den Stress in Ihrem Job viel bewusster wahrnehmen, und in der Tat ist das auch der Fall. Der Druck wird aber dadurch nicht stärker, denn er ist in jedem Fall vorhanden, nur haben Sie ihn davor vielleicht mehr verdrängt. Er wirkt sich aber trotzdem auf Ihre Psyche und, insbesondere wenn Sie ihn unterdrücken, mit der Zeit in Form psychosomatischer Beschwerden auch auf den Körper aus. Wenn Sie den Druck dagegen bewusster wahrnehmen und die daraus resultierenden Gefühle erkennen, können Sie auch bewusst entscheiden, wie Sie damit umgehen wollen. Bis dahin hatten Sie vielleicht nur eine Handlungsoption: verdrängen und übergehen. Ihr Bewusstsein macht Sie daher nicht verletzlicher, sondern Sie gewinnen Handlungsoptionen. Sie können zum Beispiel entscheiden, sich dem Druck nicht mehr auszusetzen, indem Sie Ihre Situation so verändern, dass er wegfällt. Sie können aber auch beschließen, den Druck einfach als ein gegebenes Übel für ein höheres Ziel zu akzeptieren, womit er einen Teil seiner unangenehmen Wirkung verliert. Manche Führungskräfte glauben, dass sie genau das tun, dabei verdrängen sie den Druck einfach. Eine dritte Variante wäre, dass Sie dem Druck nicht ausweichen können, sich aber mit der Situation auch nicht anfreunden wollen. In diesem auf Dauer natürlich ungünstigen Fall können Sie sich zumindest überlegen, was Sie als Ausgleich für den Druck für sich tun können. Eine Erleichterung könnten zum Beispiel Gespräche mit Freunden oder einem professionellen Coach sein. Wirklich nachteilig ist also nicht die bewusste Wahrnehmung Ihrer Gefühle, sondern die Verdrängung und das unbewusste Erdulden. Letzteres macht Sie auf Dauer krank und nimmt Ihnen Ihre Handlungsoptionen.

Wichtig ist natürlich, die Emotionen nicht nur wahrnehmen und in Gefühle übersetzen zu können, sondern auch je nach Situation angemessen damit umgehen zu können. Gefühle haben im Berufsumfeld auch deshalb einen schlechten Ruf, weil manche Menschen diese nur dann zeigen, wenn sie die Kontrolle verlieren. Da wäre zum Beispiel die Führungskraft, die ihren Ärger so lange aufstaut, bis er sich in der am wenigsten geeigneten Situation entlädt. Wenn nämlich der berühmte letzte Tropfen das Fass bzw. den Chef zum Überlaufen bringt. Schade nur für den Mitarbeiter, der den letzten Tropfen beigetragen hat und dafür 80 Liter übergeschüttet bekommt. Der kann nämlich die Wutentladung des Chefs nicht nachvollziehen und ist total überfordert. Schauen wir uns dazu ein Beispiel an:

Nehmen wir an, eine Führungsperson muss infolge eines Unternehmensprogramms zur Kostenreduzierung im eigenen Bereich einige Dinge verändern. Dabei ist sie auf die Hilfe der Mitarbeiter angewiesen. Das Projekt kommt einigermaßen voran, es gibt aber immer wieder Verzögerungen. Mittlerweile erhöht sich der Druck von oben, denn das Top-Management wird ungeduldig. Im Bereich der Führungskraft gibt es nun einen Mitarbeiter, bei dem sie den Eindruck hat, er blockiere die Umsetzung. Zumindest investiert er ganz offensichtlich keine Energie in das Projekt. Außerdem geht gerade dieser Mitarbeiter jeden Tag um Punkt 17:00 Uhr nach Hause, egal, wie viel Arbeit gerade anliegt. Die Führungskraft beschließt, mit dem Mitarbeiter über seine Verweigerungshaltung zu reden. Sie bestellt den Mitarbeiter kurzfristig zu sich und konfrontiert ihn verärgert mit ihren Beobachtungen. Der Mitarbeiter zeigt sich verschlossen und weist alle Anschuldigungen von sich. Daraufhin droht ihm die Führungskraft, seine Verweigerungshaltung werde Konsequenzen haben. Nach dem Gespräch hat die Führungskraft ein schlechtes Gefühl. Das Gespräch hätte eigentlich anders laufen sollen. Und als hätte sie nicht schon genug Ärger, meldet sich am nächsten Tag ein Mitglied des Betriebsrats bei ihr und erklärt, der Mitarbeiter hätte dort um Unterstützung gebeten. Die Führungskraft kocht innerlich.

Wie wäre jemand damit umgegangen, der sich seiner Gefühle bewusst ist?

Nehmen wir an, die Situation ist die gleiche. Vor dem Gespräch mit dem Mitarbeiter nimmt sich die Führungskraft aber etwas Zeit zur Vorbereitung. Sie spürt, wie sehr sie ob der Verweigerungshaltung des Mitarbeiters verärgert ist. Außerdem merkt sie eine große Anspannung, da ihr eigener Vorgesetzter gerade wieder den Druck erhöht hat, indem er kurzfristige Ergebnisse einforderte. Sie wird sich bewusst, dass der Druck sich in Wut auf den Mitarbeiter überträgt. So kann sie nicht in das Gespräch gehen, wenn es nicht scheitern soll. Die Führungskraft akzeptiert die Verärgerung. Gleichzeitig nimmt sie sich vor, den Mitarbeiter trotzdem respektvoll zu behandeln und ernsthaft seine Meinung anzuhören. Menschen handeln ja selten böswillig, sondern haben oft einen guten Grund. Sie schafft es, sich von dem Druck und Ärger zu lösen. Das Gespräch läuft daraufhin gut, denn der Mitarbeiter spürt ein ernst gemeintes Interesse. Es zeigt sich, dass der Mitarbeiter zwei private Belastungen hat. So gibt er seinem Sohn zum Beispiel jeden Tag vor dem Abendessen eine Stunde Nachhilfe, weil dieser nach einem Schulwechsel stark abgesackt ist. Außerdem hat er sich über eine Sache im Job geärgert, die aber auf einem Missverständnis beruhte. Nach dem Gespräch geht der Mitarbeiter zwar weiterhin pünktlich nach Hause, bringt sich aber in der Arbeitszeit aus der Sicht der Führungskraft mehr ein.

Im ersten Fall sind die Gefühle unreflektiert geblieben und haben das Gespräch sehr negativ beeinflusst. Im zweiten Fall ist sich die Führungskraft ihrer Gefühle bewusst und kann diese auch kontrollieren.

Was können Sie nun tun, um Ihre Gefühle besser wahrzunehmen und zu verbalisieren?

Der wichtigste Schritt besteht darin, sich einzugestehen, dass Gefühle und deren Wahrnehmung wichtig sind und man in dieser Hinsicht einen Entwicklungsbedarf hat. Der ernsthafte Wunsch, hier etwas zu lernen, wenn man sich bis jetzt nicht ohne Stolz als rationalen Typen gesehen hat, macht schon einen großen Unterschied. Emotionen sind ja bei jedem Mensch vorhanden. Um sie wahrzunehmen, muss ein Wille vorhanden sein, etwas zu verändern.

Wenn Sie – wie viele Führungskräfte – zwischen Stufe 2 und 3 in der Wahrnehmung von Emotionen liegen, können Sie daran arbeiten. Männern fällt es oft schwer, sich bewusst zu machen, wie sie sich fühlen. Wenn dem so ist, fangen Sie mit einer einfachen Unterscheidung an. Sie können sich immer zwei Fragen stellen:

▶ Fühle ich mich eher gut oder eher schlecht?
▶ Habe ich viel oder wenig Energie?

Diese Fragen kann man immer beantworten. Aus dieser ersten Unterscheidung lässt sich dann schon einiges ableiten. So kann man viele Emotionen den jeweiligen Zuständen zuordnen.

Angst:	Fühlt sich unangenehm an, die Energie ist niedrig.
Trauer:	Fühlt sich unangenehm an, die Energie ist niedrig.
Ärger:	Fühlt sich unangenehm an, die Energie ist hoch.
Friede:	Fühlt sich angenehm an, die Energie ist niedrig.
Freude:	Fühlt sich angenehm an, die Energie ist hoch.
Mut:	Fühlt sich angenehm an, die Energie ist hoch.

Erwarten Sie nicht, dass sich sofort etwas verändert nach der Entscheidung, den eigenen Gefühlen wieder Raum zu geben. Wer sich über Jahre oder sogar Jahrzehnte der eigenen Gefühlswelt gegenüber abgestumpft hat, kann diesen Prozess nicht durch eine einfache Entscheidung rückgängig machen. Sie werden aber im Lauf der Zeit merken, dass Sie den Zugang zu Ihren Gefühlen wieder öffnen können, wenn Sie dies wollen und zulassen. Ich war selbst lange Zeit meines Lebens ein Mensch, der immer in einer ausgeglichenen Gemütslage zu sein schien. Ich hielt dies für einen großen Vorteil, bis ich eines Tages einsehen musste, dass ich nicht ausgeglichen, sondern emotional abgestumpft war. Heute erlebe ich wieder intensive Freude und Glücksgefühle, aber auch Traurigkeit und unangenehme Gefühle. Das Leben wird in jeder Hinsicht intensiver, und Sie als Persönlichkeit werden als authentisch wahrgenommen. Eine solche Veränderung bemerken alle Menschen in Ihrem Umfeld, und die meisten werden positiv reagieren. Vor allem werden Sie selbst den positiven Unterschied spüren.

Handlungsempfehlungen

1. Treffen Sie die bewusste Entscheidung, sich Ihren Gefühlen nähern zu wollen. Sehen Sie in der Abwesenheit von Gefühlen keinen Vorteil, sondern

das, was es ist: eine Begrenzung Ihrer Persönlichkeit, Ihrer Führungsfähigkeit und Ihrer Fähigkeit, persönliche Beziehungen zu gestalten.
2. Unterstützen Sie die Annäherung durch alles, was bei Ihnen Gefühle auslöst. Sie können zum Beispiel bestimmte Filme sehen oder eine bestimmte Musik hören, die für Sie mit Gefühlen verbunden sind.
3. Beginnen Sie damit, sich regelmäßig zu fragen: »Habe ich eher viel oder eher wenig Energie?« und »Fühlt es sich eher gut oder eher schlecht an?« Lernen Sie im Lauf der Zeit, Ihre Gefühle differenziert zu benennen.
4. Halten Sie vor wichtigen Gesprächen – oder auch bevor Sie abends zu Ihrer Familie gehen – kurz inne und fragen Sie sich: »Wie geht es mir?« Überlegen Sie dann, wie Sie damit umgehen wollen.
5. Lesen Sie noch mehr über das Thema (Groth 2012, Süfke 2010), um typische Verhaltensmuster an sich erkennen und verändern zu können.

4. Das alles entscheidende Element
Wie Sie sich verändern müssen, um die Welt zu verändern

Der höchste Lohn für unsere Bemühungen ist nicht das,
was wir dafür bekommen, sondern das, was wir dadurch werden.
John Ruskin (britischer Schriftsteller und Sozialreformer)

Als mein Chef und ich einmal nach einer Veranstaltung in seinem Auto von München zurück nach Frankfurt fuhren, unterhielten wir uns über das Leben und kamen dabei auch auf den Tod zu sprechen. Er erzählte mir, dass sowohl sein Vater als auch sein Großvater mit knapp über 50 Jahren an Herzversagen gestorben waren. Er selbst habe wohl auch eine vererbte Disposition dazu. Mein Chef war damals 48 Jahre alt und hatte drei Kinder. Ich war bestürzt, ließ mir aber nichts anmerken. Nach einer Weile fragte ich ihn, ob er nicht Angst davor habe, ebenfalls zu sterben. Er antwortete mir: »Ich hatte Angst, aber heute habe ich sie nicht mehr. Man muss dem Leben vertrauen. Das Leben meint es gut mit uns.«

Dieses Kapitel ist etwas philosophisch und betrachtet das Leben als Ganzes. Wir beschäftigen uns mit Ihrer Sicht auf das Leben und deren Auswirkung auf Ihre Führung. Manche Menschen sehen den Zusammenhang nicht, aber tatsächlich hat die Art, wie Sie die »Wirklichkeit« wahrnehmen und interpretieren, einen großen Einfluss darauf, was für eine Führungspersönlichkeit Sie sind. Die härteste Testfrage für den Charakter und die Führungsqualitäten eines Managers lautet: Würden Sie ihn oder sie gern zum Vorgesetzten Ihrer Kinder haben? In diesem Kapitel erfahren Sie, wie Sie auf diese Frage ein klares Ja bekommen. Um das zu erreichen, gibt es keinen Trick und keine Abkürzung. Entscheidend ist Ihre Persönlichkeit, die Sie anhand von vier Kriterien immer weiter entwickeln können. Diese gelten für Ihr gesamtes Leben und zeigen sich in all Ihren Handlungen. Sie definieren einen wesentlichen Teil Ihres Charakters. Deswegen bestimmen sie auch sehr deutlich Ihre Art der Führung.

Beginnen wir mit dem eben genannten Ausspruch meines Chefs: »Man muss dem Leben vertrauen. Das Leben meint es gut mit uns.«

Vertrauen

Vertrauen ist eine Charakterorientierung. Haben Sie Vertrauen in das Leben? Meint es das Leben gut mit Ihnen oder eher nicht so gut? Oder ist einfach alles, was passiert, nur Zufall? Vor allem Ihre Antwort auf die letzte Frage hängt davon ab, ob Sie an eine höhere Ordnung glauben oder nicht. Nehmen wir einmal an, es gäbe eine solche. Als Synonym für die höhere Ordnung verwende ich im Folgenden den Begriff »das Leben«. Und nehmen wir weiter an, diese höhere Ordnung fände Ausdruck in einer Gesetzmäßigkeit. Was für eine Gesetzmäßigkeit könnte das dann sein? Meiner Meinung nach ist das grundlegendste Prinzip, auf dem alle anderen aufbauen, das Gesetz von Ursache und Wirkung. Es ist kein Zufall, dass dieses Gesetz sowohl im Christentum als auch im Buddhismus eine zentrale Rolle spielt. So steht bei Apostel Paulus (Galater 6,7): »Denn was der Mensch sät, das wird er auch ernten.« Bei den Buddhisten findet das Gesetz von Ursache und Wirkung seinen Ausdruck sogar in einem für diese Religion zentralen Begriff. Das aus dem Sanskrit stammende Word Karma steht für das Prinzip, dass jede Handlung und das dazugehörige Motiv eine Folge haben. Gute Motive und gute Handlungen führen zu gutem Karma und damit zu zukünftigem Glück und umgekehrt. Die Buddhisten verbinden Karma allerdings, im Gegensatz zu den Christen, mit dem Gedanken des Kreislaufs der Wiedergeburt. Die Ernte kann demnach auch in einem späteren Leben erfolgen. Das Gesetz von Ursache und Wirkung ist aber auch im sogenannten gesunden Menschenverstand verankert. Instinktiv hoffen die meisten Menschen, dass das Gute vom Leben belohnt und das Böse bestraft wird. Und im Großen und Ganzen haben viele auch den Eindruck, dass dies auf lange Sicht genau so eintritt.

> **Im Leben gilt das Gesetz von Ursache und Wirkung.**

Das Gesetz von Ursache und Wirkung sorgt dafür, dass wir ernten, was wir mit unseren Handlungen und deren Motiv gesät haben. Eine Handlung allein sagt nur bedingt etwas aus. So kann es beispielsweise sein, dass jemand einen großen Geldbetrag für einen guten Zweck spendet, das Motiv aber selbstbezogen ist. Wenn die Person nicht spendet, weil sie anderen helfen will, sondern weil sie ihr Image verbessern möchte, wird dies entsprechend nicht honoriert, denn die Anerkennung ist bereits der Lohn für die Spende. Mehr wird einem das Leben wahrscheinlich nicht zurückgeben. Das Motiv unserer Handlungen spielt also eine wichtige Rolle.

Sie müssen nun aber weder Christ noch Buddhist sein, um auf das Gesetz von Ursache und Wirkung zu vertrauen, das beide Religionen kennen. Sie können seine Wirkungen im Alltag sehen, wenn Sie die Mechanismen kennen.

Es gibt drei Gründe, die es uns manchmal schwermachen, das Gesetz von Ursache und Wirkung bzw. von Saat und Ernte zu erkennen:

1. Die Ernte folgt oft mit zeitlichem Verzug

Das Gesetz von Ursache und Wirkung funktioniert oft nicht kurzfristig, sondern eher mittel- bis langfristig. Wir erkennen die Zusammenhänge daher meist erst in der Retrospektive. Zwar wird nichts vergessen, es kann aber eine Zeit lang dauern, bis man etwas zurückbekommt. Lassen Sie mich ein Beispiel geben:

Als ich in Frankfurt einmal in einen ICE stieg, fand ich ein Portemonnaie auf dem Boden. Es enthielt 1 200 Euro Bargeld und einen südkoreanischen Reisepass. Mit einigem Aufwand an Auslandstelefonaten machte ich den Besitzer ausfindig, der in Deutschland auf der Durchreise war, und sorgte dafür, dass dieser sein Portemonnaie in Köln, wohin der Schaffner des Zuges am nächsten Tag sowieso fuhr, inklusive des gesamten Geldes zurückbekam. Eine Woche später erhielt ich eine Rechnung von meinem damaligen Mobilfunkanbieter. Ich war in Italien im Urlaub gewesen und hatte dort wenige Male ein paar Mails ohne Anhänge über das Telefonnetz geladen. Die Rechnung dafür betrug um die 700 Euro. Über mehrere Monate schickte ich eine Reihe Briefe per Einschreiben an die Telefongesellschaft und versuchte parallel dazu telefonisch zu erfahren, wie eine so hohe Summe bei einer vergleichsweise geringen Datenmenge zustande kommen konnte. Da ich über all die Monate nur Mahnungen statt einer schriftlichen Antwort bekam und trotz vieler Versuche, die Zentrale telefonisch zu erreichen, immer wieder nur im Callcenter landete, das keine Auskunft geben konnten, weigerte ich mich, zu bezahlen. Irgendwann erhielt ich ein Schreiben, die Sache würde nun einem Inkassounternehmen übertragen. Am gleichen Tag war auch schon deren Schreiben im Briefkasten, das inklusive der zusätzlichen Gebühren um die 1 200 Euro verlangte. Ich konnte nicht mehr reagieren und zahlte letztendlich. Ich war damals unglaublich wütend und verstand die Welt nicht mehr. Da gebe ich jemandem 1 200 Euro zurück und muss fast genau die gleiche Summe für nichts bezahlen! Das war nicht fair. Was war denn bitte schön mit dem Gesetz von Ursache und Wirkung? Offenbar gab es da einen Übertragungsfehler in der Karma-Datei. Ich blieb aber bei meiner grundsätzlichen Überzeugung, dass es das Leben gut mit mir meint, und konnte meinen Groll nach einiger Zeit loslassen.

Einige Jahre nach diesem Vorfall besuchte ich mit meinen Söhnen ein städtisches Schwimmbad. Als wir uns nach vier Stunden Badespaß wieder anziehen wollten, bemerkte ich, dass meine Jacke nicht im Spind hing. Mir lief es kalt den Rücken hinunter. In der Jacke waren ein nagelneues iPhone im Wert von 800 Euro, eine Uhr im Wert von 1 800 Euro und mit 500 Euro noch dazu deutlich mehr Bargeld, als ich sonst bei mir trage. Voller Verzweiflung suchte ich die Umkleidekabinen ab und fand in einer davon meine Jacke. Als ich die Jacke erleichtert vom Haken nahm, tauchte plötzlich ein Bild vor meinem geistigen Auge auf, wie ich Jahre zuvor die Geldbörse auf dem Boden gefunden hatte. Ich wusste in dem Moment, dass dies eine Rückzahlung (mit Zinsen) war. Die Jacke hatte vier Stunden in einer offenen Kabine direkt neben dem Eingang des Umkleidebereichs gehangen. Man kann davon ausgehen, dass fast jeder Gast des Schwimmbads in diese sehr günstig gelegene offene Kabine hineingeschaut hatte. Bei 240 Minuten sind das sehr viele Menschen. Über vier Stunden hatte niemand die Jacke angefasst. Alles war noch darin. Seitdem habe ich übrigens mein iPhone sowohl auf einer Parkbank als auch in einem ICE liegen lassen. Beide Male wurde es von ehrlichen Findern am gleichen Tag wieder zurückgegeben.

Manchmal lässt das Leben sich Zeit mit der Rückzahlung. Während der Bauer im Herbst mit seiner Ernte rechnen kann, wenn er im Frühjahr etwas gesät hat, kennt man den Zeitpunkt der Ernte beim Gesetz von Ursache und Wirkung nicht. Fest steht nur, dass sie kommt. Ich habe allerdings in meinem Leben schon oft beobachtet, dass die Wirkung häufig sehr schnell erfolgt.

Manchmal zweifeln wir an dem Prinzip, wenn wir erfahren, mit welcher kriminellen Energie Einzelne ihren Reichtum angehäuft haben. Man sollte sich aber bewusst machen, dass dies nur äußerer Reichtum ist. Der innere Reichtum bestimmt, wie glücklich und zufrieden wir uns fühlen. Sie können sich denken, wie viel jemand an innerem Reichtum besitzt, wenn er sein Vermögen auf Kosten anderer Menschen oder der Gesellschaft aufbaut. Für die damit einhergehende innere Armut und die Orientierung an der eigenen Gier kann man ihn letztendlich nur bedauern.

2. Die Ernte ist von anderer Art als die Saat

Das Leben gibt nach meiner Erfahrung nicht immer in derselben Art und Weise zurück, in der wir selbst gegeben haben. Wir können zwei Arten von Ernte unterscheiden. Die eine vermehrt den äußeren und die andere den inneren Reichtum. Hier ein paar Beispiele, was ich mit äußerem und innerem Reichtum meine.

Äußerer Reichtum: Einkommen, Vermögen, Haus/Villa/Schloss, Auto(s), Boot, Prestige, Titel, Macht, Zugang zu exklusiven Kreisen, Luxusurlaub, Bekanntheit, gutes Aussehen.
Innerer Reichtum: Warmherzigkeit, Mitgefühl, Güte, Weisheit, Frieden, Humor, Liebe, Akzeptanz, Demut, Vertrauen, Vergeben, Dankbarkeit.

Es kann nun zum Beispiel sein, dass wir etwas auf der Ebene des äußeren Reichtums geben, es aber auf der Ebene des inneren Reichtums zurückerhalten, wenn wir es benötigen. Es kann also sein, dass Sie Geld spenden und erhalten dafür nach einem Schicksalsschlag Warmherzigkeit und Güte von Menschen, von denen Sie es nicht erwartet hätten. Oder Sie bekommen zur rechten Zeit eine gute Idee, wenn diese von großer Wichtigkeit für Sie ist. Wer dagegen inneren Reichtum besitzt und diesen mit anderen teilt, wird irgendwann auch äußeren »Reichtum« erlangen, wenn es ihm daran fehlt. Er wird nicht Millionär, aber das Leben versorgt ihn meist so, dass er ordentlich leben kann.

Beide Arten von Reichtum kommen in einer jeweils hohen Form nicht so häufig bei einer Person zusammen. Die vielen Ablenkungen des äußeren Reichtums halten wohlhabende Menschen oft davon ab, den inneren zu erlangen. Im Sinne dieser Unterscheidung dürfte wohl auch das bekannte Zitat des Reederkönigs Aristoteles Onassis gemeint sein, dessen Flotte über 900 Schiffe, zumeist Öltanker, umfasste. Er sagte: »Ein reicher Mann ist oft nur ein armer Mann mit sehr viel Geld.«

3. Sie können die Ernte von einer anderen Person erhalten

Wenn Sie einem Menschen Liebe, Güte, Zuneigung oder etwas Materielles mit einem guten Motiv geben, werden Sie dafür auch etwas zurückerhalten. Das kann aber von einer anderen Person kommen als derjenigen, der Sie etwas gegeben haben. Deshalb ist eine gute Tat an einem Menschen niemals verloren, auch wenn dieser sich nicht bedankt, ja, die Person Ihre gute Tat noch nicht einmal wertschätzt.

Ich kenne eine Frau, die einer engen Freundin in Not eine fünfstellige Summe Geld geliehen hat, die sie über viele Jahre hinweg mühsam angespart hatte. Diese langjährige Freundin musste bald darauf private Insolvenz anmelden. Später brach sie völlig überraschend den Kontakt ab und hat das Geld niemals zurückgegeben. Über diese Ungerechtigkeit könnte man sich schwarzärgern und den Rest seines Lebens Misstrauen gegenüber seinen Mitmenschen hegen. Wenn man aber darauf vertraut, dass das Leben für einen Ausgleich sorgen wird, ist man nach einer kurzen Ärgerphase wieder entspannt. Für das eigene Gerechtigkeitsempfinden kann man sich noch bewusst machen, dass auch die andere Person nach dem Gesetz von Ursache und Wirkung eine Ernte für ihr Verhalten bekommen wird. In der Tat lebt die Frau, die zehn Jahre zuvor mit einem guten Motiv gegeben hat, heute glücklich verheiratet mit gesunden Kindern im materiellen Wohlstand. Das Leben hat ihr in verschiedener Form zurückgegeben.

Nehmen wir einmal an, Sie würden darauf vertrauen, dass das Gesetz von Ursache und Wirkung im Leben gilt. Welche Auswirkung hätte dieses Vertrauen auf Ihr Leben und auf Ihre Führung von Mitarbeitern? Sie wären zuallererst einmal aufgefordert, eine gute Saat zu legen. Das Geheimnis, um innerlich und äußerlich reich zu werden und viel vom Leben zu empfangen, besteht darin, dass wir vorher viel gegeben haben. Wir ernten, was wir säen. Also sind wir angehalten, von unserem inneren und äußeren Reichtum zu geben. Der erste und sehr einfache Schritt besteht im Geben von äußerem Reichtum. Gerade hier verfahren aber leider viele Wohlhabende nach der Maxime: Geiz ist geil!

Ich erinnere mich noch heute an ein Gespräch mit einem Manager, bei dem wir irgendwie auf das Thema »Wohltätigkeit« von Bill Gates und anderen Superreichen kamen. Dabei sagte ich, dass ja jeder von uns die Möglichkeit habe, schon mit überschaubaren Beträgen etwas Gutes zu tun. Mit 25 bis 30 Euro im Monat könne man beispielsweise ein Kind in der Dritten Welt nicht nur versorgen, sondern ihm sogar eine qualifizierte Ausbildung sichern. Der Manager schaute mich an und sagte mir, er würde prinzipiell nichts spenden. Ich war verblüfft, denn so offen sind die wenigsten. Er schien mir aber einen guten Grund zu haben, denn die Aussage kam im Brustton der Überzeugung. Vielleicht hatte er schlechte Erfahrungen gemacht? Ich fragte ihn daher, warum er prinzipiell nichts spende. Er antwortete: »Ich habe keine Verantwortung für irgendein Kind in Afrika oder für sonst irgendwelche Gruppen. Ich lebe mein Leben, und die sollen ihres leben.«

Was soll man dazu sagen? »Ich lebe mein Leben, und die sollen ihres leben«, das lässt sich leicht sagen, wenn das eigene Gehalt deutlich im sechsstelligen Bereich liegt und man ein eigenes Haus bewohnt. Andererseits sprach der Manager nur aus, was wahrscheinlich viele denken. Gerade beim Geben von äußerem Reichtum verschieben viele die Verantwortung nach oben, wie es der Friedensnobelpreisträger Albert Schweitzer bereits 1918 in einer seiner *Straßburger Predigten* sehr anschaulich erläutert hat:

> »Lassen wir also die Reichen, wir sind nicht ihre Richter [...]. Reden wir von uns, den Begüterten und Besitzenden. Für gewöhnlich fängt der Begüterte und Besitzende erst da an, wo unsere Mittel aufhören. Wer dreitausend Francs verdient, vielleicht auch über etwas Zurückgelegtes verfügt, sagt sich: ›Du bist ein Arbeiter oder Handwerksmann, was du verdienst, das reicht gerade zum Leben, du bist davon entbunden, dich um andere kümmern zu müssen; überlass es denen, die zehntausend verdienen.‹ Und der, der zehntausend verdient, sagt sich: ›Ich habe große Ausgaben; was ich für andere abgeben kann, ist nicht viel, kommt kaum in Frage; ja, wenn ich wäre wie die, die hunderttausend auf der Bank liegen haben!‹ Und diese wiederum sagen: ›Was sind hunderttausend heutzutage? Das Geld trägt immer weniger ein, die Steuern werden immer höher, und zuletzt gilt man als reich und hat doch kaum zum Leben.‹«[13]

Albert Schweitzer kommt zu dem Schluss, dass jeder geben sollte, der für den nächsten Tag noch etwas übrig hat. Zu denen gehören wir wohl alle. Die meisten Menschen haben hohe Erwartungen an das Leben. Sie könnten Listen schreiben, was das Leben ihnen alles bescheren soll. Nur funktioniert es nach dem Gesetz von Ursache und Wirkung nicht, beschenkt zu werden, wenn man selbst nichts gibt. Unseren äußeren Reichtum können wir teilen, indem wir Geld geben und damit etwas Gutes im Leben anderer bewirken. Noch wichtiger ist aber das Geben von innerem Reichtum. Folgen wir dazu noch einmal Albert Schweitzer:

»Nicht in unserer beruflichen Tüchtigkeit dürfen wir uns genug tun und uns dann einreden, ›ein nützliches Glied der menschlichen Gesellschaft zu sein‹, sondern dazu gehört noch, dass wir als Mensch für Menschen etwas sind. So müssen wir aus uns selbst, aus unserem Berufe, aus unserer Umgebung heraustreten, indem wir suchen, uns in menschlicher Weise daneben irgendwo und irgendwie nützlich zu machen.

Wie kannst du das tun? Da sage keiner, dass er nichts zu geben habe [...] denn hier kommt es nicht auf irdische Güter an, die dir zugefallen sind, sondern auf dich selbst. Du selbst, mit den Gaben, die du erhalten hast, d. h. mit deiner Zeit, mit deinem Herzen, mit deiner Arbeitsenergie, mit deinen besonderen Fähigkeiten, mit deiner Art, mit Menschen umzugehen, sollst in Anspruch genommen werden.

›Halte die Augen auf, ob sich nicht eine Gelegenheit finde, wo du als Mensch, in irgendeinem Helfen oder Vorbeugen oder Erziehen, mitzutun hast, sei es für dich (Anm. d. A.: ›für dich‹ meint hier ›allein‹), sei es im Rahmen irgendeiner Organisation.

Das kann ein jeder finden. Er muss nur suchen, warten und klein anfangen.«[14]

Albert Schweitzer betont hier, dass es eben nicht reicht, nur äußeren Reichtum zu geben. Wir sollen auch etwas von uns als Mensch, also von unserem inneren Reichtum im persönlichen Kontakt mit anderen weitergeben. Lange Zeit hielt ich diese Aufforderung Schweitzers für etwas weltfern. Wie soll denn ein Manager, der noch nicht mal genügend Zeit für die eigene Familie hat, sich auch noch ehrenamtlich engagieren? Da bleibt doch nur die Möglichkeit, gelegentlich etwas Geld zu spenden, oder? Erst spät begriff ich, dass wir diesen Dienst am Nächsten jeden Tag an den Menschen unserer Umgebung leisten können und dass wir selbst davon oft am meisten profitieren. Der Prozess der persönlichen Entwicklung findet nämlich hauptsächlich im Kontakt mit anderen

Menschen statt. Wir können anderen Zeit, Aufmerksamkeit und Mitgefühl schenken. Alle drei sind in der heutigen Zeit wertvoll und selten. Das gilt ganz besonders für Führungskräfte. Tatsächlich bekommen wir meist sofort etwas zurück, wie Erich Fromm in seinem sehr lesenswerten Buch *Die Kunst des Liebens* feststellt:

»Der wichtigste Bereich des Gebens liegt jedoch nicht im Materiellen, sondern im zwischenmenschlichen Bereich. Was gibt ein Mensch dem anderen? Er gibt etwas von sich selbst, vom Kostbarsten, was er besitzt, er gibt etwas von seinem Leben. Das bedeutet nicht unbedingt, dass er sein Leben für den anderen opfert – sondern dass er ihm etwas von dem gibt, was in ihm lebendig ist; er gibt ihm etwas von seiner Freude, von seinem Interesse, von seinem Verständnis, von seinem Wissen, von seinem Humor, von seiner Traurigkeit – von allem, was in ihm lebendig ist. Indem er dem anderen auf diese Weise etwas von seinem Leben abgibt, bereichert er ihn, steigert er beim anderen das Gefühl des Lebendigseins und verstärkt damit auch das Gefühl des Lebendigseins in sich selbst. Er gibt nicht, um selbst zu empfangen; das Geben ist an und für sich eine erlesene Freude. Indem er gibt, kann er nicht umhin, im anderen etwas zum Leben zu erwecken, und dieses zum Leben Erweckte strahlt zurück auf ihn; wenn jemand wahrhaft gibt, wird er ganz von selbst etwas zurückempfangen.«[15]

Gemeint ist, dass wir etwas von unserem individuellen Ich geben, das hinter der Persona (der Maske, siehe Kapitel 2) liegt, denn das ist das Lebendige in uns. Der Austausch einer Persona mit einer anderen Persona, also höfliche Konversation und Small Talk, wecken kein Leben in uns. Wenn wir uns aber von Mensch zu Mensch begegnen, dann fühlt sich das sehr lebendig an. Es sind die vielen kleinen Sequenzen des Alltags, die wertvoll sein können. Wenn der Mensch hinter der Persona sichtbar wird, entsteht eine Verbindung, die für einen Moment fühlen lässt, was alle Menschen miteinander verbindet. Dieser Eindruck von Verbundenheit lässt sich am ehesten beschreiben mit einem tiefen Gefühl von Freude und Lebendigkeit. Der Dalai-Lama formuliert es so:

»Ich glaube, dass die Übung von Mitgefühl und Liebe – ein aufrichtiges Gefühl für Bruderschaft und Schwesternschaft – die allumfassende Religion ist. Es kommt nicht darauf an, ob Sie Buddhist, Christ, Moslem oder Hindu sind oder ob Sie über-

haupt eine Religion ausüben. Worauf es ankommt, ist Ihr Gefühl der Verbundenheit mit der Menschheit.«[16]

Als Führungskraft haben Sie viele Möglichkeiten, diese Verbundenheit auszudrücken und etwas von sich selbst zu geben. Viele kleine Situationen im Unternehmensalltag lassen sich mit menschlicher Wärme und echtem Interesse an Ihrem Gegenüber oder aber mit Kälte und Distanz füllen. Wenn Sie für die Menschen da sind und sich für sie einsetzen, werden diese es Ihnen mit Respekt und Loyalität danken. Schweitzer sagt in der eben schon zitierten Rede, dass es eine Gnade ist, Gutes an Menschen tun zu können:

»Womit kannst du dienen? Es ist ein großer Unterschied hier zwischen den Menschen. Den einen erlaubt ihre gewöhnliche alltägliche Arbeit an dem Erziehen und Helfen, das nottut, beteiligt zu sein; die anderen sind in einer mechanischen Arbeit, in der sie sich nicht als Menschen ausgeben können, gefangen.

Was die Ersteren anbetrifft, ob sie nun ein Amt in der Kirche oder in der Schule oder sonst irgendwo bekleiden, wo sie Menschen Gutes tun können, so müssen sie es jeden Tag empfinden, dass sie Bevorzugte sind, weil sie eben in ihrer täglichen Arbeit Gutes tun können an Menschen. Diese Gnade ist groß. Man muss sie sich immer wieder vorhalten und darin die Energie für freudige Pflichterfüllung finden. Was bedeutet es doch, dass solche Menschen sich jeden Morgen beim Erwachen sagen können: ›Du darfst am Guten in der Welt mitarbeiten; was du tust, alles, dient einem großen Ziel unmittelbar, du darfst dich als Mensch ausgeben!‹«[17]

Bedenken Sie, dass der Text vor fast 100 Jahren geschrieben wurde. Auch wenn die Sprache heute etwas pathetisch klingt, hat Schweitzer auch heute noch Recht mit dem, was er sagt. Andere Menschen zu führen und Einfluss auf ihr Leben nehmen zu dürfen sollte Grund genug sein, Energie für eine freudige Erfüllung der Aufgaben zu empfinden. Als We-care-Leader haben Sie einen starken Einfluss auf das Leben Ihrer Mitarbeiter. Diese verbringen die Hälfte ihrer Wachzeit mit Ihnen. Sie beeinflussen deren Karrieren und Sie prägen das Umfeld und die Atmosphäre, in denen diese arbeiten.

Viele Menschen verhalten sich im Leben wie ein Bauer, der nichts sät, aber im Herbst aufs Feld fährt, um zu ernten. Und wenn dort nichts gewachsen ist außer Wildpflanzen, beschweren sie sich beim Leben: »Wo ist die Ernte, die mir zusteht?« Nur wenn wir etwas für andere tun, werden wir selbst etwas erhalten. Wer seinen Mitarbeitern zuhört, dem wird zugehört. Wer andere Menschen achtet, der wird geachtet. Wer als Chef den Mitarbeitern gegenüber loyal ist, der erntet auch Loyalität. Wenn Sie also ein erfülltes Leben wollen, sollten Sie für sich die Frage von Martin Luther King beantworten: »*Die am meisten beständige und vordringliche Frage ist: Was tust du für andere?*«

Verbringen Sie die nächsten Tage einmal damit, sich im Auto auf der Fahrt zur Arbeit oder in sonstigen möglichen Denkzeiten folgende Fragen zu stellen:

- Wie viel nehme ich und wie viel gebe ich im Leben?
- Wem gebe ich, wenn ich gebe?
- Wem will ich in Zukunft gern mehr geben?

Der englischer Sozialreformer John Ruskin schreibt, wie eingangs zitiert: »Der höchste Lohn für unsere Bemühungen ist nicht das, was wir dafür bekommen, sondern das, was wir dadurch werden.« Wenn Sie als Führungskraft sowohl von Ihrem inneren als auch äußeren Reichtum geben, werden Sie ein We-care-Leader, der Respekt und Loyalität erhält. Jeder kann Tag für Tag entscheiden, was er sein will. Wie auch immer Sie sich gestern verhalten haben, heute entscheiden Sie darüber, wie Sie heute sein wollen. Sie haben jeden Tag die Wahl.

Akzeptanz

Neben Ihrem Vertrauen entscheidet eine weitere Eigenschaft, wie Sie dem Leben gegenüberstehen: Ihre Fähigkeit zur Akzeptanz. Was ist das Gegenteil von Akzeptanz? Es ist Widerstand – uns selbst, anderen und dem Leben gegenüber! Wer im Widerstand ist, verhärtet und verkrampft sich innerlich. Der Grund für Widerstand sind vor allem unsere Erwartungen und Bewertungen.

Wir Menschen haben viele Erwartungen. Wir haben Erwartungen an unsere Partner, an unsere Kinder, an unseren Arbeitgeber, an uns selbst und nicht zuletzt an das Leben als Ganzes. Werden unsere Erwartungen nicht erfüllt, sind wir unzufrieden. Dabei ist ein großer Teil unserer Erwartungen irrational. Leider sind wir uns dessen meist nicht bewusst.

Eine Nachbarin von mir beschwert sich zum Beispiel immer über das Wetter. Im Sommer ist es ihr zu heiß und zu schwül, im Winter zu kalt und zu glatt und im Frühjahr und Herbst prinzipiell zu nass sowie entweder zu warm oder zu kalt für die jeweilige Übergangszeit. Sie ist nahezu immer unzufrieden mit dem Wetter und ärgert sich fast jeden Tag darüber. Das »sich ärgern« hat sie sogar perfektioniert. Diese Nachbarin hat nämlich eine Wetterstation, auf die sie jeden Morgen schaut, um festzustellen, wie das Wetter im Lauf des Tages werden wird. So kann sie sich schon am Morgen über das Wetter vom Nachmittag ärgern. Ich könnte ihren Unmut verstehen, wenn über den Nachbargrundstücken den ganzen Tag die Sonne scheinen würde und über ihr hinge die einzige Wolke, aus der es ununterbrochen regnete. Tatsächlich haben aber alle dasselbe Wetter, und niemand kann es ändern. Offensichtlich hat sie feste Erwartungen an ein – nach ihrer Definition – für die jeweilige Jahreszeit perfektes Wetter. Und da das äußerst selten eintritt, ist sie dauerhaft im inneren Widerstand. Sie schaut morgens auf die Wetterstation und denkt:

»Das darf doch nicht wahr sein. Womit habe ich das verdient? Warum muss ausgerechnet mir das passieren?«

Von außen betrachtet ist es interessant, wie leicht man sich das Leben schwermachen kann. Vielleicht finden Sie das Verhalten meiner Nachbarin albern, aber auf eine bestimmte Art und Weise beschweren wir uns alle über irgendeine Art von Dingen, die völlig normal sind, aber nicht unseren Erwartungen entsprechen. Wir alle tun es auf unsere jeweilige Weise. Jeder von uns hat demnach sein persönliches »Wetter-Problem«, über das Außenstehende sich nur wundern können.

Viele Menschen vergessen zum Beispiel im Alltag, dass das Leben nun mal aus drei möglichen Zuständen besteht: Es gibt die angenehmen Zeiten, die unangenehmen und die dazwischen, in denen nichts Aufregendes passiert und man weder besonders zufrieden noch besonders unzufrieden ist. Zu den angenehmen Zeiten gehört zum Beispiel das Verliebtsein, das Erreichen anspruchsvoller Ziele oder der Urlaub. Zu den unangenehmen Zeiten zählen beispielsweise solche mit Stress im Job, Krankheiten oder andauerndem Streit mit Menschen, die einem nahestehen. Vor allem in den Zeiten, die sich unangenehm anfühlen, sind viele Menschen unzufrieden. Wir erwarten vom Leben, dass wir es schön haben. Wenn das dann nicht der Fall ist und unangenehme Dinge passieren, denken wir:

»Das darf doch nicht wahr sein. Womit habe ich das verdient? Warum muss ausgerechnet mir das passieren?«

Viele glauben, das Leben sei verpflichtet, ihnen prinzipiell gute und angenehme Zeiten, schlimmstenfalls neutrale Zeiten zu bescheren. Es ist, als hätten sie einen teuren Luxusurlaub gebucht und neben dem Hotel wäre eine große laute Baustelle. Da kann man sich natürlich beschweren. Allerdings ist das Leben kein Luxusurlaub. Wenn ich Ihnen sage, das Leben bestehe aus angenehmen und weniger angenehmen Zeiten, ist das natürlich banal. Es ist genauso banal wie die Tatsache, dass es manchmal regnet und manchmal die Sonne scheint. Warum aber belächeln wir einen Menschen, der sich über Regen ärgert, wo doch jeder weiß, dass Regen unausweichlich ist, wenn wir uns gleichzeitig über Zeiten im Leben aufregen, die sich unangenehm anfühlen, obwohl jeder weiß, dass auch diese unvermeidlich sind? Vielleicht wäre Ihre Antwort, dass die unangenehmen Zeiten im Leben gravierender sind als nur schlechtes Wetter. Das stimmt natürlich, aber die Art, wie Sie reagieren, hat in beiden Fällen dieselbe Konsequenz. Wenn Sie den Ist-Zustand nicht akzeptieren, begeben Sie sich in den inneren Widerstand.

Jetzt gilt es eine wichtige Unterscheidung zu machen. Wenn Sie eine sich unangenehm anfühlende Zeit durchlaufen, weil zum Beispiel eines Ihrer Kinder ernsthaft erkrankt, kann Ihnen das natürlich nicht gleichgültig sein. Selbstverständlich machen Sie sich dann Sorgen, Sie haben Angst um Ihr Kind und erleben eine schwere Zeit. Mir geht es nicht darum, dass Sie sich diese Sorgen nicht mehr machen sollen. Das wäre unmenschlich. Mir geht es darum, dass zu der Sorge nicht noch Ärger darüber kommt, dass Ihnen das Leben so etwas aufbürdet. Bezogen auf das Wetterbeispiel: Wenn Sie durch einen Regen laufen und Sie fühlen sich unwohl, weil die kalte Nässe sich auf der Haut nicht gut anfühlt, dann ist das völlig in Ordnung. Wenn Sie aber Wut entwickeln, weil es überhaupt regnet, dann ist das eine Energiefrequenz, die Sie erzeugt haben. Es ist dann nicht mehr der Umstand, sondern Ihre Bewertung, die zu innerem Widerstand führt. Das gilt es zu vermeiden, denn darauf haben Sie einen hundertprozentigen Einfluss.

Mit Akzeptanz führen

Sie fragen sich nun vielleicht, was das eben Gesagte noch mit dem Thema Führung zu tun hat. Betrachten wir ein Beispiel:

Nehmen wir an, Sie haben einen Mitarbeiter, der von Ihnen delegierte Aufgaben regelmäßig missversteht und diese nicht zu Ihrer Zufriedenheit erledigt. Immer wieder müssen Sie von ihm gelieferte Dokumente korrigieren und nacharbeiten. Mehr als einmal haben Sie sich schon gedacht: »Das hätte ich mal besser gleich selbst gemacht, dann wäre es jetzt schon fertig und noch dazu besser.« Sie haben genug andere Probleme um die Ohren, als dass Sie hier noch das Kindermädchen spielen könnten. Und dann immer diese Art, Sie überrascht und mit großen Augen anzuschauen, gefolgt von dem unvermeidlichen Satz: »Ja, da habe ich wohl etwas falsch verstanden.« Dieser Dackelblick verbunden mit dem stereotypen Satz treibt Sie in den Wahnsinn. Es ist die Art von Mitarbeitern, die kein Chef in seiner Abteilung haben will. Und immer, wenn er mal wieder offensichtlich etwas falsch verstanden und gemacht hat, denken Sie:

»Das darf doch nicht wahr sein. Womit habe ich das verdient? Warum muss gerade mir das passieren?«

Kommt Ihnen die Frage mittlerweile bekannt vor? Ich habe Ihnen eben das Beispiel mit der Nachbarin beschrieben, die sich immer über das Wetter aufregt. Dabei weiß doch jeder, dass das Wetter mal so und mal so ist. Jetzt haben wir das Beispiel einer Führungskraft, die sich über einen Mitarbeiter aufregt, der keine gute Leistung erbringt, dabei weiß doch jeder, dass kein Unternehmen und auch keine Abteilung zu 100 Prozent aus Leistungsträgern, High Potentials und Top-Performern besteht. Es gibt nun mal viele durchschnittliche Mitarbeiter und auch immer ein paar, die weniger leisten können oder wollen als der Durchschnitt.

Natürlich müssen Sie diesen Zustand nicht so belassen. Sie sollten sich bemühen, die Person zu coachen und zu entwickeln, oder wenn alle Ihre Bemühungen nichts helfen, gegen fähigere Mitarbeiter auszutauschen. Aber was zwingt Sie, das persönlich zu nehmen und sich darüber zu ärgern? Die Antwort ist klar: Ihre Erwartungen und Ihre Bewertungen. Sie haben die Luxusreise gebucht, und der Mitarbeiter ist die Großbaustelle. Nur dass das Leben keine Luxusreise ist.

Was passiert nun, wenn Sie im Widerstand verharren und sich über den Mitarbeiter aufregen? Die Person wird das sehr schnell mitbekommen. Hilft Ihre Gereiztheit dem Mitarbeiter, sich zu entwickeln und Lernfortschritte zu machen? Wohl kaum. Sehr wahrscheinlich wird er schon nervös, wenn Sie nur den Raum betreten, und vor lauter Angst, wieder einen Fehler zu machen, produziert er doppelt so viele.

Wie wäre es mit einem kurzen Perspektivenwechsel? Sie sind ein Mitarbeiter, dem die Dinge manchmal über den Kopf wachsen. Irgendwie ist Ihnen alles zu viel. Sie merken, dass Sie etwas langsam im Verstehen und Umsetzen von Aufgaben sind. Das macht Ihnen Angst. Ihre beiden Kinder gehen noch in die Realschule, und Ihre Frau findet seit zwei Jahren keine Arbeit mehr. Sie sind der Alleinverdiener, und das Geld reicht nie aus. Jede kleine Anschaffung muss diskutiert werden. Die letzte kurze Urlaubsreise liegt schon vier Jahre zurück. Sie machen sich große Sorgen, ob sie Ihrem Job auf Dauer noch gewachsen sind. Es gibt so viele neue Anforderungen, und niemand nimmt sich die Zeit, Ihnen mal in Ruhe zu erklären, was genau bei einzelnen Aufgaben von Ihnen erwartet wird. Wenn Sie nachfragen, reagiert Ihr Chef total entnervt. Das überträgt sich bereits auf manche Kollegen, die Sie jetzt auch komisch behandeln. Ihre Frau und Ihre Kinder merken mittlerweile deutlich, wie angespannt Sie abends von der Arbeit nach Hause kommen. Sie reagieren gereizt und kritisieren Ihre Kinder viel zu heftig wegen Kleinigkeiten. Das tut Ihnen dann leid, denn Sie lieben Ihre Kinder über alles. Aber dieser Druck entlädt sich einfach manchmal unkontrolliert. Sie wissen nicht mehr, wie es weitergehen soll.

So sieht die Welt aus der Perspektive des anderen aus. Niemand ist gern jemand, der zu wenig Leistung erbringt! Und keiner macht das, um Sie als Chef zu ärgern. Die meisten Menschen wollen ihren Job gut machen und wünschen sich Erfolge. Sie können ihnen dabei helfen. Ein Chef, der die Gegebenheiten aber nicht akzeptiert und von allen gleichermaßen Spitzenleistungen erwartet, wird zwangsläufig enttäuscht. Entsprechend verhält er sich ablehnend und ist dauerhaft entnervt.

Jetzt stellen Sie sich im Vergleich dazu vor, der Mitarbeiter bekäme einen neuen Chef. Dieser neue Vorgesetzte nimmt die Situation erst einmal an, wie sie ist. Vom gelegentlich aufkommenden Ärger kann er sich schnell wieder lösen. Er bewertet den Mitarbeiter nicht wie sein Vorgänger als »Leistungsverweigerer« und »Nervfaktor«, sondern versucht, ihn zu sehen, wie er ist. Er sieht den Menschen und erkennt dessen Nöte. Er nimmt sich Zeit und spricht mit dem Mitarbeiter dessen Aufgaben in Ruhe durch. Der neue Chef gibt dem Mitarbeiter auch die Möglichkeit, Fragen zu stellen. Da er Geduld hat und keine latente Aggression ausstrahlt, traut sich der Mitarbeiter auch, seine Fragen zu stellen. Außerdem formuliert der neue Chef die Aufgaben für den Mitarbeiter zum Teil noch einmal in kurzer Form schriftlich und schickt sie ihm als Mail. Seitdem gibt es viel weniger Missverständnisse. Manchmal liefert der Mitarbeiter seine

Arbeit aber immer noch in nicht befriedigender Form ab. Sein Chef nimmt sich dann die Zeit, ihm aufzuzeigen, was genau er sich anders gewünscht hätte. Vieles von dem, was der Vorgesetzte ihm erklärt, kann er verstehen. Sie sprechen gemeinsam darüber, wie er sich entwickeln müsste, um den Anforderungen des Jobs besser gewachsen zu sein. Seine Führungskraft gibt ihm klare Lern- und Entwicklungsziele vor. Er tut alles dafür, sie zu erreichen. Die Kollegen sind auch wieder freundlicher, seitdem der neue Chef da ist und ihn mit Achtung behandelt.

Vielleicht denken Sie jetzt, dass ein solches Happy End in der Praxis nicht zustande kommt. So etwas funktioniert nur in Büchern, wird der ein oder andere sagen. In Ordnung, dann lassen Sie uns sehen, wie die Geschichte »realistischer« weitergeht. Nehmen wir an, der Mitarbeiter hat tatsächlich nicht die erforderlichen Fähigkeiten oder die Einstellung, die in dem veränderten Jobumfeld benötigt werden. Was würde dann passieren? Wäre der neue Chef dann nicht doch auch irgendwann verärgert und genervt? Die Antwortet lautet Nein, wenn er tatsächlich mit Akzeptanz führt. Der Chef könnte dem Mitarbeiter regelmäßig ruhig, klar und wertschätzend Feedback geben und erklären, was aus seiner Sicht nicht ausreichend war. Wenn der Mitarbeiter einsieht, dass er die Arbeit nicht richtig leistet, kann der Vorgesetzte gemeinsam mit diesem überlegen, welche Aufgaben für den Mitarbeiter besser geeignet wären. Anschließend kann er sich auf Stellen innerhalb oder außerhalb des Unternehmens bewerben, die besser zu seinen Fähigkeiten passen. Was aber, wenn der Mitarbeiter sich weigert, weil ein Wechsel für ihn ein Risiko ist und/oder er einen Einkommensverlust hinnehmen müsste? Dann muss der Vorgesetzte eben selbst die notwendigen Schritte einleiten, sich von dem Mitarbeiter zu trennen. Aber all das kann mit einer wertschätzenden Haltung dem Mitarbeiter als Menschen gegenüber geschehen. Das mag ein hoher Anspruch sein, aber wie heißt es so schön: »Einfach kann jeder, wir können schwer!« Und weil es schwer ist, sein eigenes Ego in Schach zu halten, gibt es auch nicht so viele herausragende Führungspersönlichkeiten. Sie können aber eine solche werden.

> **Sie haben das Zeug dazu, sich zu einem herausragenden We-care-Leader zu entwickeln.**

Ein schöner Effekt dieser Entwicklung zum We-care-Leader besteht übrigens darin, dass Sie nicht nur beruflich davon profitieren, wenn Sie Ihre Fähigkeit zur Akzeptanz entwickeln. Auch wenn das kein Automatismus ist, können Sie das Verhalten auf andere Lebensbereiche übertragen. Am meisten werden vielleicht Ihre Kinder davon profitieren, wenn Sie welche haben, denn viele Eltern haben hohe Erwartungen an ihre Kinder. Sie sollen sich benehmen wie perfekte kleine Erwachsene. Das hat aber wenig mit Akzeptanz zu tun. Entscheiden Sie sich: Entweder Sie wollen ein perfektes Kind oder Sie lieben Ihre Kinder so, wie sie sind.

Es ist nicht immer einfach, in den unangenehmen Situationen des Alltags Akzeptanz zu leben. Mir helfen dabei zwei Metaphern. Vielleicht können diese auch Ihnen helfen:

Metapher 1:

Das Leben ist vergleichbar mit guten, liebevollen Eltern. Wenn Kinder sich wiederholt in einer völlig unakzeptablen Weise verhalten, bei der Schaden entsteht, müssen Eltern darauf in geeigneter Weise reagieren und Grenzen setzen. Auch wenn ein Kind diese Erfahrung erst einmal unangenehm findet, ist sie notwendig. Das Kind muss lernen, Verhaltensregeln einzuhalten, wenn es sich in die Familie und später in die Gesellschaft integrieren will. Ein Kind braucht Grenzen, innerhalb derer es sich dann frei bewegen kann. Fehlen diese Grenzen, wird es maßlos und eine Belastung für das gesamte Umfeld. Ebenso verhält es sich mit dem Leben. Wie liebende Eltern sorgt es für uns, indem es uns Grenzen setzt, wenn wir uns falsch verhalten. Das fühlt sich meist nicht gut an, erweist sich aber oft als Gelegenheit, etwas Wichtiges zu lernen. Allerdings verstehen wir das, ähnlich dem kleinen Kind, meist nicht sofort. Erst im Nachhinein, wenn wir zurückblicken, erkennen wir das Gute daran.

Metapher 2:

Das Leben ist unser Lehrmeister, der weiß, dass wir uns in den angenehmen Lebensphasen menschlich und charakterlich kaum entwickeln.

Wir sind zufrieden mit dem, was ist, und sehen keinen Grund, uns zu verändern. Erst wenn Krisen aufkommen und wir mit den bisherigen Verhaltensmustern keinen Erfolg mehr haben, sind wir gezwungen, uns zu verändern. Das gibt uns die Chance, zu wachsen. Von dem österreichischen Schriftsteller Ernst von Feuchtersleben stammt der Aphorismus: »Ohne Leiden bildet sich kein Charakter, ohne Vergnügen kein Geist.« Beides ist gut, aber nicht beides ist angenehm. Das Leben stellt uns Entwicklungsaufgaben, die wir oft als unangenehme Phasen erleben. Manche haben den Charakter einer Prüfung, in der wir erfahren können, welchen Grad der menschlichen Reife wir erreicht haben. Da das Ziel unseres Daseins nicht darin besteht, zu konsumieren und uns mit Äußerlichkeiten zu beschäftigen, brauchen wir manchmal Hinweise, was wirklich wesentlich ist im Leben. Wer zum Beispiel krank wird, merkt auf einmal wieder, wie nebensächlich und unbedeutend viele Äußerlichkeiten sind, denen wir Tag für Tag hinterherrennen.

Das Leben meint es gut mit uns, auch wenn es nicht immer so aussieht. Diese Einstellung hilft mir, auch schwierige Phasen in meinem Leben zu meistern. Sie führt dazu, dass ich Unangenehmes in Angriff nehme, statt damit zu hadern, warum das ausgerechnet mir zugemutet wird. Natürlich gelingt mir dies nicht immer sofort. Manchmal bin ich mehrere Tage in einem Problem gefangen und ich frage mich erst mit etwas Abstand, warum ich diese Situation erlebe. Manchmal ist die Antwort nicht gleich ersichtlich. Es gibt viele alltägliche Probleme. Wir selbst oder Menschen, die wir lieben, werden krank, die Anforderungen im Job machen uns Probleme, eines der Kinder kommt in der Schule nicht zurecht, die Eltern werden pflegebedürftig etc. Und genau das sind die Phasen des Lebens, in denen wir uns als Persönlichkeit weiterentwickeln können. Sie geben uns die Chance, unseren Charakter zu formen.

Wenn Sie beginnen, nach dem Sinn von unangenehmen Erfahrungen zu fragen, werden Sie mit großer Wahrscheinlichkeit Ihre ganz persönlichen Themen und Probleme entdecken, die sich in Ihrem Leben regelmäßig wiederholen. Das Leben stellt Ihnen die immer gleiche Lernaufgabe in vielen Variationen, bis Sie sie gemeistert haben. Erst dann wird das Thema aus Ihrem Leben verschwinden, oder es wird zumindest einen Teil seiner unangenehmen Wirkung verlieren. Alles hat seinen Sinn.

Ich möchte Ihnen vorschlagen, ein Beispiel aus Ihrem Leben aus dieser Perspektive zu betrachten: Überlegen Sie einmal, welches die unangenehmsten, peinlichsten oder schlimmsten Momente in Ihrem Leben waren, auf die Sie gern verzichtet hätten. Wählen Sie zumindest ein konkretes Ereignis aus. Fragen Sie sich nun:

▸ Was haben Sie für sich gelernt?
▸ Wie haben Sie sich danach als Persönlichkeit verändert?
▸ Welches innere Wachstum hat Ihnen dieses Ereignis ermöglicht?

Wahrscheinlich werden Sie feststellen, dass die Erfahrung zwar unangenehm war, Sie aber im besten Fall einen wichtigen Entwicklungsschritt getan haben. Insofern könnten Sie mit dieser Situation auch Ihren Frieden schließen und sie als Teil Ihres Lebens annehmen und akzeptieren. Falls Sie auf die Fragen geantwortet haben sollten: »Nichts hat sich positiv verändert. Alles ist nur schlimmer geworden«, wäre zu fragen, ob Sie die Lernaufgabe nicht verstanden und damit auch nicht bestanden haben.

Einige Leser, die in ihrem Leben bereits harte Schicksalsschläge hinnehmen mussten, mögen die Sichtweise, das Leben meine es gut mit uns, als naiv oder ignorant ansehen und sich vielleicht sogar darüber ärgern. Das ist nicht meine Absicht. Sie dürfen mir glauben, dass mein Leben auch nicht immer nur auf der Sonnenseite stattgefunden hat, und trotzdem bin ich davon überzeugt. Ich traf einst einen Mann in einem Münchner Brauhaus, mit dem ich ins Gespräch kam und der mir im Lauf des Abends seine Lebensgeschichte erzählte. Er hatte seinen Beruf über alles geliebt, konnte ihn aber nach einem Herzinfarkt nicht mehr ausüben. Aufgrund dessen geriet er in eine schwere Depression, die ihn vollständig lähmte und seinen Lebenswillen auf nahezu null sinken ließ. Als er sich nach mehreren Jahren gefangen hatte und wieder etwas Freude am Leben empfinden konnte, brach sein einziger Sohn zwei Wochen vor dessen Hochzeit während eines Fußballspiels völlig unerwartet tot auf dem Fußballplatz zusammen. Die Verlobte brauchte Jahre, um Trauer und Verlust zu bearbeiten. Ihren Schmerz musste er, neben seinem eigenen und dem seiner Frau, fast täglich mittragen. All das führte ihn wieder nah an den Abgrund. Aber auch das schaffte er zu verarbeiten und einen Sinn im Leben zu sehen. Als ich ihn an dem Abend in dem Brauhaus traf, hatte er Frieden mit sich und seinem Leben geschlossen. Während er mir seine Geschichte erzählte, strahlte er Ruhe und Zufriedenheit aus. Dieser Mann war trotz seines harten Schicksals nicht verzweifelt, sondern über all die schlimmen Phasen innerlich gewachsen und hatte gelernt zu akzeptieren. Er ist einer der seltenen Menschen, die auf mich weise wirkten.

Sicher kennt jeder Mensch einschneidende Ereignisse, in denen sich schwerlich ein Sinn erkennen lässt – ich will hier auf Beispiele verzichten. Wer nicht an etwas Größeres außerhalb des hiesigen Lebens glaubt, wird sie als bösen Zufall und damit als vollständig sinnlos ansehen. Das soll hier aber nicht weiter vertieft werden, da es vom Thema des Buchs wegführt.

Wesentlich ist unabhängig davon aber, dass ein Mensch, der zur Akzeptanz fähig ist, Angst, Trauer und Wut verarbeiten und loslassen kann. Er erzeugt sie mit seinen Gedanken nicht immer wieder neu. Wer Akzeptanz lebt, ist nicht nur eine bessere Führungskraft, sondern hat sehr wahrscheinlich auch ein erfüllteres Leben.

Demut

Wenn man mich fragt, welche Eigenschaft ich an anderen Menschen bewundere, fällt mir als Erstes die Demut ein. Manche Manager haben beim Begriff Demut eher negative Assoziationen. Sie verbinden damit ein unterwürfiges Verhalten. Aus meiner Sicht ist Demut eine großartige Charakterstärke. Eine Person, die demütig ist, erhebt sich nicht über andere. Sie stellt sich nicht selbst auf eine Ego-Säule, von der sie auf die anderen herabschaut. Wenn jemand sich selbst erhöht, merken das die Menschen seines Umfelds. Das gilt auch dann, wenn die Person sich den anderen gegenüber höflich und freundlich verhält. Mitarbeiter lassen sich nicht gern von jemandem führen, der innerlich auf sie herabblickt. Wer ungeachtet seiner Erfolge mit beiden Beinen auf dem Boden bleibt, begegnet den Menschen auf Augenhöhe. Diese spüren dann, dass sie respektiert werden.

Das Gegenteil von Demut ist Hochmut, der sich in Überheblichkeit, Wichtigtuerei, Arroganz und Blasiertheit äußert. Dieser Hochmut ist der Grund, warum die »Kaste« der Manager mittlerweile in der Bevölkerung oft zynisch betrachtet wird und massiv an Ansehen verloren hat. Bei aktuellen Befragungen zum Image von Berufen landet der Manager zusammen mit Versicherungsvertretern und Politikern auf den letzten Plätzen. Der schlechte Ruf der Manager liegt sicherlich nicht an einem Zuviel an Demut, sondern an der Abwesenheit derselben.

Jetzt wird der ein oder andere Leser vielleicht denken: »Ja, das stimmt schon. Die da oben sollten sich mal wieder Gedanken über Demut machen.« Aber wie steht es mit Ihnen? Sind Sie frei von Hochmut? Was denken Sie zum Beispiel über einen Mitarbeiter, der jeden Tag pünktlich auf die Minute um 17:00 Uhr den Stift fallen lässt und das Büro verlässt? Welche Meinung haben Sie von einfachen Angestellten, die keine Karriereabsichten hegen und sich lieber in ihrer Freizeit verwirklichen? Kommt Ihnen nicht auch manchmal der Gedanke, dass solche Menschen antriebslos sind und dass dies keine sehr gute Eigenschaft ist? Ist nicht jeder seines Glückes Schmied, und sind das nicht demnach schlechte Schmiede? Der Nine-to-five-Arbeiter ist ja sprichwörtlich für den unambitionierten Menschen geworden. Wie steht es mit den »Minderleistern« und denen, die offensichtlich ganz anders ticken, als Sie es tun? Natürlich sind Sie ein höflicher Mensch und behandeln jeden freundlich. Es ist aber ein Unterschied, ob man jemanden nur freundlich behandelt oder ob man ihn als Person tatsächlich annimmt und wertschätzt.

Überhaupt fühlen sich Manager anderen viel zu oft überlegen, denn offensichtlich haben sie selbst ja Erfolg im Leben und andere nicht. Spätestens wenn der Manager abends im Audi A6 mit Lederausstattung sitzt und beim Stopp an der roten Ampel auf den Fahrer mit dem ältlichen Kleinwagen neben sich schaut, ist das Ego in Hochform und sinniert über den Nebenmann: »Hättest du mal mehr aus dir gemacht, würdest du auch ein gescheites Auto fahren.« Dieses Gefühl ist Hochmut. Selbstverständlich kann man sich an einem schönen Auto erfreuen, und man darf es sich auch leisten, aber sobald jemand deshalb auf andere herabschaut und sie als Menschen abfällig bewertet, steht die Person auf einer Ego-Säule. Freude und Dankbarkeit sind das eine, sich deshalb als etwas Besseres zu betrachten, ist etwas ganz anderes.

Jeder Mensch hat Kriterien, nach denen er seine Mitmenschen beurteilt. Bei Managern sind das oft äußere Merkmale: Welche Position hat er im Unternehmen? Wie viel Macht hat er? Wie selbstbewusst tritt er auf? Wie teuer sind Kleidung und Uhr? Was fährt er für ein Auto? Beurteilen Vorgesetzte andere nach solchen Kriterien, fühlen sie sich dann sicher und souverän, wenn sie »mehr« haben als ihr Gegenüber. Gewinnt das Gegenüber den Vergleich, hat er also zum Beispiel deutlich mehr Macht, fühlt sich dieselbe Person dem anderen gegenüber minderwertig, ist unsicher und nervös. Jemand, der dagegen über die Charaktereigenschaft der Demut verfügt, reagiert in beiden Fällen authentisch und gelassen. Wer sich selbst nicht auf eine Säule stellt, um auf andere herabzuschauen, behandelt Untergebene mit Respekt. Da er sich selbst nicht über andere erhebt, fühlt er sich anderen auch nicht unterlegen, nur weil sie einen Titel, Geld oder Macht haben, und begegnet damit auch ihnen auf Augenhöhe. Er sieht die ihm unterstellten Mitarbeiter vor allem als Menschen, und genau das sieht er auch in seinen Vorgesetzten.

Woran liegt es, dass viele Manager hochmütig sind? Es gibt drei Hauptgründe dafür, dass Manager sich auf die Ego-Säule stellen. Diese sind der

Stolz auf den eigenen Verstand, der Stolz auf den eigenen Erfolg und der Stolz auf den eigenen äußeren Reichtum. Betrachten wir nun diese drei Arten des Stolzes einmal genauer und sehen, was es damit auf sich hat.

Hochmut aus Stolz auf den Verstand

Ein häufiger Grund für Hochmut bei Managern ist deren Stolz auf den eigenen Verstand. Sicherlich sind die meisten Manager intelligent, aber oft gar nicht herausragend. Beim typischen Intelligenztest wird der Durchschnitt aller Teilnehmer auf einen IQ von 100 kommen. Der Test ist so skaliert, dass zwei Drittel der Bevölkerung sich zwischen 85 und 115 bewegen. Als hochbegabt gelten Menschen mit einem Wert ab 130. Aber nur 2,2 Prozent der Bevölkerung erreichen solche Werte. Dass einzelne Manager zu der Gruppe der Hochbegabten gehören, ist also statistisch gesehen unwahrscheinlich. Es ist aber auch nicht wichtig, denn es zählt nur eine gewisse Grundintelligenz, die im Beruf gegeben sein muss. Diese besitzt wohl jeder Leser dieses Buchs. Darüber hinaus spielt Intelligenz für den Erfolg im Leben keine Rolle, wie Malcolm Gladwell in seinem sehr lesenswerten Buch *Überflieger* klar aufgezeigt hat. Freuen Sie sich also, wenn die Natur Sie gut ausgestattet und Ihr soziales Umfeld Ihr Potenzial auch noch gefördert hat. Seien Sie dankbar: Es hätte auch anders kommen können. Wenn sich aber jemand aufgrund seines scharfen Verstandes anderen überlegen fühlt, zeugt das von mangelnder menschlicher Reife.

Lassen Sie uns sehen, was ein Mann zum Thema sagt, der nicht nur selbst einen scharfen Verstand besaß, sondern der sein Leben dafür einsetzte, dass es armen und unterdrückten Menschen besser ging. Die folgende Rede stammt vom Friedensnobelpreisträger Martin Luther King und wurde 1955 gehalten:

»Wir wollen zuerst über die Notwendigkeit eines scharfen Verstandes nachdenken, der durch klares Denken, realistisches Abwägen und entschiedenes Urteil gekennzeichnet ist. Der scharfe Verstand ist durchdringend. Er durchbricht die Kruste der Legenden und Mythen und sondert das Wahre vom Falschen. Der so begabte Mensch ist klarsichtig und urteilsfähig, zielstrebig und pflichtbewusst.

Wer möchte bezweifeln, dass solche Schärfe des Verstandes eines der wichtigsten Bedürfnisse des Menschen ist? Nur selten finden wir Menschen, die zu schwieriger und gründlicher Gedankenarbeit bereit sind. Fast überall werden vereinfachte Antworten und unfertige Lösungen bevorzugt.

[…]

Aber wir dürfen es nicht damit genug sein lassen, einen scharfen Verstand zu entwickeln. Das Evangelium verlangt auch ein weiches Herz. Ein scharfer Verstand ohne ein weiches Herz ist kalt und lässt ein Leben in ständigem Winter erstarren, dem die Wärme des Frühlings und die Hitze des Sommers fehlt. Gibt es einen tragischeren Anblick als einen Menschen, der sich auf die Höhen eines disziplinierten, klaren Verstandes emporgeschwungen hat, zugleich aber in der leidenschaftslosen Tiefe der Hartherzigkeit versunken ist?

Der hartherzige Mensch lebt niemals wirklich. Er verfällt einem krassen Zweckdenken, der andere Menschen hauptsächlich danach bewertet, welchen Nutzen sie ihm bringen. Niemals erfährt er die Schönheit der Freundschaft, denn er ist zu kalt, um Zuneigung zu empfinden, und zu sehr mit sich selbst beschäftigt, um Sorgen und Freuden eines anderen zu teilen. Er ist wie eine Insel. Kein Strom der Liebe verbindet ihn mit dem Festland der Menschheit.

Der Hartherzige sieht Menschen nicht als Menschen, sondern als Objekte, als unpersönliche Rädchen eines Getriebes. Im großen Räderwerk der Industrie sieht er den Menschen nur als Arbeitskraft, im unruhigen Leben der Großstadt nur als Zahl, und im stumpfsinnigen Militärbetrieb nur als Nummer in einem Regiment. Er entmenschlicht das Leben.«[18]

King verknüpft hier die Forderung nach einem scharfen Verstand mit der nach einem weichen Herzen. Ein Mensch mit einem scharfen Verstand, der hartherzig ist, »lebt niemals wirklich«. Wer würde aber schon von sich selbst sagen, er sei hartherzig? Viele Manager verfolgen jedoch genau das krasse Zweck- und Nutzendenken, von dem King spricht. Es gibt kaum ein Gespräch unter Managern, bei dem nicht in den ersten 60 Sekunden gefragt wird: »Und was machen Sie so?« Verspricht die Antwort einen Nutzen, vertieft man das Gespräch, sonst wechselt man geschickt und unverbindlich den Gesprächspartner. Auf einer Netzwerkveranstaltung mag das in Ordnung sein, denn man will hier vielleicht Kunden oder Kooperationspartner gewinnen und nicht den ganzen Abend mit einer Person verbringen. Wenn man aber auch in anderen beruflichen und privaten Situationen Menschen aufgrund von Stellung, Einkommen und Bildung nur nach Nutzwert klassifiziert und den Menschen dahinter ausblendet, ist das eine Form von Hochmut.

Hochmut aus Stolz auf den Erfolg

Ein weiterer Grund für Hochmut ist der Stolz auf den eigenen Erfolg. Viele Manager haben es materiell und gesellschaftlich weit gebracht. Fast immer ist es aber so, dass zumindest ein Elternteil Akademiker ist. Dann sind die Chancen, dass die Person selbst studiert, in Deutschland noch immer sechsmal so groß wie bei einem Arbeiterkind.[19] Und der Nachwuchs leitender Angestellter schafft es laut einer Studie zehnmal so oft in die Spitzenetagen der Wirtschaft wie Kinder aus Arbeiterfamilien.[20] Malcolm Gladwell und viele andere zeigen wissenschaftlich fundiert auf, dass unsere spätere Karriere immer noch hauptsächlich durch die soziale Herkunft beeinflusst wird. Es geht dabei nicht darum, ob unsere Eltern nett oder liebevoll zu uns waren, sondern darum, welches Verhalten gegenüber Autoritäten wir erlernt haben. Arbeiterkinder lernen von ihren Eltern, dass man diesen gegenüber machtlos ist und tut, was diese sagen. Kinder aus dem Bürgertum werden angehalten, (scheinbare) Autoritäten zu hinterfragen und für die eigenen Interessen einzustehen. Sie lernen außerdem die tradierten Umgangsformen und gesellschaftlichen Codes, die für einen Aufstieg notwendig sind. Der Erfolg ist zum größten Teil nicht, wie es erfolgreiche Manager gern glauben wollen, in der eigenen Intelligenz begründet, dem Leistungsanspruch, dem Willen und der Ausdauer. Wären sie in eine andere Umgebung hineingeboren worden, wären sie heute sehr wahrscheinlich nicht so erfolgreich. Auch wenn Manager diese Ergebnisse kennen, sind sie der Überzeugung, sie hätten es ob ihrer persönlichen Eigenschaften trotzdem geschafft. Damit sind sie in guter Gesellschaft. Tatsächlich glauben das fast alle, obwohl PISA und Co. das Gegenteil beweisen. Was wir erreicht haben, ist zumindest nicht nur unser eigenes Verdienst, vielmehr haben unsere Startbedingungen einen entscheidenden Anteil daran. Für ein Arbeiterkind erscheint es unerreichbar, Manager oder gar Vorstand zu werden. Es ist so, als würde man einem Manager sagen:

»Warum sind Sie noch kein Multimillionär? Sie könnten längst einen Ferrari fahren statt so ein peinliches Mittelklasseauto und eine 300-m²-Villa am Zürichsee besitzen: Jeder ist seines Glückes Schmied. Warum, bitte schön, sind Sie noch immer ein einfacher Manager? Hatten Sie denn keine Ambitionen, etwas Richtiges zu leisten?«

Eine solche Ansprache käme dem Manager wahrscheinlich abwegig vor. Wäre der Vater aber ein Internet-Multimillionär, der mehrere Dotcom-Unternehmen gegründet hat, wäre sie für ihn weniger abwegig. Er hätte wahrscheinlich das notwendige Startgeld, die richtigen Kontakte und ein Vorbild, dem er nacheifern würde. In Kampen, dem elegantesten und teuersten Ort auf Sylt, nennt man den Porsche Cayenne »Kampen-Astra«, weil es dort das Auto der »ärmlichen« Bevölkerung ist. Es ist also alles eine Frage des Umfelds und der Sozialisierung.

Hochmut aus Stolz auf Besitz

Der dritte Grund für Hochmut sind Besitztümer. Dass äußerlicher Reichtum, der unter Umständen noch nicht einmal selbst verdient, sondern ererbt ist, kein Grund für Hochmut sein sollte, bedarf keiner Erklärung. Vom römischen Kaiser Marc Aurel stammt der Satz: »Ein jeder ist so viel wert, wie die Dinge wert sind, um die es ihm ernst ist.« Über diesen Satz mag man streiten, aber es ist klar, dass jemand, der sich nur für seinen Besitz und dessen Vermehrung interessiert, im Vergleich zu jemandem, der ehrenamtlich Kindern mit Migrationshintergrund die deutsche Sprache beibringt, nicht wirklich Grund hat, sich überlegen zu fühlen.

Mitglieder von alten, über sehr viele Generationen wohlhabenden Familien zeichnen sich im Umgang mit weniger Begüterten und auch Angestellten oft durch eine sehr respektvolle und freundliche Kommunikation auf Augenhöhe aus. Ihnen wurden schon als Kind die entsprechenden Werte vermittelt. Das genaue Gegenteil sind häufig sogenannte Neureiche, denen die Werte zum Reichtum fehlen. Leider lässt sich das auch bei manchem Manager beobachten, der es zu Geld und Macht gebracht hat.

Wir haben nun gesehen, dass Hochmut in keiner Form angebracht ist. Hochmut geht vom Ego aus. Ich merke in kleineren Situationen immer wieder, wie mein Ego versucht, sich aufzublasen. Ich muss dann widerstehen, um mich nicht gefangen nehmen zu lassen. Manchmal stelle ich mir als Hilfe für mein Ego dieses Bild vor:

Wir leben in einer Galaxie, die wir Milchstraßensystem nennen. Eine Galaxie ist eine gravitativ gebundene große Ansammlung von Planeten, Sternen und anderen Objekten. In dem von Menschen beobachtbaren Teil des Universums geht man heute von 100 Milliarden Galaxien aus. Die Größe der Erde verhält sich zum für uns sichtbaren Teil des Universums wie die Größe eines Virus zu der unseres gesamten Sonnensystems. Auf dieser winzigen Erde lebten Anfang 2014 etwa 7 200 000 000 Menschen, davon ungefähr ein Zehntel, nämlich 739 000 000 Menschen in Europa. Einer davon bin ich.

Wenn Titel, Macht und Besitz uns nicht beeindrucken sollen, was verdient dann unsere Wertschätzung? Sie kennen bereits die Unterscheidung von innerem und äußerem Reichtum. Einer der schönsten Texte, die ich bisher gelesen habe, stammt von Arthur Schopenhauer. Der kleine Auszug zeigt, was ich meine:

»[…] wie Fackeln und Feuerwerk vor der Sonne blass und unscheinbar werden, so wird Geist, ja Genie, und ebenfalls die Schönheit, überstrahlt und verdunkelt von der Güte des Herzens. Wo diese in hohem Grade hervortritt, kann sie den Mangel jener Eigenschaften so sehr ersetzen, dass man solche vermisst zu haben sich schämt.

[…] Sogar der beschränkteste Verstand, wie auch die groteske Hässlichkeit, werden, sobald die ungemeine Güte des Herzens sich in ihrer Begleitung kund getan, gleichsam verklärt, umstrahlt von einer Schönheit höherer Art, indem jetzt aus ihnen eine Weisheit spricht, vor der jede andere verstummen muss.«[21]

Äußeren Reichtum wie Titel, Besitz und Macht anzuhäufen ist eine Leistung. Wirklich bewundern sollten wir aber Menschen mit einer großen Herzensbildung. Was macht es, wenn ein Mensch nicht karriereorientiert, sondern mit seinem Job zufrieden ist? Zählt nicht vielmehr, was für ein Mensch er ist und was er im Leben anderer Positives bewirkt? Viele »wichtige« Menschen interessieren sich nicht im Geringsten für die Person ihres Gegenübers. Sie achten einzig auf die äußeren Kriterien bzw. äußeren Reichtum. Dabei ist das Gute, das der Mensch in dieser Welt schafft, sein wirklicher Reichtum. Vor allem für diese Art von Reichtum sollten wir andere Menschen bewundern. Welchen Einfluss hätte es auf das Leben und unsere Arbeitswelt, wenn wir der Bildung des Herzens mehr Aufmerksamkeit widmen würden?

In den Worten des Dalai-Lamas:

»Wenn wir Warmherzigkeit entwickeln, kann das auch andere verwandeln. Indem wir freundlichere Menschen werden, erfahren unsere Nachbarn, Freunde, Eltern, Ehegatten und Kinder weniger Ärger. Sie werden warmherziger, mitfühlender und ausgeglichener werden. Die Stimmung und Atmosphäre an sich wird glücklicher, was eine bessere Gesundheit fördert, vielleicht sogar ein längeres Leben.«[22]

»Essen, arbeiten und Geld verdienen sind in sich selbst bedeutungslos. Eine noch so kleine Handlung des Mitgefühls jedoch verleiht unserem Leben Sinn und Bedeutung.«[23]

Wirklich bewundernswert sind Handlungen des Mitgefühls. Aber gerade Menschen, die warmherzig und mitfühlend sind, empfinden eben keinen Stolz darüber, sondern Demut. Sie bewerten den Menschen nicht nach seinem Nutzen, und sie stellen sich im Geiste nicht über andere. Wie innerlich arm und geistig eng erscheint dagegen ein arroganter Vorgesetzter, der sich über Verstand, Erfolg und äußeren Reichtum definiert. Friedrich Wilhelm Nietzsche hat einmal gesagt: »Jedermann hat gerade so viel Eitelkeit, als es ihm an Verstand fehlt.« Und der österreichische Schriftsteller Hermann Bahr meint: »Demut ist schließlich nichts als Einsicht.« Als Führungskraft müssen Sie manchmal Grenzen setzen oder auch Konsequenzen ziehen. Es spricht aber nichts dagegen, auch das in einer Haltung von Warmherzigkeit dem Menschen gegenüber zu tun. Wir haben täglich die Wahl:

»Ein alter Indianer saß mit seinem Enkelsohn am Lagerfeuer. Es war schon dunkel geworden, das Feuer knackte, und die Flammen züngelten golden in pechschwarzer Nacht.

Der Alte sagte nach einer Weile des Schweigens: ›Weißt du, wie ich mich manchmal fühle? Es ist, als ob da zwei Wölfe in meinem Herzen miteinander kämpfen würden. Einer der beiden ist rachsüchtig, aggressiv und grausam. Der andere hingegen ist liebevoll, sanft und mitfühlend.‹

›Welcher der beiden wird den Kampf um dein Herz gewinnen?‹, fragte der Junge.

›Der Wolf, den ich füttere‹, antwortete der Alte.«[24]

Nennen Sie es ein weiches Herz (Martin Luther King), Güte des Herzens (Schopenhauer), Warmherzigkeit (Dalai-Lama) oder Herzensbildung. Wer daran arbeitet, wird sich selbst und seinen Kontakt zu Menschen grundlegend verändern.

Fragen Sie sich selbst, ob Sie gerne von einem Chef oder einer Chefin geführt werden wollen, der oder die Vertrauen, Akzeptanz und Demut verkörpert. Neben den drei genannten gibt es noch ein viertes Kriterium für eine herausragende Persönlichkeit. Dieses werden wir in Kapitel 8 kennen lernen.

Handlungsempfehlungen

1. Verinnerlichen Sie die drei Regeln des Gesetzes von Ursache und Wirkung und achten Sie im Alltag auf dessen Wirkung.
2. Überlegen Sie, wem und wie Sie in Zukunft von Ihrem inneren und äußeren Reichtum geben wollen. Säen Sie Gutes.
3. Nehmen Sie den täglichen Kontakt mit Menschen und auch mit für Sie schwierigen Mitarbeitern als ein Privileg an, das Sie mit Freude erfüllt.
4. Vertrauen Sie darauf, dass das Leben es gut mit Ihnen meint.
5. Beobachten Sie, welche Themen in Ihrem Leben immer wieder auftauchen. Finden Sie die Entwicklungsaufgabe dahinter.
6. Vermeiden Sie Hochmut und behandeln Sie alle Menschen mit Respekt und auf Augenhöhe.
7. Arbeiten Sie an Ihrer Herzensbildung.

5. Das Beste fordern
Was gute Mitarbeiter wollen, ohne es selbst zu wissen

Wessen wir am meisten im Leben bedürfen, ist jemand, der uns dazu bringt, das zu tun, wozu wir fähig sind.
Ralph Waldo Emerson (US-amerikanischer Philosoph und Schriftsteller)

Ich war noch nicht lange im Unternehmen, da vertraute mein Chef mir als Projektmanager ein großes Projekt an. Es ging darum, für einen Kunden die Werbung, Auswahl und Einstellung von 120 selbstständigen Vertriebsbeauftragten zu organisieren. Die gesamte Planung, Organisation und Durchführung sollte in meiner Verantwortung liegen. Meine Bedenken, dafür sei ich noch zu unerfahren, akzeptierte er nicht. Das sei sicherlich eine große Herausforderung, aber ich würde sie bestehen. Bevor ich mich versah, war ich der offizielle Projektleiter. Also formulierte ich SMARTe Ziele, legte die Meilensteile fest und plante das Ganze im Detail. Papier und darauf festgehaltene Pläne sind bekanntlich geduldig. Knapp zwei Wochen nach Projektstart stand ich vor dem ersten größeren Problem, das ich nicht lösen konnte. Also ging ich zu meinem Chef und schilderte es ihm. Anschließend schaute ich ihn mit großen Augen an. Er verschränkte die Hände hinter dem Kopf und lehnte sich entspannt in seinem Chefsessel zurück. Dann fragte er: »Wie wollen Sie das lösen?« Ich fühlte mich etwas unsicher, denn das wollte ich doch von ihm erfahren. Mir war bisher keine Lösung eingefallen. Ich erklärte ihm, dass ich ja noch nicht so lange im Unternehmen sei und vor so einem Problem noch nie gestanden hätte. Deshalb wäre ich zu ihm gekommen, um mir einen Lösungsvorschlag abzuholen. Jetzt fühlte ich mich gleich wieder besser, denn schließlich war ich noch neu und das Fragenstellen mein gutes Recht. Sein Gesichtsausdruck wurde ernst. Er löste seine Hände hinter dem Kopf und kam nach vorne, um sich mit den Ellenbogen auf die Tischplatte zu stützen. Er schaute mich durchdingend an. Und schwieg. Es dauerte eine gefühlte Ewigkeit. Mir stieg die Hitze ins Gesicht. »So geht das nicht!«, unterbrach er die Stille endlich, »Sie sind der Projektmanager, da erwarte ich Lösungen von Ihnen.« – »Ja, aber ich habe keine«, entgegnete ich mit einer Mischung aus Unsicherheit und Trotz. »Dann finden Sie welche«, sagte er mit Nachdruck. »Fragen Sie Ihre Kollegen. Hier gibt es jede Menge erfahrene Leute. Die können Ihnen mit Sicherheit helfen. Haben Sie jemanden gefragt?« – »Äh, nein«, antwortete ich. »Gut, dann gehen Sie jetzt und machen Sie das. Wenn Sie Ideen haben, kommen Sie wieder. Wenn es geht, bringen Sie mehrere Lösungsvorschläge mit«, entgegnete er. Ich verließ leise und mit gesenktem Blick das Büro und kam mir vor wie ein Schulbub, der gerade an der Tafel versagt hatte. So einen peinlichen Augenblick wollte ich nicht noch einmal erleben. Ich hatte die Lektion begriffen. Ich ging nie wieder ohne Lösungsvorschläge in das Büro meines Chefs.

Wenn ich ihm später ein Problem mit mehreren Lösungsvorschlägen präsentierte, fragte er mich übrigens fast immer, welchen davon ich bevorzugte. Ich nannte ihm meinen Favoriten, und meistens sagte er danach: »Dann machen Sie es so.« Irgendwann gewöhnte ich es mir ab, zu ihm zu gehen. Zwei bis drei Lösungen erarbeiten, die beste auswählen und umsetzen, das konnte ich auch alleine. Schließlich ging ich nur noch dann in sein Büro, wenn es bei einer Sache um Geld ging. In solchen Fällen wollte ich nicht alleine entscheiden. Aber auch da traf er nach einiger Zeit eine Regelung: »Bis zu einer Summe von 3 000 Euro können Sie selbst entscheiden. Ab 3 000 bis 5 000 Euro entscheiden Sie ebenfalls selbst, teilen mir das aber als Notiz mit. Bei Summen über 5 000 Euro will ich kurz gefragt werden.«

Das Projekt war für mich ein riesiger Entwicklungsschritt. Ich bin meinem Chef sehr dankbar, dass er es mir damals zu- und anvertraute. Die Tatsache, dass ich dem Projekt tatsächlich gewachsen war, gab mir sehr viel Selbstvertrauen. Er hatte ein gutes Gespür dafür, wem er wie viel zumuten konnte. Im Nachhinein wird mir aber erst bewusst, wie weitsichtig er als Vorgesetzter gehandelt hat, indem er seine Mitarbeiter von Anfang an zum selbstständigen Denken aufgefordert und befähigt hat. Statt administrative Probleme zu lösen, konnte er sich auf Wesentliches konzentrieren. Die Frage »Welche Lösungsvorschläge haben Sie?« sollten Sie sich auch angewöhnen, falls Sie diese nicht sowieso schon benutzen, wenn Probleme an Sie herangetragen werden. Lassen Sie sich aber nicht in die Falle locken, das Schweigen des Mitarbeiters nicht auszuhalten oder Ihren Expertenstatus beweisen zu wollen.

Das Problem: Vermutlich haben Sie auf die Frage des Mitarbeiters bereits eine Lösung im Kopf. Sie wissen aus Ihrer langjährigen Erfahrung heraus sogar, welche die beste ist. Wenn Sie den Mitarbeiter nun wegschicken und er kommt noch mal, und Sie diskutieren dann wieder, dauert das Ganze insgesamt viel länger, als wenn Sie ihm einfach gesagt hätten, was er tun soll. Noch dazu findet er vielleicht die beste Lösung, die Sie im Kopf haben, gar nicht. Dann müssten Sie ihm diese doch noch nennen oder sich mit einer nicht optimalen Lösung zufriedengeben. Was können Sie also tun?

Wenn der Mitarbeiter tatsächlich keine befriedigenden Lösungen findet, können Sie ihm den Prozess zur Lösungsfindung aufzeigen. Fragen Sie ihn, welche Kollegen Ideen zu dem Problem haben könnten. Nachdem Sie gemeinsam die passenden Personen benannt haben, gehen Sie zusammen mit dem Mitarbeiter zu einem der Kollegen und stellen diesem die Fragen, die der Mitarbeiter ihm stellen müsste. Spielen Sie dabei nicht Ihr Expertenwissen aus, sondern fragen Sie so, wie der Mitarbeiter es mit seinem Kenntnisstand auch tun würde. Am Ende des kurzen Gesprächs wird es wahrscheinlich einen oder mehrere erste Lösungsvorschläge geben oder aber einen Hinweis, wer sonst noch solche bieten kann. Danach schicken Sie den Mitarbeiter allein zu den anderen Kollegen.

Bei erfahrenen Führungskräften ist das natürlich alles nicht nötig. Diese müssen nur merken, ob Sie als Chef Mikromanagement betreiben und überall mitmischen wollen oder ob Sie eigenständiges Handeln tatsächlich unterstützen. Mein Chef war da sehr klar und hielt uns an, selbstständig zu denken und zu handeln. Er machte uns das Leben nicht leicht, denn er hatte hohe Ansprüche. In regelmäßigen Abständen fühlte ich mich mit meinen Aufgaben und Projekten zu Beginn überfordert, und das sagte ich ihm auch einmal deutlich. Seine Antwort darauf war: »Sie werden sich später mal, wenn Sie zurückdenken, immer an die Chefs erinnern, die Sie am meisten gefordert haben.« Und genau so ist es. Heute weiß ich, dass er mich gelehrt hat, Verantwortung zu übernehmen, und er hat mir gezeigt, wozu ich fähig war. Dafür bin ich ihm dankbar.

Sie werden sich immer an den Chef erinnern, der Sie am meisten gefordert hat.

Empowern Sie Ihre Mitarbeiter

Der englische Philosoph Francis Bacon prägte den Satz »(For) knowledge (itself) is power«, der später als »Wissen ist Macht« ins Deutsche übernommen wurde. Das eigentliche Kapital moderner Unternehmen ist tatsächlich das Wissen der Mitarbeiter. Um dieses voll auszuschöpfen und die maximale Motivation der Wissensarbeiter zu wecken, macht es Sinn, ihnen mehr Macht (Power) und Eigenständigkeit zu ermöglichen, sie also zu »empowern«. Das Modewort »Empowerment« findet sich immer öfter in der aktuellen Führungsliteratur wieder. Kaum jemand sagt aber, wie das konkret umsetzbar ist. Wie also sehen die Schritte für das Empowerment Ihrer Mitarbeiter aus? Zuerst einmal gilt es festzulegen, welche Stufe des Empowerments sinnvoll ist. In welchem Umfang Sie Menschen Verantwortung und Macht übertragen können, bestimmen diese drei Kriterien:

- die fachlichen Erfahrungen
- die Reife der Persönlichkeiten,
- die Vorerfahrung mit Empowerment.

Wenn Mitarbeiter fachlich nicht gut qualifiziert oder menschlich noch eher unreif sind (zum Beispiel in Systemen, die stark auf Gier basieren), ist ein hoher Grad des Empowerment vorerst nicht empfehlenswert. Aber auch die Vorerfahrungen mit Empowerment sind wichtig. Wenn Mitarbeiter bisher sehr autoritär geführt wurden und kaum selbstständig entscheiden durften, wären diese mit einer plötzlichen und weitgehenden Autonomie sehr wahrscheinlich erst einmal überfordert. Sie sollten daher den Grad des Empowerments an die Erfahrungen der Mitarbeiter anpassen und Schritt für Schritt steigern.

Empowerment in sechs Stufen[25]

1. **Bestimmen:** Sie treffen die Entscheidung und teilen sie den Mitarbeitern mit.
2. **Überzeugen:** Sie treffen die Entscheidung und versuchen dann, Ihre Mitarbeiter im Gespräch für diese zu gewinnen.
3. **Beraten lassen:** Sie rufen die Leute zusammen und lassen sich beraten. Ihre Mitarbeiter tragen ihre Ideen und Meinungen vor. Es ist aber allen klar, dass Sie am Schluss entscheiden.
4. **Konsens:** Sie laden die Mitarbeiter ein, ihre Meinungen und Ideen zu präsentieren. Alle gemeinsam suchen einen Konsens. Dabei zählt Ihre Stimme wie die jedes Gruppenmitglieds.
5. **Gruppenentscheid:** Die Gruppe entscheidet selbstständig. Sie werden über das Ergebnis informiert.
6. **Volle Autonomie:** Die Gruppe oder der Mitarbeiter entscheidet selbstständig und muss Sie auch nicht informieren. Sie sind nicht beteiligt und widmen sich anderen Aufgaben.

Welche Stufe ist nun für Ihren Bereich, das Team oder auch den einzelnen Mitarbeiter die richtige? Zum einen hängt dies von den oben genannten Kriterien ab, also den Fachkenntnissen, der menschlichen Reife und den Vorerfahrung mit Empowerment. Zum anderen ist es aber auch abhängig von der Situation und der Aufgabe selbst. Es kann beispielsweise sein, dass Sie sich in einer Krisensituation von Ihren Direct Reports nur beraten lassen und dann allein die Entscheidung treffen (Stufe 3), wenn sich kein kurzfristiger Konsens abzeichnet und eine schnelle Reaktion notwendig ist. Es gibt auch Situationen, in denen ein Ausdiskutieren und einvernehmliches Entscheiden nicht möglich ist, weil zum Beispiel eine Entscheidung getroffen werden muss, die für eine oder mehrere Personen der Entscheidergruppe nachteilig ist. Dies ist normalerweise bei der Ressourcenverteilung der Fall. Wenn die begrenzten finanziellen Mittel einem Projekt zugesprochen werden, bekommt ein anderes sie nicht. Solche Entscheidungen können Sie im Normalfall nicht denen überlassen, die um diese Ressourcen konkurrieren, wenn diese nicht gleichmäßig untereinander aufgeteilt werden können. Hier müssen Sie als Chef die Entscheidung treffen, nachdem Sie alle Argumente gehört haben (Stufe 3).

Es ist aber festzustellen, dass viel zu viele Vorgesetzte auch dann Stufe 1, 2 oder 3 wählen, wenn höhere Grade des Empowerments nicht nur möglich, sondern angebracht wären. Wenn zum Beispiel Veränderungen von Abläufen, aktuelle Probleme oder auch Aufgabenverteilungen besprochen werden müssen, können die Mitarbeiter dies häufig auf der Stufe 6 ohne Ihr Zutun erledigen.

Unterschätzen Sie nicht, wie wichtig die Erfahrung mit Empowerment für dessen gutes Funktionieren ist. Wenn ein Mitarbeiter oder auch ein Team kaum Erfahrung damit hat, sind diese erst einmal überfordert.

Ein Manager, der für einen bekannten Vorstandsvorsitzenden arbeitete, erzählte mir folgende Begebenheit: Sein Chef hatte 2002 die Nachfolge eines der einflussreichsten deutschen Manager des 20. Jahrhunderts angetreten. Dieser Jahrhundertmanager war noch ein echter Alleinherrscher. Seinen gesamten Vorstand führte er mit allen Entscheidungen auf Stufe 1 bis 3, alle wichtigen Entscheidungen traf er letztendlich allein. Die Aufgabe seines Vorstands bestand darin, ihn mit Informationen zu versorgen und seine Entscheidungen umzusetzen. Nicht mehr und nicht weniger. Als nun der Nachfolger antrat, wollte dieser »seinen« übernommenen Vorstand auf der Stufe 4 bis 6 führen, denn er kam aus einer Kultur, in der die Mitarbeiter aller Hierarchieebenen ein hohes Maß an Empowerment erfuhren und Teamorientierung großgeschrieben wurde. Zu seiner völligen Verblüffung waren die Mitglieder des Vorstands mit seinem Führungsansatz stark überfordert. Wenn er nach ihren Meinungen fragte, drückten sie sich stets zustimmend bis nichtssagend aus. Der neue Vorstandsvorsitzende konnte es kaum fassen. Diese Männer mit Millionengehältern waren es nicht gewohnt, sich eine eigene Meinung zu bilden und zu vertreten. Sie waren nur darin geübt, Informationen zu sammeln und vorzutragen, aufgrund derer der frühere Chef sich dann seine Meinung gebildet hatte. Es nützte auch nichts, dass er sie aktiv zum Darstellen ihrer Kritikpunkte und Gegenargumente aufforderte. Es dauerte fast ein Jahr, bis der neue Vorstandsvorsitzende es geschafft hatte, dass die Mitglieder des Vorstands ernsthaft eigene Ideen vertraten und auch mal ungefragt Gegenargumente brachten. Dieses eine Jahr brachte ihn fast zur Verzweiflung.

Wenn selbst die Vorstände eines Weltkonzerns ein Jahr lang brauchen, um sich an höhere Stufen des Empowerment-Ansatzes zu gewöhnen, können Sie erahnen, wie viel Arbeit vor Ihnen liegt, einen Mitarbeiter, der seit 20 Jahren kommandiert wird, zu empowern. Geben Sie sich und den Mitarbeitern daher Zeit, sich daran zu gewöhnen. Klettern Sie die Stufen des Empowerments Schritt für Schritt hoch. Wenn Sie zwei Stufen überspringen, kann das vielleicht gut gehen, aber es ist nicht unwahrscheinlich, dass der Sprung nicht gelingt und alle unter den Folgen leiden. Dadurch wird Vertrauen in Sie abgebaut. Wenn die Personen mit ihrer fachlichen Erfahrung und Reife geeignet sind und die Situation nicht bereits eine bestimmte Stufe des Empowerments vorgibt, dann wählen Sie immer eine Stufe über der bisher üblichen. Wenn diese eine Gewohnheit geworden ist, gehen Sie die nächste Stufe an. Oft müssen sich die Mitarbeiter erst daran gewöhnen, dass der Chef nicht mehr entscheidet, sondern ein gleichberechtigtes Stimmrecht hat, und man einen Konsens sucht. Wenn das als normal empfunden wird, bleiben Sie Besprechungen öfter fern, sodass die Gruppe allein entscheiden muss. Schließlich lernen die Mitarbeiter dann, autonom zu agieren.

Dieser stetige Prozess des Wachsens gibt auch Ihnen als Chef die Chance, sich selbst Schritt für Schritt umzustellen. Die wenigsten Vorgesetzten haben schon ernsthafte Erfahrungen mit Führung auf der Stufe 6 gesammelt. Nicht wenige arbeiten seit Jahrzehnten auf der Stufe 3. Da muss die Führungskraft selbst erst einmal Vertrauen in die neue Führungsmethode gewinnen, indem sie merkt, dass die Mitarbeiter nicht nur nichts »verbocken«, sondern häufig sogar bessere Leistungen als bisher erbringen und dabei motivierter sind. Es kann sogar das eigene Ego ankratzen, wenn die Besprechungen, an denen man nicht mehr teilnimmt, unter Umständen nun deutlich produktiver sind.

Sich Zeit zu lassen mit der Erhöhung des Empowerments ist auch deshalb sinnvoll, weil Sie lernen müssen, die Situationen und die dafür passende Stufe richtig einzuschätzen. Natürlich werden Sie Fehler machen. Eine zu hohe Stufe kann sich als überfordernd herausstellen oder eine zu niedrige als demotivierend. Sie sollten daher bei unbefriedigenden Ergebnissen nicht zwangsläufig dem Team die Schuld geben, sondern zuerst einmal kritisch hinterfragen, ob Sie nicht die falsche Stufe des Empowerments gewählt haben.

Was ist mit Ihnen unterstellten Führungskräften, die trotz Ihrer Aufforderung und Ihres Vorbilds kein Empowerment fördern? Hier muss man leider manchmal feststellen, dass Vorgesetzte, die im administrativen Klein-

Klein des Alltags versinken und mit Vorliebe Mikromanagement betreiben, meist nicht fähig sind, die Mitarbeiter zu empowern, da ihnen der nötige Überblick für eine gute Aufgabenverteilung fehlt. Diese Vorgesetzten sagen auch: »Ich schicke Ihnen meinen besten Mann! – Ich komme selbst.« In der Tat glauben sie, alles selbst am besten zu machen und Macht abzugeben, wenn sie andere empowern. Tatsächlich ist aber das Gegenteil der Fall. Durch Empowerment gewinnen Sie an Macht. Der Status eines Managers im Unternehmen wird zum großen Teil daran gemessen, wen er führt. Wer hat dann aber den höheren Status? Derjenige, der ein Team von unselbstständigen Mitarbeitern mit durchschnittlicher Leistung führt und der sich bei jeder administrativen Kleinigkeit selbst einschaltet, oder derjenige, der ein Team von hoch qualifizierten, leistungsstarken und autonomen Mitarbeitern leitet?

Da sich der Wettbewerbsdruck immer weiter erhöht, müssen sich auch die Standards für professionelles Management erhöhen. Vorgesetzte, die alle Macht selbst behalten, kann sich ein Unternehmen heute nicht mehr leisten, denn es führt zu Entscheidungsverzögerungen, Demotivation und durchschnittlicher Leistung. Viele außergewöhnlich erfolgreiche Unternehmen zeigen heute, was mit Empowerment erreicht werden kann.

Beurteilen Sie Fehler differenziert

Wenn Sie Ihren Mitarbeitern mehr Macht und Entscheidungsfreiheit geben, werden diese damit beginnen, manche Dinge anders anzugehen als bisher. Dabei werden sie mit großer Wahrscheinlichkeit bessere Methoden und intelligentere Vorgehensweisen entdecken. Zwangsläufig werden aber auch Fehler und Misserfolge vorkommen. Wie sollten Sie als Chef mit solchen Fehlern umgehen? Auch für Fehler gilt: Es gibt solche und solche. Wenn Ihre Mitarbeiter ausgetretene Pfade verlassen, können Sie entweder einen besseren Weg als den bisherigen, einen völlig neuen vielversprechenden Weg oder aber einen Irrweg finden. Letzterer kostet Zeit und Energie, bringt aber keinen Nutzen, denn man muss ohne Erfolg zurückkehren. Wenn dann der Vorgesetzte bereits auf dem alten Pfad wartet und Mitarbeiter dafür bestraft, dass sie etwas Neues ausprobiert haben, lernen diese schnell, nie wieder vom ausgetretenen Pfad abzuweichen. Empowerment der Mitarbeiter bei gleichzeitiger Bestrafung von Fehlern funktioniert nicht. Gehen Sie also mit Fehlern und Misserfolgen differenziert um. Sie können sogar so weit gehen und einen Mitarbeiter vor der Gruppe für eine bestimmte Art von Fehler loben, um klarzumachen, dass Fehler ein Teil der Unternehmens-, Bereichs- oder Abteilungskultur sind. Generell lassen Fehler sich in drei Gruppen einteilen:

1. Fehler, die auf klugen und nachvollziehbaren Annahmen beruhen, die sich aber in der Praxis als falsch erweisen;
2. Fehler, die auf nicht gründlich durchdachten Annahmen beruhen;
3. Fehler, die auf Fahrlässigkeit, Faulheit oder Dummheit beruhen. Dazu gehören auch solche, die zum wiederholten Male wider besseres Wissen (von derselben Person oder Gruppe) gemacht werden.

Die erste Art von Fehlern sollten Sie loben. Wäre bei positivem Ausgang eine außergewöhnliche Leistung zu erwarten gewesen und war das Scheitern nicht absehbar, sind zumindest die Arbeitsleistung und das daraus gewonnene Wissen (das es eben nicht funktioniert) als Erfolg einzustufen. Das können Sie gegenüber dem Team auch genau so kommunizieren. Begründen Sie, warum der Fehler ein intelligenter und damit berechtigter Fehler war. Dies ermutigt auch andere, überlegte Risiken einzugehen, um Neues zu wagen.

Nicht immer ist es offensichtlich, wie ein Fehler zu beurteilen ist. Dazu müssen Sie mit dem Mitarbeiter sprechen. Versuchen Sie, ohne Vorverurteilung in das Gespräch zu gehen und offen gegenüber der Argumentation der Person zu sein. Auch ein Mitarbeiter, der schon zweimal fahrlässige Fehler begangen hat, kann beim dritten Mal einen intelligenten Fehler begangen haben. Wenn ein Mitarbeiter einen Fehler der ersten Kategorie gemacht hat, loben Sie ihn dafür. Die Person wird völlig verblüfft sein, denn das erwartet in dieser Situation niemand. Stellt sich heraus, dass es ein Fehler der zweiten Kategorie ist, sollte es Ihr Ziel sein, die Art des Fehlers wertschätzend zu klären und beim Mitarbeiter gegebenenfalls eine Einsicht über seinen Anteil zu erzielen. Die zweite Art von Fehlern können Sie bei der Einführung von Empowerment auch gelegentlich einfach tolerieren. Die dritte Art von Fehlern sollten Sie natürlich gegenüber den Betroffenen ansprechen und für die Zukunft unterbinden.

Wenn Sie von Ihren Mitarbeitern eine hohe Leistung fordern, sie selbstständig handeln lassen und auftretende Fehler akzeptieren, machen Sie als We-care-Leader bereits einen sehr guten Job. Damit Ihnen das zunehmend gelingt, verdeutliche ich auf den nächsten Seiten noch, welche geistige Haltung und welche Instrumente Sie dabei unterstützen.

Ihre Einstellung ist entscheidend

Welche Einstellung haben Sie gegenüber Ihren Mitarbeitern? Vielleicht haben Sie schon einmal vom Pygmalion-Effekt gehört. Der Name stammt von einer Figur der antiken Mythologie. Der Bildhauer Pygmalion schuf demnach eine Frauenstatue von solcher Schönheit, dass er sich in sie verliebte. Die Götter hatten Mitleid mit ihm und erweckten die Figur zum Leben. Der Pygmalion-Effekt besagt also, dass man etwas kraft seiner Gedanken zu Realität werden lässt. Der amerikanische Harvard-Professor Robert Rosenthal bewies dies für die Lehrer-Schüler-Interaktion. Er sprach Schulen an und gab vor, einen wissenschaftlichen Test durchzuführen. Verschiedene Klassen füllten den Test aus. Anschließend wurde den Klassenlehrern mitgeteilt, welche Schüler vor einem Entwicklungsschub stünden. Am Ende des Schuljahrs hatten diese

Schüler, dem Testergebnis entsprechend, ihren IQ überdurchschnittlich verbessert. Tatsächlich waren die Schüler aber nach dem Zufallsprinzip ausgewählt worden. Der Unterschied existierte also nur im Bewusstsein der Lehrer, und dennoch erfüllte sich die positive Erwartung. Wie lässt sich das erklären? Zum einen beeinflussen Einstellungen und Vorurteile das Verhalten und haben hier vermutlich zu besonderer Zuwendung der Lehrer geführt. Zum anderen gibt ein Lehrer seinen Schülern viele unbewusste Signale, die seine Einstellung zeigen.

Die Ergebnisse von Rosenthal wurden später wissenschaftlich kritisiert, denn sie gelten nur unter bestimmten Voraussetzungen. Trotzdem lässt sich der beschriebene Effekt sehr gut auf Führungskräfte übertragen. Auch diese transportieren über Mikrosignale ihre Einstellung.

Das Erste, was Sie nach außen signalisieren, ist Ihre grundsätzliche Sichtweise auf die Menschen. Wollen Mitarbeiter ihrem Wesen nach Leistung erbringen oder sind sie eher »Energieoptimierer«? Zeichnen sich die Menschen durch Mitdenken und selbstständiges Handeln aus oder sollte man doch besser von der prinzipiellen Dummheit anderer ausgehen? Sind die meisten Menschen eher ehrlich oder eher nicht? Was immer Sie von den Mitarbeitern im Allgemeinen denken, werden Sie auch durch Signale vermitteln.

Natürlich erleben wir tagtäglich Menschen, die nicht mitdenken, die Beamtenmentalität im negativen Sinne zeigen, die nicht ehrlich sind oder lustlos und einzig auf ihre eigenen Interessen fixiert handeln. Wir begegnen unhöflichen, ungeduldigen und unerträglichen Menschen. Wie also sind sie, die Menschen? Die richtige Antwort für einen Leader lautet:

> **Die meisten Menschen verhalten sich auf Dauer als ein Spiegelbild Ihrer Erwartungen an sie.**

Johann Wolfgang von Goethe hat es einmal so ausgedrückt:

»Wenn wir Menschen behandeln, wie sie sind, dann machen wir sie schlechter; wenn wir sie dagegen behandeln, als wären sie bereits so, was sie sein sollten, dann bringen wir sie dahin, wohin sie zu bringen sind.«[26]

Klingt das in Ihren Ohren etwas pathetisch oder vielleicht sogar naiv? Dass das Prinzip Vertrauen funktioniert, will ich Ihnen an einem Beispiel verdeutlichen:[27]

Würden Sie einem Menschen vertrauen, der als brutaler Schläger, Vergewaltiger oder Mörder rechtskräftig verurteilt wurde? Nein? Es gibt eine sehr gebildete Frau, die genau das tut. Ihr Name ist Dr. Dr. Mimi Silbert, und sie ist die Vorsitzende der Delancey Street Foundation. Diese Selbsthilfeorganisation hat es sich zur Aufgabe gemacht, verurteilte Straftäter zu resozialisieren. Die Foundation nimmt Drogenabhängige und Schwerverbrecher aus staatlichen Gefängnissen auf, die zum Teil bereits Jahrzehnte ihres Lebens im Gefängnis verbracht haben und von denen manche in der dritten Generation einsitzen. Diese Verurteilten haben die Wahl zwischen dem Gefängnis oder einer Teilnahme am Delancey-Programm. Manche wählen das Letztere, weil sie glauben, es dort leichter zu haben. Das dies nicht so ist und von ihnen eine ernsthafte Verhaltens- und Persönlichkeitsveränderung erwartet wird, merken sie schnell. Dementsprechend brechen circa 40 Prozent der Teilnehmer das Programm wieder ab und gehen in ein normales Gefängnis. Die 60 Prozent, die das Programm bis zum Ende durchlaufen, werden in der Folge nicht mehr straffällig und gliedern sich wieder vollständig in die Gesellschaft ein. Ganz im Gegensatz zu den staatlichen Gefängnissen, deren Insassen zu 67,5 Prozent innerhalb von drei Jahren wieder im Gefängnis landen, jeder Dritte innerhalb von sechs Monaten. Dagegen haben es 18 000 Absolventen des sich selbst finanzierenden Delancey-Programms geschafft, den Weg in ein normales Leben zu finden. Wie ist ein solcher Erfolg möglich? Er basiert auf dem Prinzip Vertrauen: dem Vertrauen, dass Menschen lernen und sich verändern können, und dem Vertrauen, dass jeder anderen etwas geben kann. Wie entsteht das Vertrauen? In den Gebäuden und Firmen der Foundation arbeiten nur ehemalige Gefängnisinsassen, die das Programm selbst durchlaufen und den Wechsel in ein normales Leben erfolgreich geschafft haben. Sie sind lebende Beispiele dafür, dass es funktioniert, und sie glauben daran, dass es der neu eintreffende Bewohner auch kann. Die einzige nicht vorbestrafte Person bei Delancey ist die Gründerin Mimi Silbert. Sie wohnte mit ihren Kindern im Delancey-Komplex. Ihre Zwillinge wuchsen dort zwischen ehemaligen Prostituierten und Schwerstverbrechern auf. Dies ist wohl der beste Beweis dafür, dass sie diesen Menschen zutraut, dass sie sich anders als bisher verhalten können. Für viele Teilnehmer, die bereits in der dritten Generation Gang-Mitglieder sind, ist es eine völlig neue Erfahrung, dass man ihnen vertraut und etwas Neues zutraut. Natürlich gibt es für die Verhaltensänderung dieser Straftäter noch andere wichtige Prinzipien, aber das Vertrauen ist eine der maßgeblichen Säulen.

Wir Menschen streben danach, die in uns gesetzten positiven Erwartungen zu erfüllen. Wenn Ihnen jemand signalisiert, dass er Sie für sehr intelligent hält, wollen Sie ihn dann durch Ihr Verhalten vom Gegenteil überzeugen? Wie sieht es aus, wenn jemand Sie für fleißig und motiviert hält? Würden Sie es fertigbringen, sich der Person gegenüber faul und unmotiviert zu verhalten? Nehmen wir mal an, Sie tun es trotzdem. Sie verhalten sich faul und unmotiviert, weil man Sie in der Vergangenheit einfach zu oft enttäuscht hat. Sie erwarten jetzt, dass die Person verärgert reagiert. Stattdessen erleben Sie, dass diese zwar etwas enttäuscht ist, aber an ihrer Meinung von Ihnen festhält. Und weil Ihr Verhalten im Widerspruch dazu steht, fragt die Person Sie ganz offen, warum Sie so gehandelt haben. Sie will es wirklich erfahren, weil sie es nicht verstehen kann. Sie versuchen, sich zu rechtfertigen. Sie merken während des Gesprächs, dass die andere Person immer noch fest daran glaubt, dass Sie fleißig und motiviert sind. Würden Sie es jetzt noch einmal fertigbringen, das Vertrauen und die Erwartung dieser Person zu enttäuschen? Wir Menschen wertschätzen es, wenn man Gutes von uns denkt, und wir wollen diesem Vertrauen entsprechen.

Ich höre schon das Gegenargument: »Ja, aber es gibt doch Leute, die sind, aus welchen Gründen auch immer, tatsächlich faul oder unmotiviert. Denen ist das Vertrauen egal, das du in sie setzt.« Richtig, solche Menschen gibt es. Von solchen Leistungsverweigerern muss man sich auf Dauer als Chef trennen. Das sind Sie auch den Teamkollegen, dem Unternehmen und den Shareholdern schuldig. Urteilen Sie aber nicht zu schnell. Manche dieser Mitarbeiter haben eine lange Leidensgeschichte in Unternehmen hinter sich und viele Kränkungen erfahren, bevor sie innerlich gekündigt haben. Interessiert sich jetzt aber ein neuer Vorgesetzter wirklich für so eine Person (We care!) und investiert über einen längeren Zeitraum Vertrauen in diese, kann es sein, dass sie ihre innere Kündigung zurücknimmt und wieder ein engagierter Mitarbeiter wird.

Mit Sicherheit ist dieses Thema nicht das Kernproblem der meisten Führungskräfte. Wenn Sie an die bisher von Ihnen geführten Teams zurückdenken: Wie viele Ihrer bisherigen Mitarbeiter entsprachen dann dieser Beschreibung des völlig faulen Leistungsverweigerers und Freizeitoptimierers? Im Normalfall sind es sehr wenige in der gesamten Karriere.

Die meisten Menschen verhalten sich auf Dauer so, wie Sie als Chef sie sehen und behandeln.

Als Chef bekommen Sie auf lange Sicht immer die Mitarbeiter, die Sie verdienen.

Man darf davon ausgehen, dass ein Chef, der sagt »Um mich herum sind nur Idioten«, diesen Titel am ehesten verdient.

Wie können Sie jetzt Ihr Vertrauen in Ihre Mitarbeiter stärken? Denken Sie einmal darüber nach, wie viel Vertrauen Sie in Ihre einzelnen Mitarbeiter setzen. Gehen Sie diese einzeln durch und bewerten sie jeweils auf einer Skala von 1 bis 10. Sie können, wenn Sie es wollen, auch noch mal unterscheiden zwischen Vertrauen und Zutrauen. Vertrauen sagt aus, als wie integer Sie die Person einstufen, und Zutrauen, für wie leistungsstark Sie die Person halten. Was würde passieren, wenn Sie die Mitarbeiter in Zukunft so behandeln, als hätten sie jeweils drei Punkte mehr auf der Skala? Wenn Sie jemanden als schwachen Mitarbeiter mit 4 Punkten einstufen, dann sagen Sie sich in Zukunft immer wieder: »In diesem Mann/dieser Frau steckt eine Sieben!«, und behandeln Sie ihn oder sie konsequent so. Wie wäre es mit einem Versuch?

Menschen wollen produktiv sein

Sie wissen jetzt, dass Ihre Einstellung zur Leistungsfähigkeit Ihrer Mitarbeiter erheblichen Einfluss auf deren tatsächliche Leistung hat. Dazu gehört auch Ihre grundsätzliche Sichtweise auf die Arbeitsmoral der Menschen. Nicht jeder Chef ist davon überzeugt, dass alle seine Mitarbeiter gern arbeiten und Leistung erbringen wollen. In der Tat gibt es, das konkrete Engagement betreffend, unterschiedliche Gruppen unter den Mitarbeitern, wie wir in Kapitel 7 noch sehen werden. Grundsätzlich lässt sich aber sagen, dass fast alle Arbeitnehmer zunächst über eine gute Motivation verfügen. Ob diese aber auch zur Geltung kommt und dauerhaft erhalten bleibt, hängt von verschiedenen Faktoren ab. Der mit großem Abstand wichtigste Faktor sind Sie und Ihre Art der Führung. Sie haben nämlich einen enormen Einfluss auf das Leben Ihrer Mitarbeiter, die mehr als die Hälfte ihrer Wachzeit mit Ihnen bzw. unter Ihrer Führung verbringen. Das ist wesentlich mehr als mit dem eigenen Lebenspartner und den eigenen Kindern. Lassen Sie mich Ihnen eine kleine Geschichte erzählen:

Ein Mann stirbt. Er erwacht an einem wunderschönen Ort. Vor ihm steht eine weiße Gestalt und fragt ihn: »Wie geht es dir?« Er antwortet: »Danke, gut. Wobei ich merke, dass ich etwas Hunger habe. Kann man hier etwas zu essen bekommen?« »Selbstverständlich«, antwortet die Lichtgestalt, »was hättest du denn gerne?« »Um ehrlich zu sein: Am liebsten würde ich ein Steak mit Bratkartoffeln und Speckböhnchen essen, aber so etwas gibt es hier ja wahrscheinlich nicht.« »Doch, natürlich«, sagt die weiße Gestalt und schnippt mit dem Finger. Sofort erscheint das Gewünschte, und es schmeckt dem Mann so köstlich wie kein Steak zuvor. Nach dem Essen fragt die weiße Gestalt: »Was möchtest du jetzt tun?« »Mmmmh, ich wollte schon immer einmal Golf spielen lernen. Das soll so entspannend sein. Kann man das hier machen?« »Kein Problem«, sagt die weiße Gestalt und schnippt mit dem Finger. Sofort erscheint ein fabelhafter 18-Loch-Golfplatz, und der Mann beginnt das Spiel zu lernen. So geht es Tag für Tag. Nach einiger Zeit wird dem Mann langweilig. Am Morgen kommt wieder die weiße Gestalt und fragt: »Was möchtest du heute tun?« Der Mann antwortet: »Ich würde gern mal etwas Produktives machen, irgendwas arbeiten.« Daraufhin schaut ihn die weiße Gestalt betroffen an und sagt: »Oh, das tut mir leid. Das ist das Einzige, was du hier nicht tun kannst. Du kannst nichts Produktives tun. Es gibt hier keine Arbeit.« Der Mann stutzt und stammelt nach einer Pause: »Ja, aber das ist ja die Hölle!« Da läuft die weiße Gestalt langsam rot an und antwortet: »Was glaubst du eigentlich, wo du hier bist!«

Diese Geschichte gefällt mir, denn sie verändert die Perspektive. Wir Menschen benötigen Gegensätze. Wir sehnen uns nach Urlaub, weil wir oft zu viel arbeiten oder allgemein unter Druck stehen. Aber nach einiger Zeit haben die meisten Menschen genug vom Urlaub. Dann wollen sie wieder produktiv sein. Immer nur die eine Seite zu erleben ist auf Dauer langweilig. Deshalb lieben Konditoren nach dem Hörensagen Salziges wie Wurst und Käse und Metzger Süßigkeiten. Wir vermissen den Gegenpool, wenn wir zu lange mit nur einer Seite leben.

Menschen wollen produktiv sein. Der oft zitierte Forscher Mihály Csíkszentmihályi (gesprochen etwa: *Mihaj Tschiksentmihaji*) hat in den 1970er Jahren den Zusammenhang von Glück und Produktivität erforscht. Dafür untersuchte er das Verhalten von Malern, Musikern, Schachmeistern, Chirurgen, Athleten und anderen Menschen, die in ihrer Arbeit Aktivitäten nachgingen, die sie mit Begeisterung taten und hervorragend beherrschten. Den von dieser Gruppe immer wieder beschriebenen Bewusstseinszustand nannte er Flow. Das ist ein Zustand, »bei dem man in eine Tätigkeit so vertieft ist, dass nichts anderes eine Rolle zu spielen scheint; die Erfahrung an sich ist so erfreulich, dass man es selbst um einen hohen Preis tut, einfach, um Flow zu erreichen«.[28] Dieser Flow-Zustand ergibt sich, wenn wir eine Herausforderung haben, die an uns im Vergleich zu anderen Aufgaben überdurchschnittliche bis hohe Anforderungen stellt, die wir mit unseren Fähigkeiten aber bewältigen können. Sind unsere Fähigkeiten dagegen zu gering für die Aufgabe, führt das zu Stress und auf Dauer zu Demotivation. Sind die Fähigkeiten dagegen zu hoch in Relation zur Anforderung, erzeugt das Langeweile und damit ebenfalls Demotivation.

Csíkszentmihályi stellte sich die Frage, wann Menschen dieses Flow-Erlebnis haben. Um das herauszufinden, gab er über 100 Männern und Frauen, die in verschiedensten Berufen ganztägig beschäftigt waren, für eine Woche einen elektronischen Empfänger mit, der nach dem Zufallsprinzip achtmal am Tag piepte. Immer dann schrieben die Teilnehmer auf, was sie gerade taten und wie sie sich dabei fühlten. Der Flow-Zustand wurde etwas abgeschwächt als Tätigkeit definiert, bei der die Herausforderung und die zu ihrer Lösung notwendigen Fähigkeiten über dem Durchschnitt der Woche lagen.

Erlebte Flow-Zustände der Beteiligten		
	im Job	in der Freizeit
Manager	64 %	15 %
Angestellte	51 %	16 %
Fließbandarbeiter	47 %	20 %

> ER VERMISST SEINEN FLOW!

Alle Menschen hatten deutlich mehr Flow-Erlebnisse im Job als im Privatleben. Das gilt sogar für Fließbandarbeiter. Laut Csíkszentmihályi ist das Gegenteil von Flow die Apathie. Dieser Zustand meint eine unterdurchschnittliche Herausforderung, die mit geringeren Fähigkeiten bewältigt werden kann, als aktuell zur Verfügung stehen. Der Zustand ist gekennzeichnet durch Passivität, Langeweile und daraus resultierend Unzufriedenheit. Manager erleben diesen im Job zum Beispiel durch Routinearbeit nur zu 11 Prozent, in der Freizeit aber zu erstaunlichen 61 Prozent. Ein Arbeiter hat zum Vergleich ein Verhältnis von 23 Prozent Apathie im Job zu 46 Prozent in der Freizeit. Der hohe Apathiewert von Managern in der Freizeit mag auch daran liegen, dass sie sich im Job verausgaben und keine Energie mehr für aktive Tätigkeiten in der Freizeit verbleibt. Wenn man jetzt noch berücksichtigt, dass in Deutschland ein Mensch über 14 Jahre im Durchschnitt knapp vier Stunden am Tag fernsieht, verwundern die hohen Prozentzahlen der Apathie in der Freizeit nicht wirklich. Csíkszentmihályi fasst es so zusammen:

»*Bei der Arbeit fühlen sich die Menschen geschickt und herausgefordert und daher glücklicher, stärker, kreativer und zufriedener. In der Freizeit haben sie im Allgemeinen nicht viel zu tun und ihre Fähigkeiten bleiben ungenutzt, daher fühlen sie sich eher traurig, schwach, gelangweilt und unzufrieden.*«[29]

Fakt ist, dass Menschen produktiv sein wollen. Wir wollen Herausforderungen bewältigen, bei denen wir mit unseren Fähigkeiten an unsere Grenze kommen, die wir aber noch schaffen können. Solche Herausforderungen erleben wir im Beruf mehr als doppelt (Fließbandarbeiter) bis viermal (Manager) so oft wie in der Freizeit.

Der Mensch strebt danach, produktiv zu sein und Flow-Erlebnisse zu empfinden. Beides erlebt er hauptsächlich im Beruf.

Ob jemand Flow erlebt, hängt vor allem davon ab, ob er die für seine Fähigkeiten richtigen und ihn im richtigen Maß herausfordernden Aufgaben bekommt. Ob das wiederum der Fall ist, entscheiden hauptsächlich Sie.

Fordern Sie Ihre Mitarbeiter

Menschen sind also motiviert zu arbeiten, weil sie hier den Flow erleben und sich dadurch zum Teil glücklicher, stärker und kreativer fühlen als in der Freizeit. Ihre Mitarbeiter wollen Leistung erbringen. Der Wille ist also da. Natürlich schafft es aber nicht jeder, eine sehr gute Leistung zu erbringen, denn diese hängt auch von den Fähigkeiten ab. Ideal für Sie als Chef sind die besonders leistungsorientierten und -fähigen Mitarbeiter, neudeutsch auch High Performer genannt. Warum aber sollen diese sich gerade für Sie als Chef entscheiden bzw. zu Ihnen kommen? Was macht das Arbeiten bei Ihnen für talentierte, hoch qualifizierte und motivierte Wissensarbeiter interessanter als das Arbeiten in anderen Abteilungen oder Unternehmen? Die Antwort auf die Frage lautet: persönliches Wachstum! Nichts wollen hoch qualifizierte Arbeitnehmer mehr. Und da Chefs, die ihren Mitarbeitern persönliches Wachstum ermöglichen, nicht gerade weitverbreitet sind, liegt hier für Sie eine große Chance, exzellente Mitarbeiter zu gewinnen und zu halten. Was genau fördert nun systematisches Wachstum? Dazu gehören drei Bausteine:

- professionelles und regelmäßiges Feedback,
- gezielte Aufgabenübertragung,
- ein Karriereentwicklungsplan.

Ich bin mir bewusst, dass diese Themen für Sie nicht sehr innovativ und wahrscheinlich auch nicht unbedingt spannend klingen. Aber sie machen den großen Unterschied für die wahrgenommene Qualität Ihrer Führung. Jede Führungskraft kennt zwar die Schlagworte, aber nur ein sehr kleiner Prozentsatz erzielt eine tatsächliche Meisterschaft in deren Umsetzung. Betrachten wir die drei Bestandteile deshalb einmal näher und sehen wir, was ein herausragender We-care-Leader zu leisten imstande ist.

Professionelles und regelmäßiges Feedback

Laut einer im Vergleich zu vielen anderen sehr glaubhaften Studie, die im Auftrag des Bundesministeriums für Arbeit erstellt wurde (siehe Kapitel 7), haben nur 36 Prozent der Arbeitnehmer in Deutschland den Eindruck, ausreichend Anerkennung zu bekommen. Das bedeutet, dass knapp zwei von drei Arbeitnehmern den Eindruck haben, sie bekämen kein oder zu wenig positives Feedback. Beim kritischen Feedback dürfte die Prozentzahl zwar höher liegen, ich vermute aber, dass auch dieses oft in einer unprofessionellen und damit demotivierenden Form gegeben wird. Sogar ein kritisches Feedback kann nämlich motivierend wirken, wenn es professionell ist und der Mitarbeiter dadurch für sich Wachstumsmöglichkeiten erkennt. Warum gibt es aber so wenig qualifiziertes Feedback? Zu einem guten Feedback gehört zuerst einmal, den Mitarbeiter zu beobachten und sich ernsthaft für ihn und seine Arbeit zu interessieren. Allein daran scheitern leider schon viele Vorgesetzte.

Gehen wir es einmal von einer anderen Seite an: Bei welchen Unternehmen können herausragende Absolventen von Hochschulen sich als Persönlichkeiten am schnellsten weiterentwickeln und lernen? Im Allgemeinen sagt man, dass sei bei den Beratungen McKinsey, BCG und Co. der Fall. Liegt die steile Lernkurve der neu eingestellten Berater an den in den Anzeigenkampagnen dargestellten spannenden und wechselnden internationalen Projekten? Wenn ich den Unternehmensberatern aus meinem Umfeld glauben darf, wohl kaum. Die jungen Consultants sind oft über ein Jahr beim gleichen Kunden, der seine Unternehmenszentrale nicht selten irgendwo in der tiefen Provinz hat. Internationale Erfahrung sammelt nur ein sehr kleiner Teil der Leute, und die eigentliche Arbeit des Beraters ist manchmal eintöniger, als man glauben mag. Ein tatsächlicher Grund für die schnelle Entwicklung, die viele in den ersten Jahren machen, ist dagegen der institutionalisierte Feedbackprozess. Berater erhalten nach Beendigung jedes Projekt und bei längeren Projekten auch zwischendurch einen formalen und schriftlichen »Performance Review« mit einer dezidierten Rückmeldung zur eigenen Leistung. Unabhängig davon erhält der Berater auch im Projektverlauf regelmäßig Feedback. Ein McKinsey-Berater schreibt:

»*Von den (McKinsey-)Managern, für die ich besonders gerne gearbeitet habe, bekam ich ungefähr zweimal pro Woche Feedback – das war einer der Schlüssel zu meinem Erfolg. [...] Ich war nicht so gut, als ich bei McKinsey anfing. Aber ich wurde gut durch Feedback. Wenn man dir nicht ein- oder zweimal in der Woche Feedback gibt, dann frage danach.*«[30]

Ein anderes sehr elitäres Unternehmen, das den Ruf hat, die Besten anzuziehen und auch einzustellen, ist in der Finanzbranche Goldman Sachs. Der Harvard-Professor und ehemalige stellvertretende Vorsitzende der Goldman Sachs Group, Robert Steven Kaplan, schreibt dazu in seinem hervorragenden Leadership-Buch *What to ask the person in the mirror*:

»Für eine Führungskraft ist es wichtig, dass alle im Unternehmen sich dafür zuständig fühlen, Feedback zu geben und zu fordern.

Wer trägt in einer Organisation die Verantwortung für Feedback? Früher erzählte ich jeder neuen Gruppe von Goldman-Sachs-Mitarbeitern, dass es zu 100 Prozent die Aufgabe des Mitarbeiters sei, sich Feedback zu holen – um sich über entscheidende Stärken und Schwächen klar zu werden und Maßnahmen zum Umgang mit den Schwächen bestimmen zu können. Gleichzeitig erzählte ich jeder Gruppe von Führungskräften regelmäßig, dass es zu 100 Prozent ihre Aufgabe sei, den Mitarbeitern Feedback zu geben.

War das ein Scherz? Konnte ich mich nicht entscheiden? Nein. Was ich erreichen wollte und will, ist, dass Nachwuchskräfte sich ›verantwortlich‹ fühlen, Feedback einzuholen, und dass leitende Angestellte sich ›verantwortlich‹ fühlen, Feedback zu geben. Nur wenn beiden Seiten diese Grundeinstellung haben, ist es möglich, eine wirkliche Lernkultur zu schaffen, in der effektives Coaching stattfinden kann. Jeder Mitarbeiter ist in einem solchen Umfeld am Weiterbildungsprozess beteiligt, niemand bleibt auf der Strecke, und die Menschen können sich darauf verlassen, dass sie die Gelegenheit haben werden, zu wachsen und lernen und sich zu entwickeln.

Es kann nicht das letztendliche Ziel sein, dass jeder Mitarbeiter befördert wird oder die höchste Gehaltsstufe erreicht. Aber allen sollte im Beruf die Gelegenheit gegeben werden, ihr Potenzial voll auszuschöpfen.«[31]

Es ist kein Zufall, dass Inbegriffe für unternehmerische Hochleistungskulturen wie McKinsey, Goldman Sachs und GE enormen Wert auf regelmäßiges und professionelles Feedback legen. Es muss sicher nicht zweimal in der Woche sein, aber dem Mitarbeiter nur einmal im Jahr beim Mitarbeiterjahresgespräch eine differenzierte Rückmeldung zu geben, wie es manche Vorgesetzte tun, bedeutet ein glattes »Mangelhaft« in Führung. Gar nicht zu reden von Führungskräften, die noch nicht einmal ein Jahresgespräch führen. Wenn Sie Ihren Mitarbeitern regelmäßig Feedback geben, dann wissen diese genau, welches Stärken Sie bei ihnen sehen und welche Entwicklungsfelder. Feedback können Sie bei jeder passenden Gelegenheit geben. Mindestens zweimal im Jahr, besser dreimal, sollten Sie es aber in Form eines strukturierten Mitarbeitergesprächs aufbereiten. Falls Sie sich die wichtigsten Regeln für professionelles Feedback noch einmal anhand von Beispielen vergegenwärtigen wollen, finden Sie diese unter: www.alexander-groth.de/professionelles-feedback-geben.

Im Hinblick auf eine glaubhafte »Feedbackkultur« empfehle ich Ihnen, Feedback regelmäßig auch für sich selbst einzufordern. Je weiter Sie auf der Karriereleiter nach oben kommen, desto schwieriger wird es jedoch, ungefiltertes Feedback zu erhalten. Kaplan beschreibt sehr anschaulich, wie er sich auf der Vorstandsetage von Goldman Sachs Feedback einholte. Ihm war aufgefallen, dass die Leute, die mit dem Aufzug auf diese Etage kamen, ihr bestes Verhalten an den Tag legten und dabei sehr vorsichtig und höflich formulierten.

»Wenn ich Mitarbeiter das erste Mal um konstruktives Feedback bitte, antworten die meisten zunächst, dass ich in jeder Hinsicht ›alles richtig‹ mache. Wenn ich dann nachhake und frage: ›Aber was sollte ich anders machen?‹, entgegnen sie: ›Da fällt mir eigentlich nichts ein.‹ Dann fordere ich sie heraus, indem ich sage: ›Irgendetwas muss es doch geben!‹, aber sie bleiben dabei: ›Nein, wirklich nicht, ich wüsste nichts.‹

Daraufhin bitte ich sie, es sich bequem zu machen und noch ein wenig zu überlegen. ›Wir haben genug Zeit‹, füge ich noch hinzu. In den meisten Fällen wird es dann unangenehm still. Auf der Stirn der Mitarbeiter bilden sich Schweißperlen. Wahrscheinlich denken sie: ›Ach du lieber Himmel, der Typ meint es wirklich ernst – was soll ich jetzt bloß sagen?‹

In dieser Situation setzen manche von ihnen zum Sprechen an, aber beherrschen sich im letzten Augenblick. Dann bohre ich nach: ›Was wollten Sie gerade sagen? Nur raus mit der Sprache!‹

Das ist der Moment, in dem manche von ihnen plötzlich mit etwas herausplatzen, an das sie die ganze Zeit gedacht haben, das sie aber nicht auszusprechen wagten. Dieses ›etwas‹ ist meist verheerend – weil es sich um grundlegende Kritik handelt, weil ich weiß, dass sie Recht haben, und mir klar wird, dass die meisten Menschen im Unternehmen wahrscheinlich dasselbe denken.

Das tut weh! Wer jemals in der gleichen Situation war, weiß, dass es dann gilt, die Fassung zu bewahren und dem Mitarbeiter für sein Feedback zu danken, um dann auf der Stelle einen guten Freund oder eine Vertrauensperson anzurufen und zu fragen, ob dieser Kritikpunkt wirklich stimmt. Sehr wahrscheinlich wird Ihr Gesprächspartner dann kurz innehalten und sagen: ›Ehrlich gesagt, klingt das schon nach dir.‹«[32]

Gezielte Aufgabenübertragung

Manche Führungskräfte glauben auch heute noch, Weiterbildung fände in Seminaren statt. Viel wichtiger ist aber immer das Lernen »on the Job« durch neue Aufgaben, bei denen sich der Mitarbeiter weiterentwickeln kann. Zum Thema Wachstum und Lernen möchte ich Ihnen eine Metapher vorstellen, die leicht im Gedächtnis bleibt:

Jeder Mensch hat eine Komfortzone. Innerhalb derselben kann er alle Aufgaben souverän und ohne größere Anstrengungen bewältigen. In der Komfortzone ist es kuschelig und sicher, um die Komfortzone herum liegt die Wachstumszone. Alle Aufgaben, die in dieser Zone liegen, sind nicht mehr sicher, sondern eine Herausforderung. Es besteht eine nicht unerhebliche Chance, Fehler zu machen und sich vielleicht sogar zu blamieren. Nach der Wachstumszone kommt die Panikzone. Alle Aufgaben in dieser Zone überfordern den Mitarbeiter so stark, dass er in Panik gerät.

Nehmen wir an, Sie haben einen noch sehr jungen Mitarbeiter ohne Präsentationserfahrung. Damit er diese bekommt, übertragen Sie ihm die Aufgabe, eine Präsentation vor Ihnen und zwei Kolleginnen zu halten. Die Aufgabe liegt außerhalb seiner Komfortzone. Er fühlt sich unsicher und sieht das Risiko, sich zu blamieren. Hält er die Präsentation erfolgreich und macht noch ein paar weitere, ist das Präsentieren vor drei Kollegen Teil seiner Komfortzone geworden. Diese ist also gewachsen. Wenn Sie ihn jetzt auffordern, eine Präsentation vor 20 Kollegen unter Anwesenheit Ihres Vorgesetzten zu halten, wird das wieder als Herausforderung gesehen und liegt damit erneut in der Wachstumszone. Aber auch daran gewöhnt sich der Mitarbeiter mit der Zeit, und die Komfortzone hat sich wieder vergrößert. Wenn Sie die Person jetzt aber ohne jede Übung und gegen ihren Willen vor 300 Leuten präsentieren lassen, schubsen Sie denjenigen wahrscheinlich direkt in Panikzone. Spätestens wenn die Person auf der Bühne steht und 300 Augenpaare schauen sie an, ist das Großhirn nur noch mit dem Versuch beschäftigt, die den Körper flutenden Kampf- oder Flucht-Hormone zu verarbeiten.

Mithilfe dieser drei Zonen lassen sich die Bedürfnisse Ihrer Mitarbeiter gut darstellen. Insbesondere hoch qualifizierte und sehr motivierte Wissensarbeiter wollen einen guten Teil ihrer Arbeitszeit in der Wachstumszone verbringen. Sie haben Spaß daran, sich neuen Herausforderungen zu stellen. Für Sie ist es wichtig, nicht immer in der gemäßigten Wachstumszone nahe der Komfortzone zu bleiben, sondern auch regelmäßig an die Grenze zwischen Wachstums- und Panikzone zu stoßen. Von dort aus können sie in den Panikbereich schauen und sehen, welche Wachstumsmöglichkeiten vor ihnen liegen. Wenn sie dagegen den Großteil ihrer Zeit in der Komfort- und der gemäßigten Wachstumszone verbringen müssen, schleicht sich schnell der Gedanke ein, woanders mehr lernen und sich besser entwickeln zu können. Insbesondere die talentiertesten Mitarbeiter wollen gezielte Aufgabenübertragung verbunden mit klarem Feedback zu ihrer Leistung. Wenn das der Fall ist und sie den Eindruck haben, viel zu lernen und auch weiterhin lernen zu können, löst das eine hohe Motivation bei ihnen aus.

Stellen Sie sich daher folgende Fragen:

- ▶ Wie kann ich mit einer Aufgabe in der Wachstumszone die Stärken des Mitarbeiters unterstützen und weiterentwickeln?
- ▶ Wo sehe ich ihn langfristig und wo sieht er sich selbst? Welche Aufgabe, die er für die zukünftige Position beherrschen muss, will ich ihm deshalb heute schon geben?

Leider verteilen immer noch viele Führungskräfte Aufgaben nach dem Prinzip des leeren Schreibtischs. Wenn eine neue Aufgabe anfällt, bekommt sie derjenige, der anscheinend gerade am wenigsten zu tun hat. Bevorzugt gibt man die Aufgabe jemandem, von dem man weiß, dass er sie zur vollsten Zufriedenheit erledigt, weil die Aufgabe innerhalb seiner Komfortzone liegt. Das ist bequem und sicher für die Führungskraft, bringt aber die Mitarbeiter nicht weiter. Geben Sie Ihren Mitarbeitern kontinuierlich Entwicklungschancen. Sie heben sich dadurch deutlich von Chefs ab, die über Entwicklung nur alle zwölf Monate anlässlich des Mitarbeiterjahresgesprächs nachdenken, weil sie hier meist verpflichtet sind, Entwicklungsziele einzutragen.

Nun gibt es aber neben den hoch motivierten Bestleistern, die immer neue Herausforderungen suchen, auch die Mitarbeiter, die den größeren Teil ihrer Arbeitszeit lieber in der Komfortzone und nur einen kleineren in der Wachstumszone verbringen wollen. Die meisten Menschen haben den Eindruck, dass wir in einer besonders stressigen und hektischen Zeit leben. Die Arbeit wird nicht weniger, sondern immer mehr. Viele sind deshalb nicht begeistert, wenn sie neue Aufgaben übernehmen sollen, die eine deutliche Herausforderung für sie darstellen. Trotzdem sollten Sie auch diesen Mitarbeitern regelmäßig Wachstumsaufgaben übertragen. Unter Umständen lehnen sie dankend ab. Als Führungskraft können Sie es manchmal kaum fassen, wenn ein Mitarbeiter die angebotene Chance nicht nutzen will. Was können Sie da tun? Meine Empfehlung: Führen Sie die Person trotzdem aus der Komfortzone in die Wachstumszone. Dafür gibt es einen ganz einfachen Grund:

> **Mitarbeiter lieben es, wenn man sie aus der Komfortzone schubst…**
> **im Nachhinein.**

Meine Erfahrung ist, dass Mitarbeiter im Nachhinein sehr dankbar sind, wenn sie eine Herausforderung, die sie sich selbst vielleicht gar nicht zugetraut hätten, mit Bravour bewältigt haben. Genau so ist auch das Anfangszitat dieses Kapitels von Emerson zu verstehen. Denken Sie an die Worte meines Chefs: »Sie werden sich später mal, wenn Sie zurückdenken, immer an die Chefs erinnern, die Sie am meisten gefordert haben.« Wie ist das bei Ihnen? An wen erinnern Sie sich? Und hat diese Person Sie gefordert? Wer ist Ihnen als Lehrer aus der Schule noch *positiv* im Gedächtnis? Meistens sind es auch hier diejenigen, die uns gefordert haben. Der Untertitel des Kapitels lautet »Was gute Mitarbeiter wollen, ohne es selbst zu wissen«. Mitarbeiter wollen lernen, sie wollen sich entwickeln und sie wollen Erfolge haben. Manchmal brauchen sie jemanden, der sie dazu bringt, all das zu erreichen. Das ist Ihr Job als Chef.

Sie können eine Aufgabe mit Wachstumschancen übrigens manchmal auch einem noch nicht so erfahrenen Mitarbeiter geben, der etwas lernen soll, und ihm einen erfahrenen Mitarbeiter an die Seite stellen, der die Verantwortung dafür übernimmt. Letzteren sollten Sie dafür persönlich ansprechen und ihn um seine Mithilfe als Coach bitten. Der eine lernt dann die Inhalte der Aufgabe kennen, der andere übt coachen und führen.

Ihr Karriereentwicklungsplan

Vielleicht fragen Sie sich jetzt, welche Art von Wachstumsaufgaben Sie Ihren Führungskräften und Mitarbeitern stellen sollen. Auch darauf gibt es eine klare Antwort: Welche Aufgaben geeignet sind, hängt davon ab, für welche Stelle Sie den Mitarbeiter entwickeln wollen. Der bereits erwähnte Prof. Robert S. Kaplan zählt zu den wichtigsten Aufgaben des Leaders die Nachfolgeplanung verbunden mit der passenden Delegation. Er beschreibt, wie in seiner Tätigkeit bei Goldman Sachs frei werdende Leadership-Positionen besetzt wurden. Für eine neu zu besetzende Stelle sichtete man immer zuerst die internen Kandidaten, bevor man sich externe anschaute. Bei der Diskussion wurde jeweils auch besprochen, wer die Kandidaten auf deren alter Stelle im Fall der Beförderung ersetzen könnte. Hatten die Führungskräfte einen oder mehrere potenzielle Nachfolger aufgebaut, die der Übernahme der Position ihres jetzigen Chefs gewachsen waren? Wenn das nicht der Fall war, wurde geprüft, wie es bei dieser Führungskraft in der Vergangenheit gewesen war. Wenn jemand es auch da versäumt hatte, gute Leute als Nachfolger aufzubauen, strich man die Person von der Liste der Kandidaten. Der

Gedanke dahinter: Wieso sollte man jemanden in eine hohe Managementposition mit noch mehr Verantwortung befördern, wenn die Person es schon bei den bisherigen Stellen nicht geschafft hatte, Talente zu entwickeln? Bei Goldman Sachs zählt das Entwickeln von Nachwuchstalenten zu den zentralen Leadership-Funktionen.

Zu Ihrem Karriereentwicklungsplan gehört, für die wichtigsten Positionen in Ihrem Verantwortungsbereich geeignete Nachfolger aufzubauen. Das gilt nicht zuletzt auch für Ihre eigene Position. Der ein oder andere Leser mag jetzt vielleicht einwenden, was denn mit Kandidaten passiere, die man entwickelt hat und denen man dann aber in absehbarer Zeit keine passende Position anbieten kann. Diese wären doch nahezu gezwungen, das Unternehmen zu verlassen, wenn sie weiter Karriere machen wollten. Ja, das mag sein, aber was wäre die Alternative? Die Top-Potenziale Ihres Bereichs (oder des gesamten Unternehmens) brachliegen zu lassen? Sie nur in der Komfortzone und der gemäßigten Wachstumszone zu entwickeln, damit sie nicht so schnell wachsen? Sie wissen, dass sehr gute Mitarbeiter interessante Aufgaben fordern. Wenn sie diese nicht bekommen, verlassen sie das Unternehmen sehr schnell. Auf diese Weise verdrängen schwache Führungskräfte kontinuierlich die Top-Potenziale aus ihrem Bereich, weil sie ihnen keine spannenden Projekte und damit Wachstumsmöglichkeiten bieten. Dahinter steckt die Angst, sich potenzielle Konkurrenten heranzuziehen. Wenn die Mitarbeiter dagegen den Eindruck haben, dass man an ihre Fähigkeiten glaubt und ihnen immer wieder Chancen gibt, bringen sie oft einen enormen Einsatz. Nur so erzielen Sie Bestleistungen, und nur so haben Sie genügend gute Leute für die Nachfolge bei der Besetzung wichtiger Positionen.

In einem ersten Schritt für den Karriereentwicklungsplan identifizieren Sie geeignete Kandidaten für die wichtigsten Positionen in Ihrem Bereich. Dann schauen Sie sich an, was diese bereits können und wo sie noch Entwicklungspotenzial haben, damit sie der größeren Führungsaufgabe später gerecht werden. Sagen Sie den Kandidaten nicht, dass sie als Nachfolger aufgebaut werden sollen. Nichts ist demotivierender für andere ambitionierte Mitarbeiter als das Wissen, dass man gegen den Favoriten sowieso keine Chance hat. Lassen Sie die Entscheidung bis zum Schluss offen. Machen Sie es wie Bundestrainer Jogi Löw, der mit seinem Trainerteam jeden einzelnen Spieler möglichst gut entwickelt und dann zum Schluss entscheidet, wer als Spieler bei einer Welt- oder Europameisterschaft mitfahren darf. Die Tatsache, dass es keine gesetzten Favoriten gibt, sorgt für einen gesunden Wettbewerb. Auch wenn Sie einem Kandidaten nicht sagen, dass Sie ihn zum Nachfolger für eine obere Position aufbauen, wird er natürlich merken, dass Sie ihm kontinuierlich sehr herausfordernde Aufgaben mit immer mehr Verantwortungs- und Machtbefugnissen geben. Die Mitarbeiter rechtfertigen das, indem sie motiviert ihre maximale Leistung bringen. Gute Nachfolger aufzubauen ist einzig und allein Ihre Verantwortung.

Was passiert nun, wenn Sie den Top-Talenten keine gezielten Aufgaben für deren Entwicklung geben? Dann ist die Wahrscheinlichkeit groß, dass Sie auch schlecht delegieren und alle Entscheidungen bei Ihnen zusammenlaufen. Sie sind damit der Engpass aller wichtigen Prozesse. Es ist daher äußerst sinnvoll, dass Sie lernen, auch Teile der wirklich wichtigen Aufgaben zu delegieren. Manche Vorgesetzte tun das nicht, weil sie damit in der Vergangenheit schlechte Erfahrungen gemacht haben. Dies liegt zum Teil aber auch daran, dass diese Verantwortung nicht systematisch delegiert wurde. Wem geben Sie welche wichtige Aufgabe? Diese Frage lässt sich kaum sinnvoll beantworten, wenn Sie nicht wissen, wen sie für welche Stelle entwickeln wollen. Wenn Sie sich dagegen im Klaren darüber sind, für welche Position Sie jemanden als Nachfolger aufbauen wollen, können Sie ihm nach und nach genau die Aufgaben geben, die zu dieser Position hinführen. Diese von Ihnen entwickelten Kandidaten bringen meist nicht nur eine ordentliche Leistungen, sondern übertreffen Sie vielleicht sogar, da sie mehr Zeit, Energie und Kreativität in die Aufgabe investieren, als Sie es aufgrund Ihrer vielen Projekte könnten.

Handlungsempfehlungen

1. Empowern Sie Ihre Mitarbeiter abhängig von deren Kompetenzen, der Reife der Persönlichkeit und der Vorerfahrung mit Empowerment.
2. Erhöhen Sie die Stufen des Empowerments Schritt für Schritt, sodass sowohl Ihre Mitarbeiter als auch Sie selbst sich daran gewöhnen können.

3. Beurteilen Sie Fehler differenziert und loben Sie diese sogar, wenn sie auf klugen und nachvollziehbaren Annahmen beruhen.
4. Bewerten Sie auf einer Skala von 1 bis 10 Ihr Vertrauen und Ihr Zutrauen in jeden einzelnen Mitarbeiter und behandeln Sie die Menschen dann, als hätten sie jeweils drei Punkte mehr.
5. Sorgen Sie durch regelmäßiges professionelles Feedback für systematische Entwicklung.
6. Stellen Sie durch gezielte Aufgabenübertragung sicher, dass Ihre Mitarbeiter sich regelmäßig in der Wachstumszone befinden. Lassen Sie insbesondere die Bestleister dabei gelegentlich an die Panikzone stoßen.
7. Bauen Sie systematisch Nachfolger für alle wichtigen Stellen inklusive Ihrer eigenen auf. Delegieren Sie Aufgaben gezielt, um Mitarbeiter auf eine bestimmte Position hin zu entwickeln.

6. Das Beste fördern
Warum Sie Ihre Mitarbeiter nicht verändern müssen

Ein Mitarbeiter sollte niemals mit einer Führungsaufgabe betraut werden,
wenn er sich mit den Kompetenzdefiziten seiner Leute abplagt,
statt deren Stärken zu nutzen.
Peter F. Drucker (Begründer der modernen Managementlehre)

Ein neuer Kollege hatte gerade erst vor vier Monaten als Qualitätsmanager zu arbeiten begonnen, als die Nachricht die Runde machte, er würde uns wieder verlassen. Da er ein netter Kerl war und – wie ich hörte – auch einen sehr guten Job machte, fragte ich ihn bei nächster Gelegenheit, warum er gehen würde. Er erzählte mir, sein Traum sei schon seit einiger Zeit, Personalentwickler zu werden. Vor einem halben Jahr hatte er sich auf mehrere Stellen als Qualitätsmanager und auch als Personalentwickler beworben. Angebote habe er aber nur für Erstere erhalten, weil er darin bereits jahrelange Erfahrung hatte. Er entschied sich für unser Unternehmen und insbesondere für unseren Chef. Nun war die Zusage von einem Unternehmen gekommen, bei dem er sich vor fünf Monaten vorgestellt hatte. Dort konnte er im Personalbereich in der Führungskräfteentwicklung anfangen. Das war sein absoluter Traumjob.

Es war für ihn verständlicherweise ein großes Problem, unserem Chef das zu sagen, denn dieser hatte die Stelle extra auf ihn zugeschnitten, damit er sich für uns entschied. Einem sehr guten Chef, der alle Hebel in Bewegung gesetzt hatte, um eine Einstellung zu ermöglichen, nach nur vier Monaten zu kündigen grenzte schon an Unverschämtheit. Er nahm nach einer Woche mit schlaflosen Nächten seinen ganzen Mut zusammen und ging zu unserem Chef. Er erzählte ihm, dass dies sein Traumjob sei und dass er ihn gerne annehmen wolle. Unser Chef reagierte laut seiner Erzählung so: »Machen Sie es! Sie können das. Sie sind zwar erst vier Monate hier, aber ich habe schon wahrgenommen, dass Sie ein gutes Gespür im Umgang mit Menschen haben. Der Job passt zu Ihnen, und wenn das Ihr Traum ist, setzen Sie ihn um, Sie würden es sonst später bereuen.«

Der Kollege war enorm erleichtert und gleichzeitig verblüfft, denn unser Chef zeigte keinen Groll und machte keine Vorwürfe, sondern redete mit ihm so, als hätte nicht er die ganze Arbeit mit der Neubesetzung der Stelle.

Meinem Chef war es immer ein Anliegen, seine Mitarbeiter zu entwickeln und ihr Potenzial voll zu entfalten. Deshalb sah er selbst im genannten Fall zuerst einmal die Entwicklungschance für den Kollegen. Wenn Ihre Mitarbeiter den Eindruck haben, ihr Potenzial einbringen und sich gleichzeitig weiterentwickeln zu können, erzeugt das Motivation. Vor allem aber ermöglicht es, was alle Führungskräfte wollen: Spitzenleistung!

In diesem Kapitel werden wir uns damit beschäftigen, wie Sie es schaffen, mit Ihrem Team langfristig Bestleistungen zu erzielen. Dabei stellen wir uns zwei Fragen. Die erste Frage ist, wie Sie Ihre vorhandenen Mitarbeiter so fördern können, dass diese zu herausragenden Leistungen befähigt werden. Die zweite Frage wird dann sein, wie Sie sich im Lauf der Zeit ein Spitzenteam zusammenstellen, indem Sie die richtigen Leute einstellen und befördern.

Beginnen wir mit der Frage, wie Sie es schaffen, dass Ihre Mitarbeiter die beste ihnen mögliche Leistung erbringen. Die Antwort lautet:

> **Entwickeln Sie die Stärken Ihrer Mitarbeiter. Dann und nur dann erzielen Sie langfristig Bestleistungen.**

»Ach«, werden Sie denken, »da wäre ich ja niemals drauf gekommen.« Aber so banal, wie dieser Satz im ersten Moment klingt, ist er nicht. Er ist nur einfach. Er wäre banal, wenn sich alle Unternehmen und Führungskräfte daran halten würden. Da das aber eher die Ausnahme als die Regel ist, kann man diesen Satz getrost als eine der Kernaussagen dieses Buchs bezeichnen.

Warum ist es so wichtig, auf Stärken zu bauen? Weil Ihre Mitarbeiter sich von Ihnen nicht verändern lassen. Genau das versuchen aber unzählige Führungskräfte tagtäglich. Natürlich können Sie den Mitarbeitern ein paar neue Fähigkeiten und Verhaltensweisen vermitteln, aber die Persönlichkeit ändern Sie nicht. Viele Eigenschaften behalten wir ein Leben lang.

Persönlichkeitsmerkmale sind relativ stabil

Sehen wir uns ein Beispiel an: Menschen sind entweder introvertiert oder extravertiert, meist eine Mischform von beidem. Menschen, die sich in der Mitte des Spektrums befinden, nennt man Ambivertierte. Der Unterschied zwischen den Intro- und den Extravertierten ist nicht etwa, wie viele glauben, die Menge und Länge der Redebeiträge, auch wenn das sicherlich eine Rolle spielt. Das wesentliche Kriterium ist die Energieaufnahme. Introvertierte Menschen tanken Energie auf, wenn sie allein sind. Natürlich wollen sie auch andere Menschen treffen, aber sie brauchen ihre ungestörten Zeiten für sich. Extravertierte Menschen bauen dagegen Energie auf, wenn sie mit anderen zusammen sind. Ein früherer Kollege von mir, der sehr extravertiert war, sagte mir einmal, er liebe es, Veranstaltungen so zu legen, dass er fünf Tage am Stück mit Kundengruppen im Seminar zusammen sei. Danach sei er so richtig energiegeladen. Für einen Introvertierten ist allein die Vorstellung schon unangenehm.

Ich las einmal einen Bericht über ein Paar, das sich nach vielen Jahren trennte. Die beste Freundin empfiehlt der Frau ein Hotel an der Nordsee, wo weit und breit kein Mensch sei. Dort könne man stundenlange Spaziergänge machen und mal über alles so richtig in Ruhe nachdenken. Die Frau lässt sich überzeugen und reist allein in dieses Hotel. Dort angekommen, erlebt sie die Zeit als hochgradig deprimierend, sie ist nämlich stark extravertiert und brauchte in dieser Situation den Austausch mit anderen. Aber nicht mal Handyempfang oder WLAN hat man dort. Das tagelange Einsamsein wäre für die introvertierte Freundin ein guter Ort für die Innenschau und das Sortieren der Gefühle. Für die Extravertierte aber sind das Hotel und die reizarme Wattenlandschaft ein wahrer Horrortrip.

Introversion und Extraversion sind größtenteils genetisch bedingt. Warum bauen Extravertierte beim Zusammensein mit anderen Energie auf und Introvertierte eher ab? Extravertierte richten ihre Aufmerksamkeit nach außen, sie benötigen viele Reize und äußere Anregungen, da sie sich sonst langweilen. Introvertierte richten ihre Aufmerksamkeit stärker nach innen, auf das eigene Denken, und wollen weniger Reize, weil sie sich bei zu vielen davon gestresst fühlen. Der Grund dafür ist, dass ab einem gewissen Punkt das sogenannte willkürliche Nervensystem signalisiert »So, jetzt langt es mir. Ich will jetzt Ruhe!«, wenn zu viele Reize auf die Person einströmen. Wenn dieser Punkt erreicht ist, fühlen wir uns unwohl. Bei stark Introvertierten ist dieser Punkt sehr früh erreicht und bei stark Extravertierten sehr spät. Bei den Ambivertierten liegt er irgendwo zwischen den beiden. Wann dieser Punkt bei Ihnen erreicht ist, können Sie nicht beeinflussen. Sie können lediglich lernen, besser mit dem dann eintretenden Zustand des Unwohlseins umzugehen.

Weil diese Eigenschaft ein Leben lang gleich bleibt, passen sich die Menschen an. Introvertierte arbeiten gern allein oder mit wenigen Menschen zusammen. Sie kommunizieren lieber schriftlich per Mail oder Brief und wirken meist ernsthaft, ruhig und überlegt. Sie meiden Orte mit hoher Lautstärke und Trubel. Der Extravertierte mag Gruppen und viel Kontakt mit anderen Menschen. Er braucht Leute um sich herum und liebt Orte mit Action und vielen Reizen. Er kommuniziert meist gerne im persönlichen Kontakt. Auf andere wirkt er kontaktfreudig, kommunikativ und gut gelaunt. Allein und an reizarmen Orten langweilt er sich schnell. Keine Ausprägung ist besser oder schlechter, sondern jede ist gut in dem für sie passenden Umfeld.

Dieses Beispiel der Extra- und Introversion zeigt besonders deutlich, dass unsere Persönlichkeit in vielen Bereichen stabil ist. Was nützt es, einen introvertierten Mitarbeiter auf eine Stelle hin zu entwickeln, für die man extravertiert sein muss? Eben. Menschen verändern sich in vielen Merkmalen ein Leben lang kaum. So ist beispielsweise auch die Fähigkeit, glücklich (im Sinne von zufrieden) mit dem Leben zu sein, zu ungefähr 50 Prozent genetisch bedingt und damit erstaunlich stabil. Es gibt den sogenannten Happiness Set Point (HSP), der festlegt, wo unser langfristig stabiles Normalniveau der Zufriedenheit ist. Auf diesen Punkt kehrt unser Wohlbefinden immer wieder zurück, nachdem es sich aufgrund erfreulicher oder unerfreulicher Ereignisse zeitweise auf und ab bewegt hat. Wenn ein Mitarbeiter also einen niedrigen HSP hat, ist er sowohl bei den Kollegen als auch im Kundenkontakt mit Sicherheit kein Gute-Laune-Typ. Das wird er auch mit noch so vielen Schulungen, Seminaren und Trainings nicht werden.

Wenn ich sage, Menschen ändern ihre Persönlichkeit in vielen Bereichen nur in geringem Maße, mag Ihnen das bei sich selbst anders vorkommen. Natürlich haben wir subjektiv das Gefühl, wir würden uns im Lauf der Zeit stark verändern, und dem ist auch so. Wir gehen Dinge anders an, werden bestenfalls reifer und souveräner. Tatsächlich verändern wir aber eher unsere Wahrnehmung, Einstellungen und Vorgehensweisen. Die Persönlichkeit bleibt in vielen Bereichen trotzdem erstaunlich stabil.

Das bedeutet, dass es für jeden Mitarbeiter ein Umfeld gibt, in dem er seine Persönlichkeitsmerkmale, Fähigkeiten und Stärken optimal einbringen kann, weil sie der Stelle entsprechen. Eine der Kernaufgaben von Führung ist es daher, herauszufinden, was zu einem Mitarbeiter passt, und ihm die entsprechende Stelle mit den passenden Aufgaben zu geben.

Die Persönlichkeit und die Stärken des Mitarbeiters kennen lernen und ihn dann passend einsetzen – das klingt doch sinnvoll oder? Häufig gehen Führungskräfte aber anders vor. Sie stellen bei den Mitarbeitern eher die Schwächen als die Stärken fest und wollen diese ausmerzen. Schwächen und Defizite kann jede ansonsten noch so unfähige Führungskraft wahrnehmen. Wenn der Mitarbeiter beispielsweise kein gutes Selbstmanagement hat, vergisst er Dinge dauernd oder liefert sie unpünktlich ab. Ist jemand nicht gut im Business-Englisch, muss die Führungskraft nur einmal danebenstehen und zuhören. Schwächen von Mitarbeitern stellen Sie als Vorgesetzter in der Zusammenarbeit automatisch fest. Sie können gar nicht anders. In der Folge werden die Mitarbeiter dann auf eine Weiterbildung geschickt. Das mag bei Zeitmanagement und Englisch sehr berechtigt sein, denn beides kann und muss man irgendwann lernen. Bei sehr vielen anderen Themen verschenkt man aber auf diese Weise bares Geld, weil der Mitarbeiter es weder umsetzen will noch wird.

Erinnern Sie sich mal, wie es in der Schule war. Wenn jemand schlechte Noten in Mathe hatte, bekam er Nachhilfe. Damit schaffte er es vielleicht auf eine Drei, und die Versetzung war nicht mehr gefährdet. Aber wurde er Klassenbester? Hat er danach Mathe studiert und vielleicht sogar die Fields-Medaille gewonnen? Sie kennen die Antwort. Menschen werden in den Bereichen, die ihnen nicht liegen, in der Regel keine Spitzenleistung erzielen.

Dennoch versuchen viele Führungskräfte, Schwächen auszugleichen. Das folgende Beispiel zeigt, was ich meine:

Größere Unternehmen haben Seminarkataloge, und jeder Mitarbeiter soll pro Jahr eine bestimmte Anzahl an Weiterbildungstagen absolvieren. Der Vorgesetzte muss nun jedes Jahr im Mitarbeitergespräch eintragen, wo der Mitarbeiter gefördert werden soll. Was schreibt die Führungskraft in den Bogen, wenn ihr nichts einfällt: Rhetorik! Das kann man schließlich immer brauchen. Da werden dann Leute aufs Seminar geschickt, die fast oder tatsächlich nie präsentieren müssen. Und wissen Sie, wen man nie zu einem Rhetorikseminar schickt? Den Mitarbeiter, der es am besten kann und der das Unternehmen regelmäßig nach außen vertritt. Diese Person ist nämlich charmant und eloquent, hat einen guten Blickkontakt und einen stabilen Stand. Warum also soll man sie noch auf ein Seminar schicken? Das zeigt das Beispiel genau so eines Mitarbeiters, der jahrelang ein Unternehmen bei Wettbewerben um Aufträge gegen die Konkurrenz repräsentierte. Wer ihn gesehen hat, würde sofort bescheinigen, dass er sehr gut ist. Jetzt ist aber genau dieser Mann zu einem Trainer gegangen, der ein Vollprofi ist. Zu ihm kommen auch bekannte Politiker und Leute vom Fernsehen. Und dieser Meister-Trainer hat ihm noch eine ganze Anzahl an rhetorischen Finessen und Effekten beigebracht, die er mit Begeisterung aufnahm und sofort auf seine Themen übertrug. Mittlerweile hält er so gute Angebotspräsentationen, dass er manchmal sogar Standing Ovations von Kunden bekommt. Das ist kein Scherz! Stellen Sie sich vor: Jemand stellt Ihr Unternehmen vor, und die Leute klatschen im Anschluss? So etwas schaffen nur Menschen, die in dem gefördert werden, worin sie schon stark sind.

Im Sport gilt dasselbe Prinzip. Können Sie sich vorstellen, dass ein Fußballtrainer dem Tormann sagt: »Deine Fähigkeiten im Sturm sind noch nicht so gut ausgeprägt. Da werden wir die nächsten Wochen mal dran arbeiten.«? Nein, selbstverständlich nicht. Der Tormann wird in den Fähigkeiten trainiert, die er als Tormann tatsächlich benötigt und die ihn in seiner Position weiterbringen. Und er wird als Tormann eingesetzt und eben nicht als Stürmer.

Zu sehen, was die Persönlichkeit eines Menschen ausmacht und welche Stärken er hat, ist keine so leichte Aufgabe. Dafür muss man sie beobachten und mit ihnen sprechen. Vor allem erfordert es aber etwas, was Führungskräfte nicht haben: Zeit! Sie sollten sich Zeit für die Reflexion nehmen, wie Sie die Person bis jetzt erlebt haben und welche Aufgaben zu ihr passen, denn das ist Führungsarbeit im besten Sinne. Setzen Sie sich hin und machen sich Gedanken: Wie erlebe ich den Mitarbeiter, was zeichnet ihn aus, wo hat er Stärken? Im Anschluss können Sie ihm dann bewusst Aufgaben zuweisen. Schwächen sind meist offenkundig, Stärken zu erkennen erfordert dagegen Denkarbeit.

Die Stärken eines Mitarbeiters hängen natürlich eng mit der Persönlichkeit des Mitarbeiters zusammen. Lassen Sie uns zuerst einmal klären, was eine Stärke ist. Die beste Definition findet sich beim Gallup-Institut:

Stärke = Talent + Wissen + Können

Welcher dieser drei Aspekte auf der rechten Seite ist nun der entscheidende? Talent, Wissen oder Können? Die Antwort von Gallup lautet: Talent entscheidet, denn dieses ist zum Teil von Geburt an vorhanden oder wird vorwiegend in den frühen Lebensjahren geprägt, es ist danach nicht mehr veränderbar. Wissen und Können sind kein Problem, denn diese lassen sich nachträglich immer aneignen. Mittlerweile gibt es aber eine sehr mächtige Gegenschule, die sagt, Talent entsteht durch Tun. Jeder kann sich Talente aneignen, wenn er bestimmte Bedingungen erfüllt. Lassen Sie uns zuerst einmal definieren, was ein Talent ist:

Ein Talent ist ein Muster (Wahrnehmungs-, Denk- oder Verhaltensmuster), das wir dauernd wiederholen und das sich produktiv einsetzen lässt, um ein Ziel zu erreichen. Es gibt auch Muster, die wir dauernd wiederholen, die aber für nichts gut sind. Solche Muster nennt man dann nicht Talent, sondern Macken. Wobei manchmal eine Macke tatsächlich ein Talent sein kann, wenn man sie in den richtigen Kontext bringt. Welcher Art können diese Muster nun sein? Es gibt drei davon. Ein Talent kann schon aus einem der drei bestehen, setzt sich aber manchmal auch aus zwei oder drei zusammen.

Wahrnehmungsmuster: Jeder Mensch nimmt die Welt anders wahr. Ein Inneneinrichter sieht sofort das Design eines Raums, ein Elektriker nimmt im selben Raum die Art der Lichtschalter und die Lage der Steckdosen wahr, während ein Technikinteressierter nur auf den an der Wand hängenden Flatscreen achtet. Diese Wahrnehmungsmuster haben viel mit Interessen und Beruf zu tun. Es gibt aber auch Muster, die wir schon sehr früh entwickelt haben. Einige dieser Muster begrenzen uns leider auch, wenn sie sich auf Negatives beziehen.

Denkmuster: Natürlich denkt jeder Mensch den ganzen Tag. Bestimmte Gedanken, die wir aber dauernd wiederholen, bilden Denkmuster. Ein Beispiel für ein Denkmuster vor allem bei unteren und mittleren Managern ist die Umsetzungsorientierung. Sie führt dazu, dass im Hintergrund immer die Fragen mitläuft: »Wie erziele ich hier Ergebnisse? Wie schaffen wir eine Umsetzung?« Dieses Denkmuster ist gut, um die Dinge zum Laufen zu bringen, aber ab dem oberen Management kann es unter Umständen sogar schaden, weil manche Dinge zu schnell angegangen werden. Es fehlt dann an strategischem Denken.

Verhaltensmuster: Diese sind für die Führungskraft am leichtesten zugänglich, denn Verhalten kann man beobachten. Zu den Verhaltensmustern gehören viele unserer Gewohnheiten. Auch moderne Wissensarbeiter folgen bei einem großen Teil ihrer täglichen Arbeit Gewohnheiten, das heißt Abläufen, die wir abrufen können, ohne darüber bewusst nachdenken zu müssen.

Ein Talent kann, wie gesagt, aus einem, zwei oder drei dieser Muster bestehen. Ich gebe Ihnen ein Beispiel für ein Talent mit zwei Mustern: die Kontaktfähigkeit. Sicherlich kennen Sie auch jemanden in Ihrem Umfeld, der in jeder Umgebung in sehr kurzer Zeit alle Menschen kennen lernt. Mir fällt zum Beispiel ein Architekt ein, der mehrere Büros in deutschen Großstädten unterhält und Großprojekte verantwortet. Eines seiner Büros liegt in Köln. Wenn dort Karneval ist, geht er sieben Tage hintereinander auf Prunksitzungen. Dabei sitzt er mit Politikern, Vorständen und eben manchmal auch Bauherren am Tisch. Er hat eine gesellige und humorvolle Art, lernt schnell viele Menschen kennen und geht nie ohne einige sehr gute Kontakte aus der Woche. Diese eine Woche bringt ihm Bauaufträge in Millionenhöhe. Welche Muster zeichnen einen Menschen mit ausgeprägter Kontaktfähigkeit aus? Es gibt offensichtlich ein Verhaltensmuster: Solche Menschen sprechen immer und bei jeder Gelegenheit andere Menschen an. Sie können gar nicht anders. Wenn der Architekt unterwegs kurz bei einem Bäcker anhält und einen Kaffee trinkt, kommt er sofort mit den Angestellten oder auch Kunden der Bäckerei ins Gespräch. Er kontaktet und kommuniziert immer und überall. Dabei unterstützt ihn ein Wahrnehmungsmuster. Er beginnt das Gespräch mit seinem Gegenüber meist mit etwas Positivem. Das kann eine Bemerkung zur Stadt, zum Büro oder zur Person des Gegenübers sein. Ihm fällt stets etwas Positives auf, womit er das Gespräch eröffnen kann. Außerdem gibt er dem anderen das Gefühl, ein für ihn interessanter Gesprächspartner zu sein, weil er ganz präsent ist.

Nun werden Sie sich vielleicht fragen, wie Sie die Talente Ihrer Mitarbeiter entdecken können. Die meisten Menschen glauben nämlich, man könne Talente nur als geschulter Experte und selbst dann nur mit Tests erkennen. Das stimmt aber nicht. Jeder kann Talente entdecken. Man kann sie sehen. Wenn Talente Muster sind, die wir dauernd wiederholen, dann sind diese auch beobachtbar. Verhaltensmuster wie im Beispiel des Architekten sind am einfachsten zu sehen. Wahrnehmungs- und Denkmuster kann man nicht beobachten, aber auch diese erschließen sich mit der Zeit. Die Menschen reden nämlich über das, was sie wahrnehmen und denken.

Das Problem ist nicht, dass man Talente nicht sehen könnte, sondern dass die meisten Führungskräfte nicht fähig sind, diese wahrzunehmen. Wie erklären Sie sich, dass es Vorgesetzte gibt, die ihre einzelnen Mitarbeiter so gut einsetzen, dass diese dauerhaft außerordentliche Leistungen erbringen und dabei noch hoch motiviert sind, und dass andere Chefs genau das Gegenteil bewirken? Manchmal kann man das sogar an einer Abteilung sehen, wenn der Vorgesetzte wechselt. Talente lassen sich wahrnehmen und entwickeln! Ob die Blume erblüht oder langsam verdorrt, liegt zum guten Teil am Gärtner.

Talente wahrnehmen und fördern

Was können Sie nun tun, um Talente bei Ihren Mitarbeitern zu entdecken? Um die Frage zu beantworten, überlegen Sie einmal, was Sie wahrnehmen, wenn Sie durch eine Innenstadt laufen. Wahrscheinlich sehen Sie alles, was mit Ihren Interessen zu tun hat. Wenn Sie ein Bücherliebhaber sind, sehen Sie jeden noch so kleinen Buchladen. Wer sportbegeistert ist, sieht alles, was damit zu tun hat. Es ist also eine Sache des Interesses, was wir wahrnehmen. Werdende Eltern sehen überall Schwangere oder Kinderwagen auf der Straße. Wo kommen die nur plötzlich alle her? Und wohin verschwinden sie, wenn die eigenen Kinder älter werden? Ähnlich verhält es sich, wenn Sie planen, sich ein neues Auto anzuschaffen. Von dem Tag an, an dem Sie ein oder zwei infrage kommende Modelle ausgewählt haben, begegnen Ihnen diese an jeder zweiten Straßenecke. Die Fähigkeit, Schwangere und Autos zu sehen, hatten Sie auch vorher schon, aber erst Ihr Interesse öffnet Ihren Wahrnehmungsfilter dafür. Und jetzt die Masterfrage: Wie beginnen Sie, die Talente, also die Muster Ihrer Mitarbeiter zu sehen? Na? Bingo! Indem Sie sich dafür interessieren. Jetzt werden Sie denken: »So einfach kann es doch nicht sein.« Und natürlich haben Sie Recht. Es ist nicht so, dass Sie damit morgens beginnen, und am Ende des Tages haben Sie eine Liste mit allen Stärken und Persönlichkeitsmerkmalen Ihrer Mitarbeiter. Drei Dinge sind neben Ihrem Interesse notwendig:

1. Ein *ernsthaftes Interesse* an den Menschen und ihrer Entwicklung. Sie brauchen eine Motivation, die Ihnen die Energie und Ausdauer gibt, es umzusetzen. Die beste Motivation sind Ihre Mitarbeiter und Ihr Wunsch, deren Wachstum und Wohlergehen zu fördern. Ein bisschen als Motivation dazukommen darf natürlich auch Ihre Karriereambition, denn Spitzenleistung führt zur Beförderung. Da die Menschen aber auf Dauer den Antrieb hinter Ihrem Handeln bemerken, ist Ihr Interesse am Mitarbeiter erfolgversprechender.
2. Ohne *Ausdauer* geht es nicht. Um Muster und allgemeine Persönlichkeitsmerkmale zu erkennen, reicht es nicht, mal für 48 Stunden hinzuschauen. Welche Wahrnehmungs-, Denk- oder Verhaltensmuster sich wiederholen, sehen Sie erst, wenn Sie einen Menschen über längere Zeit beobachten.
3. Sie benötigen noch etwas, das viele Führungskräfte nicht haben: *Zeit!* Ich meine damit aktive Reflexionszeit. Die Schwächen von Mitarbeitern sind »offen-sichtlich«, denn sie verursachen Störungen, Verzögerungen und Ärger. Talente fallen dagegen meist deutlich weniger ins Auge. Jemand kann etwas über lange Zeit gut machen, ohne dass es jemandem besonders auffällt. Um die Persönlichkeitsmerkmale und die Talente Ihrer Mitarbeiter wahrzunehmen, reicht also selbst das Beobachten mit Ausdauer nicht aus. Sie sollten das, was Sie gesehen haben, auch reflektieren.

Sie sehen also, dass es sehr wohl möglich ist, die Persönlichkeit und die Talente Ihrer Mitarbeiter zu erkennen. Sie benötigen vor allem Interesse und eine normal ausgeprägte Beobachtungsgabe. Hinzukommen müssen aber Interesse am Mitarbeiter, Ausdauer und Reflexionszeit. An einem davon fehlt es den meisten Führungskräften, und deshalb scheitert der Versuch, falls er überhaupt unternommen wurde.

Eine gute Möglichkeit, sich selbst zu disziplinieren, ist ein Journal für Ihre Beobachtungen. Legen Sie sich eine Datei oder ein Notizbuch dafür an und schreiben Sie jeden Tag auf, was Ihnen an Mitarbeitern positiv aufgefallen ist. Dieses tägliche Notieren lenkt Ihre Aufmerksamkeit auf die Talente. Sie werden beginnen, Muster zu sehen. Bei dem ein oder anderen Mitarbeiter werden Sie aber auch feststellen, dass Sie auch nach einigen Tagen noch nichts gefunden bzw. keine vorteilhaften Muster notiert haben. Das kann Ihnen manchmal einen Hinweis darauf geben, dass Sie den Mitarbeiter geistig in eine bestimmte »Schublade« gesteckt haben und es Ihnen schwerfällt, etwas anderes wahrzunehmen als das, was der Schublade entspricht. Auch das ist ein wertvoller Hinweis. Zwingen Sie sich jetzt, genau diese Person unter dem Aspekt zu beobachten, welche Talente sie hat. Sagen Sie sich selbst: »Diese Person hat Talente, also Muster, die sich produktiv einsetzen lassen. Welche Muster sind das?« Wenn Sie lange und wohlwollend genug hinschauen, werden Sie mit der Zeit auch hier welche finden.

Eine weitere Möglichkeit besteht natürlich darin, die Mitarbeiter selbst zu befragen. Drei Fragen sind besonders geeignet:

- Was fällt Ihnen leicht? (Die Frage bitte mehrfach stellen.)
- Welche Aufgaben geben Ihnen Energie?
- Was würde Ihr Exchef/Kollege/Mitarbeiter/bester Freund sagen, wenn ich ihn nach Ihren Stärken frage? (Wiederholen Sie die Frage mehrfach mit verschiedenen Personen.)

Auch sollten Sie ein strukturiertes Stärkengespräch mit Ihren wichtigsten Mitarbeitern führen. Wie ein solches Gespräch ablaufen kann, welche weiteren Stärkenfragen Sie stellen können und viele weitere Informationen zum Thema »Stärkenorientiertes Führen« finden Sie in meinem Buch gleichen Titels.

Die richtigen Mitarbeiter einstellen und entwickeln

Neben den beiden Schwerpunkten, Stärken zu entwickeln und für eine positive Rückmeldungskultur (siehe Kapitel 5) zu sorgen, gibt es noch einen dritten Schwerpunkt, der häufig stark unterschätzt wird. Mitarbeiter zu fordern und ihre Talente zu fördern bewirkt nur wenig, wenn Sie die falschen Mitarbeiter eingestellt haben oder die richtigen Mitarbeiter auf eine falsche Stelle setzen.

Die Einstellung und Auswahl guter Mitarbeiter für Stellen ist eine Ihrer absoluten Kernaufgaben als We-care-Leader. Diese Aufgabe kann gar nicht wichtig genug genommen werden. Bedenken Sie, dass Sie mit den Mitarbeitern unter Umständen sehr viele Jahre verbringen werden. Da es in Deutschland noch dazu rechtlich sehr schwierig ist, sich von Mitarbeitern zu trennen, sind eine gute Personalauswahl und die darauf folgende Probezeit umso wichtiger. Es nützt Ihnen nichts, eine gute Arbeitsatmosphäre zu schaffen, ein Vorbild zu sein und hohe Standards zu setzen, wenn Sie einen zu hohen Anteil an Mitarbeitern haben, die diese nicht erreichen können oder wollen, weil sie von den Werten, ihrer Leistungsbereitschaft oder -fähigkeit her nicht passen.

> **Gute Mitarbeiter anzuziehen, auszuwählen und einzusetzen ist das Fundament Ihrer Leistungsfähigkeit. Es ist absolute Chefaufgabe.**

Zwei der erfolgreichsten Manager der letzten 100 Jahre sahen ihre Rolle vor allem in der Einstellung der richtigen Mitarbeiter und der Besetzung wichtiger Positionen. Beide haben einen Konzern als CEO übernommen und durch ihre Führung ein solches Wachstum ermöglicht, dass die Konzerne die jeweils größten der damaligen Welt wurden. Die Rede ist von Alfred P. Sloan und Jack Welch. Sloan war von 1923 bis 1937 Präsident von General Motors und baute das Unternehmen mit der Erfindung und Einführung moderner Managementmethoden zum größten der Welt auf. In den vier Jahrzehnten, in denen er in der Spitze des Unternehmens mitwirkte, wählte er jede Führungskraft bis hin zum Meister in der Produktion persönlich aus. Er wurde von dem damals jungen Peter Drucker einmal gefragt, warum er vier Stunden Zeit mit der Entscheidung über die Besetzung einer nicht sonderlich wichtigen Stelle verbrachte. Sloan antwortete:

»Dieses Unternehmen bezahlt mir ein stolzes Gehalt dafür, dass ich wichtige Entscheidungen treffe, und dafür, dass ich sie richtig treffe. [...] Wenn wir nicht vier Stunden darauf verwenden würden, einen Mann an eine Stelle, und zwar die richtige, zu bringen, würden wir 400 Stunden damit verbringen, unseren Fehler wieder in Ordnung zu bringen – und diese Zeit hätte ich nicht. [...] Die Entscheidung über Personen ist die einzig wirklich wichtige.«

Peter Drucker, bis heute erfolgreichster Managementvordenker, hat diese Sichtweise wohl in seiner über fünf Jahrzehnte umfassenden Beratungstätigkeit großer Konzerne bestätigt gesehen. In einem 2001 veröffentlichten Text heißt es:

»Die wichtigsten Entscheidungen einer Führungskraft sind die Personalentscheidungen, denn von diesen hängt die Leistungsfähigkeit der Organisation ab. Daher sollte man alles tun, um die Qualität dieser Entscheidungen zu gewährleisten.«[33]

Jack Welch, der von 1981 bis 2001 CEO von General Electric war, machte das Unternehmen in dieser Zeit zum damals wertvollsten der Welt, indem er den Börsenwert in seiner Amtszeit um 4 000 Prozent steigerte. Er vertrat ebenso die enorme Wichtigkeit von Personalauswahl und -entscheidungen. Welch verbrachte einen guten Teil seiner Zeit damit. Jeden Einzelnen von den Top 400 der Führungskräfte von GE soll er mindestens einmal persönlich zu einem ausführlichen Gespräch getroffen haben.

Der ehemalige Leiter der globalen GE-Weiterbildung, Prof. Dr. Noel Tichy, sagt über ihn: »Ich habe noch nie von einem Vorstand gehört, der Personalbelangen so viel Zeit gewidmet hat.« Welch selbst meint:

»Gute Mitarbeiter zu finden ist schwer. Hervorragende Mitarbeiter zu finden ist eine Kunst. Für den Erfolg eines Unternehmens ist aber nichts wichtiger, als die richtige

Mannschaft aufs Feld zu bekommen. Keine Strategie und keine Technologie der Welt kann das ersetzen. Nur mit Topleuten läuft der Laden.«[34]

Wie aber hat Welch die Top-Leute gefunden und die richtigen Mannschaften zusammengestellt? Er investierte unter anderem jedes Jahr einen ganzen Monat für die jährlich stattfindende »Session C«, den strukturierten Prozess der Managementbeurteilung und der Nachfolgeplanung bei GE. Welch nahm sich bei Stellenbesetzungen viel Zeit, um die Kandidaten kennen zu lernen, und traf diese auch oft persönlich. Zur ersten Information nutzte Welch die Personalakten der Manager, das sind bei GE zehn- bis fünfzehnseitige Dokumente, an denen jeweils ein Zweier-Team von HR-Profis ungefähr eine Woche lang arbeitet. Darin stehen die Stärken und Schwächen der Mitarbeiter mit allem, was zu dieser Person relevant erscheint. Dies reicht von den allgemeinen Performance-Werten im Vergleich zu den gesetzten Zielen über persönliche Eigenheiten bis hin zur physischen Fitness. Der Report schließt mit konkreten Entwicklungsempfehlungen. Diese können aus einem Auslandseinsatz, einem umfassenden Weiterbildungsprogramm oder auch konkreten Verhaltensempfehlungen in bestimmten Situationen bestehen. Wie aber kam man zu diesen Informationen? Noel Tichy schildert das Verfahren in seinem Buch über Jack Welch:

»Die Leistungs- und Fähigkeitsanalyse (Accomplishment Analysis) wurde in den siebziger Jahren als Methode zur Beurteilung von Führungskräften entwickelt. Unter Welch ist sie zu einem Instrument geworden, das den Managern hilft zu wachsen, sowie Teil des umfangreichen Feedback- und Coachingprozesses, der bei GE für die Entwicklung der Führungskräfte verwendet wird.

Zu Beginn des Verfahrens führt ein Team aus dem Personalbereich mit dem betreffenden Manager ein sehr ausführliches Gespräch: Diese Sitzungen dauern oft über fünf oder sechs Stunden. Als Nächstes werden die Vorgesetzten und ehemaligen Vorgesetzten der Führungskraft befragt sowie Kollegen und Untergebene, manchmal sogar Kunden und Lieferanten. Der Entwicklungsprozess beginnt, wenn die Führungskraft den resultierenden Bericht liest und mit den Personalreferenten bespricht. Diese Meetings sind oft Musterbeispiele für den konstruktiven Umgang mit Konflikten am Arbeitsplatz. Darauf getrimmt, die Wahrheit zu sagen, sind Personaler zwar sehr höflich, aber nicht gerade zimperlich: Ihre Offenheit zwingt die Führungskräfte zur Selbsterkenntnis. Das Feedback kann sehr schmerzhaft sein, aber die Profis in den Personalabteilungen von GE sind dafür ausgebildet, die Mitarbeiter durch den emotional aufwühlenden Prozess der Selbstentdeckung zu begleiten: Schock, Wut, Ablehnung und Akzeptanz. Die wiederholte Teilnahme an diesem herausfordernden Prozess hat zum weit verbreiteten exzellenten Ruf der GE-Führungskräfte beigetragen.«[35]

Sie sehen, warum Welch sich die Mühe gemacht hat, die Personalakten der Kandidaten zu studieren. Wenn eine solche Akte jedoch nur einige wenige handgeschriebene Notizen enthält sowie das Protokoll eines Mitarbeiterjahresgesprächs, das als unliebsame Pflicht erledigt wurde, kann man sich die Mühe fast sparen. Beschreibt eine gute Dokumentation die Person tatsächlich, ist die Zeit sinnvoll investiert. GE gilt heute als *die* Karriereschmiede für Führungskräfte in den USA. Wer bei GE eine Zeit lang Manager gewesen ist, kann sich seinen Folgejob quasi aussuchen. Das Unternehmen hat den Ruf, echte Leader hervorzubringen. Und genau das sollte auch Ihr Ruf sein.

Die folgenden Kriterien nach Prof. Michael Watkins helfen, sich ein genaueres Bild von einer Person zu machen:[36]

- **Fachkompetenz:** Verfügt die Person über das Wissen und die Erfahrung, um ihre Aufgaben lösen zu können?
- **Beziehungskompetenz:** Wie gut kann die Person Beziehungen zu den anderen Mitarbeitern aufbauen? Unterstützt sie das Team oder ist sie ein Einzelkämpfer?
- **Energie:** Hat die Person positive Energie? Nimmt sie Dinge in Angriff, ist sie optimistisch veranlagt und hat Schwung?
- **Fokussierung:** Setzt die Person sich Ziele und erreicht diese? Kann die Person Prioritäten setzen oder verzettelt sie sich?
- **Urteilsvermögen:** Trifft die Person Entscheidungen oder verzögert sie diese? Hat die Person ein gutes Urteilsvermögen? Bewähren sich ihre Entscheidungen?

Der ehemaliger Harvard- und INSEAD-Professor empfiehlt, bei der Übernahme eines neuen Teams die Mitarbeiter nach diesen Kriterien einzustufen (zum Beispiel auf einer Skala von 1 bis 10) und die Personalabteilung sowie den eigenen Vorgesetzten nach spätestens einem halben Jahr zu informieren, wenn Sie nicht mehr bereit sind, einen Mitarbeiter im Team zu behalten. Wenn Sie länger als ein halbes Jahr warten, ist es »Ihr« Team geworden, und es wird immer schwieriger, personelle Veränderungen durchzusetzen.

Worauf Sie achten sollten, wenn Sie Mitarbeiter einstellen

1. Achten Sie auf die Integrität

»Irgendjemand hat einmal gesagt, dass man auf drei Qualitäten achtet, wenn man sich Bewerber auf einen Job ansieht: Integrität, Intelligenz und Energie. Denn wenn ein Beschäftigter nicht integer ist, richten Intelligenz und Energie nur Schaden an. Denken Sie darüber nach: Wenn Sie einen unaufrichtigen Menschen einstellen, werden Sie sich wünschen, dass er dumm und faul ist.«[37]

Dass man auf die Integrität achten solle, klingt wie eine Binsenweisheit. Wer stellt schon bewusst Leute ein, die silberne Löffel stehlen? Aber stellen Manager tatsächlich auch Fragen zur Integrität? Nach meiner Erfahrung eher nicht. Es werden meist bevorzugt fachliche Themen und biografische Stationen angesprochen. Manchmal redet der Interviewer sogar 80 Prozent der gesamten Gesprächszeit selbst. Wenn Sie nun etwas über die Integrität einer Person erfahren wollen, stellt sich zuerst einmal die Frage, was unter Integrität zu verstehen ist. Wikipedia schreibt:

»Persönliche Integrität ist die fortwährend aufrechterhaltene Übereinstimmung des persönlichen Wertesystems mit dem eigenen Handeln. Grundlage des Wertesystems ist eine religiös, politisch oder humanistisch begründete Ethik. Ein integrer Mensch lebt in dem Bewusstsein, dass sich seine persönlichen Überzeugungen, Maßstäbe und Wertvorstellungen in seinem Verhalten ausdrücken. Persönliche Integrität ist als Treue zu sich selbst gekennzeichnet worden. Im Gegensatz zu integer bezeichnet korrumpierbar eine Person, die sich in ihrem Verhalten nicht von eige-

nen Werten und Prinzipien, sondern von Drohungen und/oder Verlockungen durch andere leiten lässt.«[38]

Eine Person gilt demnach als integer, wenn sie ein Wertesystem hat, das auf einer religiösen, politischen oder humanistischen Ethik aufbaut. Integrität besteht nicht allein darin, sich nichts zuschulden kommen zu lassen. Eine integre Persönlichkeit verfügt über Werte, an denen sie ihr Handeln orientiert und die sie verteidigt. Sie müssen einer Person so wichtig sein, dass sie bereit ist, diese auch gegen starken Widerstand zu vertreten und persönliche Nachteile in Kauf zu nehmen. Ob eine Person Werte hat, lässt sich bis zu einem gewissen Grad im Interview herausfinden. Leider sind viele Führungskräfte nur unzureichend geschult in Interviewtechnik und verfügen auch über zu wenig Praxis. Sie überlassen die Einstellungsgespräche deshalb zum Teil sogar dem Personalbereich. Das sollte aber auf keinen Fall passieren. Sie sind es, der in Zukunft die Verantwortung für diese Person übernehmen wird. Es ist Ihre Aufgabe, die richtige Person für diese Stelle und das Umfeld zu finden, die noch dazu die richtigen Werte mitbringt. Ich habe für Sie daher einige Fragen formuliert, die Sie stellen können, um etwas über die Werte einer Person zu erfahren. Anhand dieser Fragen und insbesondere durch das erneute Nachfragen nach Beispielen sollten Sie einen guten ersten Eindruck bekommen. Sie finden diese unter:
www.alexander-groth.de/Fragen-zu-Werten

Hier drei davon:

1. Welches sind für Sie die wichtigsten Werte als Führungskraft? [...] Nennen Sie bitte Beispiele, wie Sie diese vorleben.
2. Worauf würden Sie bei der Einstellung eines Mitarbeiters besonders achten? [...] Warum sind Ihnen gerade diese Eigenschaften so wichtig?
3. Wenn ich einen Ihrer ehemaligen Mitarbeiter fragen würde, welche Werte Sie vertreten, was würde er mir antworten? [...] An welchen Beispielen würde der Mitarbeiter das festmachen?

2. Stellen Sie die Besten ein

Der florentinische Philosoph Niccolò Machiavelli meint: »Die beste Methode, um die Intelligenz eines Führenden zu erkennen, ist, sich die Leute anzusehen, die er um sich hat.« Ergänzend lässt sich ein unbekannter Verfasser anführen: »Erstklassige umgeben sich mit Erstklassigen, Zweitklassige ertragen nur Drittklassige.« Wie wir in Kapitel 7 noch sehen werden, gibt es unter den Mitarbeitern neben der Gruppe der Aktiv-Engagierten auch die Passiv-Zufriedenen. Diese haben meist weniger Karriereambitionen und führen oft überschaubare Tätigkeiten aus. Wenn Sie jemanden für die Buchhaltung suchen, benötigen Sie keinen international ausgebildeten High Potential oder gar ein Genie. Aber Sie können auch hier den besten Buchhalter finden und einstellen, der für Sie erreichbar ist.

Der Autor Markus Reiter unterscheidet zwischen Mittelmäßigkeit und Mittelmaß.[39] Von Mittelmäßigkeit spricht er, wenn jemand aus Trägheit und Mangel an Entschlossenheit deutlich unter seinen Möglichkeiten bleibt. Derjenige könnte besser sein, ist aber zu bequem. Mittelmaß kann dagegen das Ergebnis großer Anstrengung sein, die aber an Grenzen stößt. Reiter macht das am Beispiel eines Hobby-Marathonläufers anschaulich: Wer die 42 Kilometer lange Strecke in ungefähr vier Stunden bewältigt, ist Mittelmaß. Den aktuellen Weltrekord der Männer hat 2013 Wilson Kipsang Kiprotich in etwa der Hälfte der Zeit erzielt, nämlich in knapp über zwei Stunden. Aber wer würde dem Hobbyläufer mit der Vier-Stunden-Zeit Mittelmäßigkeit vorwerfen? Schließlich hat er dafür ausdauernd und mit Willenskraft trainiert und gelangte an die Grenzen seiner körperlichen Leistungsfähigkeit. Machen Sie sich bewusst, dass die meisten deutschen Unternehmen im letzten Jahrhundert weniger durch Genies, sondern vielmehr durch ein gutes und solides Mittelmaß in der Leistungsfähigkeit ihrer Mitarbeiter erfolgreich geworden sind. Es reicht also für viele Stellen aus, Mitarbeiter zu finden, die solides Mittelmaß leisten. Aber auch hier können Sie die Besten auswählen, die zum Beispiel auch die richtigen Einstellungen und Werte mitbringen.

Die Persönlichkeit eines Chefs zeigt sich vor allem darin, welche Mitarbeiter er als ihm direkt unterstellte Führungskräfte einstellt. Hier sollte man mehr erwarten als Mittelmaß. Hält eine Führungskraft es aus, exzellente Leute auszuwählen, die vielleicht sogar einiges besser können als sie selbst, zeigt das Stärke. Viele Führungskräfte sichern ihre eigene Position, indem sie Kandidaten auswählen, die ihnen nicht gefährlich werden können. Sie wollen niemanden einstellen, der das Potenzial hat, langfristig an ihrem Stuhl zu sägen. Ein Chef, der nur Mitarbeiter mit durchschnittlicher Leistungsfähigkeit um sich versammelt, kann jedoch keine hervorragende Leistung erbringen. Er stellt damit sein Interesse an der Jobabsicherung über die Interessen des Unternehmens an höchster Leistungsstärke.

3. Sorgen Sie für Meinungsvielfalt

Alfred P. Sloan fragte bei wichtigen Entscheidungen im Vorstandskollegium, wer Gegenargumente habe. Wenn keiner sich meldete, war seine Reaktion klar: »Es kann nicht sein, dass es bei einer solch grundlegenden Entscheidung keine Gegenargumente gibt. Ich vertage die Sitzung und bitte Sie, sich noch einmal Gedanken zu machen.« Sloan wusste, dass es zu Misserfolgen führt, wenn man die Kritik an den eigenen Vorschlägen unterdrückt. Es muss immer das Pro und Contra betrachtet werden, wenn man gute Entscheidungen treffen will. Selbstbewusste Chefs lassen sich mit ihren Ideen »challengen«. Sie fordern ihre Mitarbeiter aktiv auf, gegen sie zu argumentieren. Sloan tat dies übrigens zu einer Zeit, in welcher der Chef noch sagte, wie es gemacht wird, und dann wurde es genau so gemacht. Das zeigt, wie weit er seiner Zeit voraus war. Starke Führungskräfte wissen, dass Mitarbeiter mit einem gleichgeschalteten Denken nicht geeignet sind, um auf die Komplexität des unternehmerischen Umfelds zu reagieren. Rudolph Giuliani, der ehemalige Bürgermeister von New York, schreibt: »Ein Mann an der Spitze muss darauf bedacht sein, dass alle seine Manager stark sind. Er braucht keine Jasager in seinen Abteilungen, auch nicht in denen, die er selbst gut kennt.« So hatte Giuliani in seinem Team auch Mitglieder der Demokraten, obwohl er selbst Republikaner war und Posten normalerweise nach Parteizugehörigkeit vergeben werden.

Wie aber findet man heraus, was für eine Persönlichkeit jemand ist, der sich im Bewerbungsgespräch natürlich im besten Licht darstellt? Hier muss wieder betont werden, wie unprofessionell viele Vorstellungsgespräche geführt werden. Die Interviewer beherrschen oft keine Fragetechnik, sie unterliegen den einfachsten Wahrnehmungsfehlern und sie reden zum Teil mehr als der Bewerber.

Bewerberauswahl professionell gestalten

Als We-care-Leader sollte es Ihr Anspruch sein, ein exzellenter Interviewer zu werden. Es sollte sogar eines Ihrer obersten Ziele sein, wenn Sie regelmäßig Leute einstellen. Ich habe früher selbst sehr viele Interviews geführt und weiß daher aus eigener Erfahrung, dass man mit einer professionellen Fragetechnik und einer guten Beobachtungsgabe enorm viel über eine Person erfahren kann. So finden Sie heraus, ob ein Kandidat auf die Stelle und zu Ihnen passt.

Strukturiertes Interview

Überlassen Sie die Fragen nicht dem Zufall oder der (Un)Erfahrenheit des Interviewers. Ein gutes Bewerbungsgespräch sollte für alle Bewerber nach dem gleichen strukturierten Interviewleitfaden ablaufen. Dies ist schon deshalb sinnvoll, um die Bewerber und ihre Antworten miteinander vergleichen zu können. Um einen Interviewleitfaden zu erstellen, sollten Sie sich klar darüber sein, welche Eigenschaften und Qualifikationen jemand für eine bestimmte Stelle mitbringen sollte. Es gibt auch die Möglichkeit, ein halbstrukturiertes Interview zu führen, bei dem zumindest ein Teil der Fragen bereits erstellt wird und ein Teil offen bleibt. Die Interviews sollten immer von mehreren Personen geführt werden, denn dadurch entsteht ein besseres Bild der Person. Vielleicht gibt es einen Kollegen, der in der Vergangenheit mit seinen Interviews und den darauf aufbauenden Prognosen zu den Kandidaten besonders treffsicher war. Wenn Sie einen solchen talentierten Interviewer haben, setzen Sie ihn bevorzugt als einen der Gesprächspartner für Bewerber ein. Mehrere Interviews sind für gute Bewerber kein Problem. Stellen Sie sich vor, Sie haben sich bei zwei Firmen beworben. Bei der einen haben drei Personen Sie interviewt, in dem anderen nur eine. Beide Firmen machen Ihnen anschließend ein Angebot. Welcher Einstellungsprozess wirkt auf Sie professioneller?

Beziehen Sie Arbeitsbeispiele ein

Lassen Sie sich von der Person Arbeitsbeispiele zeigen oder erklären. Ein Marketingmanager kann ihnen Marketingkampagnen vorstellen, die er betreut hat. Eine Personalleiterin kann Ihnen die Instrumente erläutern, die sie eingeführt hat. Ein Vertriebsmann kann seine offiziellen Verkaufszahlen, seine Jahresbeurteilung und seine Vorgehensweise aufzeigen. Natürlich sollen die Bewerber dabei keine vertraulichen Informationen ihres jetzigen Arbeitgebers preisgeben. Arbeitsbeispiele zu geben ist aber oft dennoch möglich. Überlegen Sie doch einfach mal, anhand welcher Beispiele Sie Ihre eigene Leistung in Ihrer jetzigen Position einem interessierten neuen Arbeitgeber verdeutlichen könnten. Haben Sie eine Idee? Sehen Sie, solche Ideen haben auch Ihre Bewerber.

Arbeitsbeispiele müssen sich aber nicht nur an der Vergangenheit orientieren. Sie können dem Bewerber auch eine Aufgabe stellen, die ihn an seinem zukünftigen Arbeitsplatz erwarten würde, und sehen, welche Herangehensweise und Lösungen er vorschlägt.

Befragung ehemaliger Kollegen und Mitarbeiter

Selbstverständlich können Sie nicht bei einem Arbeitgeber anrufen, von dem sich jemand wegbewirbt. Einfach ist es, wenn der Kandidat aus dem eigenen Hause kommt. Dann können Sie dessen Vorgesetzte, Kollegen oder Mitarbeiter anrufen. Wenn der Bewerber in den letzten zehn Jahren nicht nur bei einem Arbeitgeber, sondern bei mehreren gearbeitet hat, rufen Sie diejenigen vor dem aktuellen Arbeitgeber an.

Hermann Josef Abs, ehemaliger Vorstandssprecher der Deutschen Bank und wohl zu seiner Zeit mächtigster Mann in Deutschland, soll persönlich viele der Spitzenmanager ausgewählt haben, die als Unternehmensleiter nach dem Zweiten Weltkrieg das deutsche Wirtschaftswunder vollbrachten. Dafür informierte er sich stets bei drei bis vier früheren Vorgesetzten und Kollegen jedes Kandidaten. Wenn Sie eine Abneigung verspüren, zum Telefon zu greifen, dann überlegen Sie einfach, wie Sie reagieren würden, wenn man Sie anruft und nach einer Führungskraft befragt, die vor einigen Jahren bei Ihnen gearbeitet hat. Wenn das eine sehr gute Führungskraft war, die Sie nur ungern haben gehen lassen, würden Sie das sagen? Eben. Die meisten haben damit kein Problem. Wenn die Antworten auf Ihre Fragen dagegen sehr diplomatisch ausfallen, lässt das nichts Gutes vermuten. Sagen Sie dem Gesprächspartner dann, dass Sie seine Meinung absolut vertraulich behandeln und nirgendwo schriftlich festhalten. Sie werden sich wundern, was Sie dann manchmal zu hören bekommen. Das bewahrt Sie vor großen Fehlern.

Die folgenden Aspekte ergänzen einen professionellen Auswahlprozess:

Wählen Sie aus mindestens drei Kandidaten

Wenn Sie eine zentrale Führungsposition zu vergeben haben, gewöhnen Sie sich an, aus mindestens drei bis fünf Kandidaten auszuwählen. Giuliani schreibt: »Dabei machte ich nur eine einzige Vorgabe: Ich wollte mindestens drei Kandidaten für jeden wichtigen Posten, den ich zu besetzen hatte, was ich normalerweise auch gefordert hatte, wenn wir Bundesanwälte auswählten.«[40] Bei nur einem Kandidaten ist man zu schnell bereit, Kompromisse zu schließen oder ihn allzu positiv zu betrachten. Wenn Sie sich zwischen mehreren Kandidaten entscheiden müssen, die gleich gut geeignet sind, nehmen Sie in der Regel den internen, denn dies ist ein klares Signal, dass man im Unternehmen Karriere machen kann.

Binden Sie seine oder ihre zukünftigen Kollegen ein

Es empfiehlt sich, wie oben gesagt, mehrere Interviews zu führen. Das erhöht auch die Attraktivität der Stelle aus Sicht des Bewerbers. Mindestens eines der Gespräche sollte mit einem oder mehreren zukünftigen Kollegen stattfinden. Zum einen kann das gut sein, weil diese oft die besten Fachkenntnisse haben. Zum anderen lernen sie den zukünftigen Kollegen kennen und können schauen, ob die Chemie stimmt. Insbesondere bei gut funktionierenden Teams sollte das berücksichtigt werden. Wenn sich das Team für einen Kandidaten entscheidet und dieser wird eingestellt, übernimmt das Team auch fast immer die Verantwortung für eine gute und schnelle Einarbeitung der Person. Dem neuen Mitarbeiter wird signalisiert, dass die Meinung des Teams auch zählt und er in Zukunft neue Mitarbeiter mit auswählen kann.

Zeichnen Sie ein realistisches Bild des Jobs und Ihrer Erwartungen

Manche Manager neigen dazu, einen Job zu positiv darzustellen. Das gilt insbesondere dann, wenn sie dringend jemanden suchen, weil eine Stelle plötzlich vakant geworden ist. Gerade einem besonders guten Kandidaten, den man sehr gern gewinnen will, etwas über die schwierigen Seiten des Jobs zu erzählen, erscheint widersinnig, da es die Konkurrenz mit ihren Jobangeboten sehr wahrscheinlich nicht tun wird. Es baut aber beim Bewerber im Allgemeinen Vertrauen auf, wenn Sie realistisch über seine Arbeit und Ihre Erwartungen an den Bewerber sprechen. Gute Leute wollen Herausforderungen und können damit umgehen, wenn nicht alles als einfach und unkompliziert dargestellt wird. Außerdem führen hohe Erwartungen des Kandidaten, die nicht erfüllt werden, zu Enttäuschungen und damit verbunden manchmal zu einem erneuten Wechsel nach nur kurzer Zeit. Sehen wir, was Jack Welch als Meister der Personalauswahl dazu sagt:

»Wenn Sie schließlich selbst ein Gespräch mit dem Bewerber führen, ist es taktisch klug, die mit der Aufgabe verbundenen Herausforderungen zu übertreiben. Beschreiben Sie den Job aus der Perspektive eines schwarzen Tags – betonen Sie das Schwierige, Harte, Unangenehme, etwa wenn es gilt, gegen Widerstände und mit vielen Unwägbarkeiten Entscheidungen zu treffen und durchzusetzen. Was Sie als Reaktion gerade nicht sehen wollen, ist, dass der Bewerber immer nur nickt nach dem Motto ›Klar, kann ich!‹. In diesem Fall sollten Sie bedenken, dass er möglicherweise keine andere Alternative hat. [...] Wenn der Bewerber mit konkreten Fragen zu Zielen, Zeitrahmen und Ressourcen kontert, ist das ein gutes Zeichen. Noch besser ist, wenn er in eine Diskussion über die kulturellen Werte Ihres Unternehmens einsteigt. Große Herausforderungen schrecken gute Kandidaten nicht ab – sie fangen vielmehr an, vor lauter Neugier auf ihrem Stuhl hin und her zu rutschen.«[41]

Natürlich sollten Sie die Worte von Welch etwas relativieren, denn GE bekommt zahllose Bewerbungen. Wenn Ihr Unternehmen ein eher unbekannter Mittelständler ist oder der Firmensitz irgendwo weit draußen liegt und Sie kaum gute Bewerber in die Provinz locken können, sollten Sie natürlich immer auch alle Vorteile aufzeigen. Wichtig ist aber auch dann, dass Sie bei der Wahrheit bleiben und nichts versprechen, was Sie später nicht halten können. Wenn Sie Mitarbeiter einstellen oder bestehende für neue Positionen auswählen, dann ist zuerst einmal wichtig, dass diese die gleichen Werte vertreten wie Sie als We-care-Leader.

Als beispielhaft können die Einstellungskriterien von Google gelten, dem momentan (2013) beliebtesten Arbeitgeber der Welt. Hier ein Ausschnitt:

Die Einstellungsvorgaben von Google

- Stellen Sie Menschen ein, die schlauer sind und mehr wissen als Sie; stellen Sie niemanden ein, vom dem Sie nicht lernen oder herausgefordert werden können.
- Stellen Sie Menschen ein, die einen Beitrag leisten zum Produkt UND zur Firmenkultur; stellen Sie niemanden ein, der nicht zu beiden Aspekten beträchtlich beitragen kann.
- Stellen Sie Menschen ein, die Dinge voranbringen; stellen Sie niemanden ein, der sich nur mit Problemen befasst.
- [...]
- Stellen Sie Menschen ein, die inspirieren und gut mit anderen zusammenarbeiten; stellen Sie niemanden ein, der es vorzieht, alleine zu arbeiten.
- [...]
- Stellen Sie Menschen ein, die vielseitig sind und einzigartige Interessen und Talente haben; stellen Sie niemanden ein, der nur lebt, um zu arbeiten.
- Stellen Sie Menschen ein, die ethische Grundsätze haben und offen kommunizieren; stellen Sie niemanden ein, der politisch oder berechnend ist.
- Stellen Sie nur ein, wenn Sie einen großartigen Kandidaten gefunden haben; geben Sie sich nicht mit weniger zufrieden.[42]

Handlungsempfehlungen

1. Legen Sie ein Journal an, in dem Sie für mehrere Wochen täglich Ihre Beobachtungen zu den Stärken Ihrer Mitarbeiter festhalten. Achten Sie dabei besonders auf Wahrnehmungs-, Denk- und Verhaltensmuster.
2. Entwickeln Sie die Stärken Ihrer Mitarbeiter und geben Sie ihnen entsprechende Aufgaben. Nur so erzielen Sie Bestleistung.
3. Betrachten Sie die Auswahl und Einstellung neuer Mitarbeiter als absolute Chefsache. Führen Sie eines der Interviews stets persönlich.
4. Werden Sie ein Interviewprofi. Beschäftigen Sie sich mit den typischen Wahrnehmungsfehlern. Eignen Sie sich Fragetechniken an und üben Sie diese, um die Persönlichkeit eines Kandidaten im Gespräch herauszuarbeiten.

7. Sehen, was andere nicht sehen
Was Menschen wirklich inspiriert

In dir muss brennen, was du in anderen entzünden willst!
Augustinus (lateinischer Kirchenlehrer und Philosoph)

Es war ein schöner Sommertag, an dem wir das Abschluss-Meeting mit einem Kunden hatten, für den wir über ein Dreivierteljahr ein größeres, sehr anstrengendes Projekt durchgeführt hatten. Alles war sehr gut gelaufen, und der Kunde war voll des Lobes. Danach fuhren wir zu viert im Auto meines Chefs zurück zur Firma. Es war ein Freitag, und der Chef hatte uns im Vorfeld gebeten, für die Nachbesprechung noch Zeit bis 19:00 Uhr einzuplanen. Als wir gegen 16:00 Uhr in der Firma ankamen, trauten wir unseren Augen nicht. Vor unseren Bürofenstern gab es ein geschütztes Rasenstück mit großen Bäumen, das von einem Zaun umgeben war. Dort hatten die Kollegen ein großes Barbecue aufgebaut. Mein Chef hielt eine kurze Rede, in der er jeden Projektbeteiligten einzeln nannte und den jeweiligen Beitrag zum Projekterfolg hervorhob. Ich erinnere mich, als wäre es gestern gewesen, wie mein Name genannt wurde und wie gespannt ich war, was er wohl sagen würde. Obwohl er an jeden nur ein paar Sätze richtete, waren wir alle stolz wie Oskar. Sein typischer Humor sorgte dafür, dass auch gelacht wurde. Anschließend spielten die Kollegen barfuß Fußball, während die Kolleginnen in einer Runde im Halbschatten saßen und sich mit zunehmendem Gelächter unterhielten. Gegen halb sechs wurde der Grill angeworfen. Der Chef hatte das Grillgut und die Getränke organisiert, die Kollegen selbst gemachte Salate mitgebracht. Offiziell war das Grillen bis 19:00 Uhr angesetzt, da wir sowieso fast immer bis 18:00 oder 19:00 Uhr arbeiteten. Um 19:00 Uhr ging aber niemand nach Hause, sondern alle blieben noch bis nach Mitternacht. Mein Chef hat auch später gemeinsame Erfolge mit uns gefeiert. An diesen einen lauen Sommerabend erinnere ich mich aber am liebsten, denn er war so, wie man es in der Bacardi-Werbung immer sieht: nette Leute, coole Getränke und viel Gelächter.

Der ein oder andere kritische Leser wird jetzt vielleicht anmerken, dass das Feiern einzelner Teammitglieder unter Umständen Neid bei den anderen auslöst. Schließlich arbeiten doch alle irgendwie an so einem großen Projekt mit, und irgendjemand fühlt sich dann immer nicht gewürdigt. Tatsächlich ist dies eine Gefahr. In diesem Fall war das aber kein Problem, weil jeder sich gewertschätzt fühlte. Es gab auch ein ganz klares Wir-Gefühl, und man freute sich über Erfolge der anderen. Das Tolle an diesem Chef war auch, dass er Emotionen zeigen und damit auch auslösen konnte. Wer bei einer Rede kaum Emotionen zeigt, der löst auch bei den Zuhörern keine aus. Unsere Feiern waren öfter recht spontan organisiert. Es waren keine förmlichen Veranstaltungen, sondern eher ein lockeres Beisammensein wie oben beschrieben. Ich kann es heute kaum glauben, dass Erfolge in den meisten Unternehmen nicht gefeiert werden, denn eines der wichtigsten Kriterien für den Erfolg von Unternehmen ist das Engagement der Mitarbeiter. Wie Sie dieses aufbauen und darüber hinaus den Mitarbeitern ein Wir-Gefühl und einen Sinn vermitteln, ist Inhalt dieses Kapitels.

Wer braucht Visionen?

Früher hielt ich Visionen für Unsinn. Die meisten großen Unternehmen, die ich bei meiner Arbeit kennen lernte, hatten keine. Wenn Sie eine hatten, kannte sie niemand. Und selbst wenn sie irgendjemand im Unternehmen kannte, war sie so allgemein formuliert, dass sie ebenso gut von einem der Hauptkonkurrenten aus der Branche hätte stammen können. Sie enthielten alle mehr oder weniger Banalitäten. Für völlig unsinnig sah ich die Aufforderung an, auf Abteilungsebene Visionen zu kreieren. Was soll denn ein Abteilungsleiter für Visionen haben, wenn er von oben mal wieder höhere Umsatzziele in sein Pflichtenheft geschrieben bekommt, bei gleichzeitiger Vorgabe von zehn Prozent Kostenreduzierung und Einstellungsstopp? Mit erschienen die Forderungen nach Visionen aufgesetzt, verträumt und wenig praxistauglich. Mittlerweile habe ich meine Meinung geändert.

Wer als Chef ein Unternehmen, einen Bereich oder eine Abteilung führt, muss wissen, wohin er will. Führen bedeutet voranzugehen und die Richtung vorzugeben. Viele Führungskräfte sitzen und warten, was heute wieder auf ihren Schreibtisch kommt. Das Abarbeiten von Aufgaben und das Lösen tagesaktueller Probleme hat aber nur wenig mit Führung zu tun. Es ist ein Getriebenwerden. Eine Vision formuliert, was passieren wird, wenn Sie über einen längeren Zeitraum erfolgreich sind. Sie zeigt, wo Sie hinwollen.

Warum haben Visionen so einen schlechten Ruf? Ein Grund mag sein, dass die wenigsten Unternehmen eine Vision haben oder aber sie niemand kennt. Wenn eine Vision tatsächlich eine gute Sache wäre, würden doch alle Unternehmen eine haben, oder nicht? Fallen Ihnen spontan drei erfolgreiche Unternehmen mit den entsprechenden Visionen ein? Na also, das muss doch einen Grund haben, oder nicht? Manche glauben auch, für Visionen bräuchte es einen Visionär, also jemanden wie zum Beispiel Steve Jobs. Wollen Sie sich vielleicht mit Steve Jobs vergleichen? Sehen Sie! Und da wäre auch noch das geflügelte Wort von Altkanzler Helmut Schmidt: »Wer Visionen hat, sollte zum Arzt gehen.«

Alles Quatsch! Schmidt erklärte 2010 in einem Gespräch mit Giovanni di Lorenzo, wahrscheinlich habe er den Satz in einem Interview gesagt, und ergänzte: »Das muss mindestens 35 Jahre her sein, vielleicht 40. Da wurde ich gefragt: Wo ist Ihre große Vision? Und ich habe gesagt: Wer eine Vision hat, der soll zum Arzt gehen. Es war eine pampige Antwort auf eine dusselige Frage.«[43]

Ich glaube, dass der Begriff der Vision zu hoch aufgehängt wird. Jeder Mensch kann Visionen kreieren. Sehen Sie sich selbst als »Visionär«? Am Ende dieses Kapitels sollten Sie zumindest den Wunsch haben, Ihre erste Vision zu formulieren.

Was passiert, wenn es keine Vision gibt? Fehlt dann etwas? Schließlich gibt es doch Ziele und eine Strategie. Wenn Sie das in Zukunft von jemandem hören, sollte Ihre direkte Gegenfrage sein: »Und woran richten Sie Ihre Strategie und Ihre Ziele aus?«

Eine Vision hat eine klare Lenkungsfunktion. Sie hilft Ihnen und den Mitarbeitern, bei schwierigen Entscheidungen die richtige Wahl zu treffen. Ein Vision weist die Richtung. Sie hilft festzulegen, was Sie tun und was nicht. Eine Vision gibt Ihnen die Kraft durchzuhalten und sich zu fokussieren. Es hilft Ihnen, Nein zu sagen, wo Sie ein größeres Ja im Kopf haben. Wenn Sie ein Bild vor Augen haben, das Sie magnetisch anzieht, bleiben natürlich alle äußeren Einflussfaktoren, aber sie sind zum Teil weniger belastend, weil Sie das Große und Ganze im Auge haben.

Wie entwickelt man also eine Vision? Zuerst einmal schauen Sie, welche Voraussetzungen gegeben sind. Eine Vision soll in eine erstrebenswerte Zukunft weisen, aber die Wurzeln liegen in der Gegenwart. Manchen Unternehmen fällt beim Thema Vision nur eine Formulierung ein: »Wir wollen die Nummer 1 in unserem Markt werden!« Falls das Unternehmen zurzeit die Nummer 2 oder 3 am Markt ist, kann das vielleicht sinnvoll sein. Wenn das Unternehmen aktuell in der Größe aber den achten Platz belegt, ist das im Normalfall substanzlose Rhetorik des Vorstands – und keine Vision. Solange es dabei bleibt, ist nichts Schlimmes passiert, außer dass die Geschäftsführung wahrscheinlich etwas an Glaubwürdigkeit verliert. Wenn ein solches Unternehmen aber tatsächlich seine Strategie danach ausrichtet und ernsthaft versucht, den Marktführer anzugreifen, kann das für das Unternehmen den Untergang bedeuten. Es ist, als würde eine Galeone mit 20 Kanonen eine mit 50 Kanonen angreifen. Das Ergebnis ist vorprogrammiert. Analysieren Sie also zuerst einmal den Ist-Zustand. Wo stehen Sie? Was sind die

Stärken und Schwächen, die Ihr Unternehmen oder Ihr Bereich mitbringt? Worauf können Sie aufbauen? Erst dann fragen Sie sich, was Sie erreichen wollen.

Der Harvard-Professor Robert Steven Kaplan, der viele Visions-Workshops großer Unternehmen geleitet hat, schreibt, dass es im Unternehmen und in den Köpfen der meisten Leader und erfahrenen Mitarbeiter eine starke Sehnsucht gebe. Diese müsse »lediglich« identifiziert, in Worte gefasst und aufgeschrieben werden. Dazu empfiehlt er, mit dem Top-Management einen Workshop in einer entspannten Atmosphäre durchzuführen.

Fragen zur Vision nach Robert Steven Kaplan[44]

- Warum arbeiten Sie in diesem Unternehmen? Sie könnten auch woanders arbeiten; warum arbeiten Sie hier? Was mögen Sie an dieser Organisation?
- Was würden Sie gern Ihren Enkeln erzählen, warum Sie hier 30 Jahre Ihres Lebens gearbeitet haben? Noch mal, Sie hätten auch woanders arbeiten können, wie werden Sie erklären, dass es gerade hier war? Zu welcher großartigen Errungenschaft hat diese Organisation einen Beitrag geleistet?
- Wie soll das Unternehmen in zehn Jahren aussehen? Was hoffen Sie sagen zu können, was das Unternehmen dann vollbracht hat?
- Was sind die unverwechselbaren Kompetenzen dieser Organisation? Was würde die Welt verlieren, worauf hätte sie verzichten müssen, wenn sie nicht existiert hätte?

Kaplan empfiehlt, den Visions-Workshop jedes Jahr zu wiederholen, um sich in Zeiten des Wandels und der Unsicherheit immer wieder zu vergewissern, dass diese noch passt.

Grundsätzlich können Sie sich als Führungskraft eines Bereichs oder einer Abteilung auch eine Vision für diese kleinere Unternehmenseinheit überlegen. Es empfiehlt sich, dies zusammen mit Ihren Direct Reports zu machen, damit ein von allen getragenes Zukunftsbild entsteht. Unterschätzen Sie nicht, was für ein Wir-Gefühl dadurch erzeugt wird und welche verbindende Kraft dieses Bild von der Zukunft entwickeln kann. Wichtig ist, dass alle zu Wort kommen und niemand den Prozess der Entstehung dominiert.

Wie es aussieht, wenn eine Vision nicht nur bei den Mitarbeitern zündet, sondern auch bei Kunden ankommt, zeigt diese Episode:

Es ist schon ein paar Jahre her, als ich eine Jubiläumsveranstaltung eines Managernetzwerks besuchte. Wie bei vielen solcher Veranstaltungen gab es eine Tombola, deren Erlös für einen guten Zweck gespendet werden sollte. Die Preise hatten namhafte Unternehmen sowie Mitglieder des Netzwerks gespendet. In diesem Fall kauften alle anwesenden Männer und auch ich mehr Lose als normalerweise, denn jeder von uns wollte den dritten Preis gewinnen. Gewöhnlich steigt der Lärmpegel bei der Auslosung deutlich an, weil sie niemanden ernsthaft interessiert. Dieses Mal war es anders. Alle Männer im Raum starrten auf besagten dritten Preis, einen knallroten kofferähnlichen Gegenstand. Auch ich wollte keinesfalls den Hauptgewinn, ein Luxuswochenende in einem Nobelhotel, sondern diesen. Als der dritte Preis gezogen wurde, war es mucksmäuschenstill im Raum. Erst als der Name des glücklichen Gewinners kundgetan wurde, unterbrach das kollektive Aufstöhnen aller anderen Männer die angespannte Stille. Enttäuscht beobachteten wir, wie der Gewinner den roten Hartschalenkoffer in Empfang nahm. Darauf stand in weißen Buchstaben ein Name: Hilti.

Im Nachhinein fand ich das Spektakel erstaunlich. Ich bin handwerklich normal begabt, kann also Schränke zusammenbauen, Bilder gerade aufhängen und Lampen anschließen. Ungefähr zwei- bis dreimal im Jahr benutze ich meine Bohrmaschine, weil ich etwas aufhängen will. Das war's. Sonst habe ich keinerlei Heimwerkerambitionen. Irgendein Marken-Bohrhammer hätte mich als Tombolapreis daher völlig kaltgelassen. Wie kommt es dann, dass der rote Hartschalenkoffer kollektiv solche Begehrlichkeiten weckte? Die Antwort ist einfach: Hilti ist nicht irgendeine Bohrmaschine, genauso wenig wie eine Harley irgendein Chopper oder eine Caterpillar irgendein Bagger ist. Hilti ist *die* Bohrmaschine für anspruchsvolle Vollprofis. Der brave Büroangestellte kauft sein Bohrmaschinchen im Baumarkt. Aber die wahren Männer bohren auf den härtesten Baustellen der Welt bei minus 30 bis plus 40 Grad mit ... na, womit? ... richtig: einer Hilti!

Ist es nicht erstaunlich, dass nicht nur ich, sondern alle Männer im Raum das wussten? Wie kreiert man sich eine solche Anhängerschaft? Warum stehen erwachsene Menschen stundenlang an, um ein neues Apple-Produkt zu erwerben? Warum kaufen Menschen für vergleichsweise viel Geld einen Mini, also ein kleines, enges, weder sparsames noch billiges Auto mit schlechtem Rundumblick? Die Antwort lautet: Weil sie durch den Besitz des Markenprodukts zu einer Community gehören wollen.

Marken versprechen Zugehörigkeit

Wir Menschen sind Herdentiere, und die meisten von uns wollen der besten und coolsten für sie erreichbaren Herde angehören. Wie schafft man aber als Unternehmen eine Marke, um die sich eine Herde bildet? Jedes Unternehmen inszeniert die eigenen Produkte und Dienstleistungen in der Werbung mit ansprechenden Bildern, welche die positiven Eigenschaften des Unternehmens mit transportieren sollen. Die schöne Bilderwelt steht oft in hartem Kontrast zu dem, was man erlebt, wenn man mit dem Unternehmen in Kontakt tritt. Wenn ein Unternehmen sich in der Werbung als modern, dynamisch und kundenorientiert darstellt, der Kunde aber beim ersten Kontakt zu Mitarbeitern des Unternehmens den Eindruck hat, er sei in einer Behörde gelandet, dann passt das nicht zusammen. Kein Unternehmen baut eine wirklich starke Marke und in Folge eine Fan-Gemeinde auf, wenn die Mitarbeiter nicht selbst vom Unternehmen begeistert und inspiriert sind.

Eine starke Marke ist auch eine stolze Marke. Fragen Sie mal die Mitarbeiter von Apple, Mini, Harley, Hilti oder Google, ob sie stolz sind, für diese Firma zu arbeiten. Sie können sich die Frage auch selbst beantworten, denn Sie werden es im Umgang mit den Mitarbeitern spüren. Sie sind begeistert von ihrem Unternehmen und laufen die sprichwörtliche Extrameile für den Kunden, um auch diesen zu begeistern.

Hinter starken Marken stehen stolze Mitarbeiter.

Glauben Sie, dass ein Unternehmen eine starke Marke werden kann, ohne dass die Mitarbeiter dahinterstehen? Warum sind die Mitarbeiter von Banken, Versicherungen oder Krankenkassen nur selten stolz auf ihre Marke bzw. ihr Unternehmen? Weshalb rechtfertigen sich manche sogar unaufgefordert, wenn sie ihren Arbeitgeber nennen? Zum einen wahrscheinlich, weil man über einzelne Unternehmen oder gar ganze Branchen viel Negatives gehört oder gelesen hat. Zum anderen sind die Mitarbeiter aber auch oft mit den gelebten Werten und dem Handeln des eigenen Unternehmens nicht einverstanden. Banken und Versicherungen zum Beispiel gelten manchen als die Raubritter der Neuzeit. An der Dienstleistung an sich kann die Ablehnung nicht liegen. Wer von uns würde sein Geld schon gern zu Hause unter der Matratze verstecken wollen? Und wer möchte auf eine Krankenversicherung verzichten und im Alter alle Arztbesuche aus der eigenen Tasche bezahlen? Wir brauchen diese Dienstleistungen. Die Ablehnung hat eine andere Ursache.

Die Wochenzeitung *DIE ZEIT* veröffentlichte im Januar 2013 ein mutiges Dossier über die Gepflogenheiten der Versicherungsbranche. Darin schildert die ehemalige Schadensreguliererin eines Unternehmens mit über 100-jähriger Tradition und einem guten Ruf die typische Vorgehensweise bei Unfällen:

»Bei Unfallversicherungen sei es die Regel, dass Ansprüche abgeschmettert würden, sagt Hüller. ›Das sind Massenversicherungen, fast jeder hat eine. Da haben wir die Ablehnung nicht mehr individuell geschrieben. Wir hatten Textbausteine, ungefähr 30 verschiedene, die miteinander kombinierbar waren.‹ Die Unbeholfenheit vieler Versicherter, die ihr Anliegen schlecht ausdrücken können, sei ›gnadenlos ausgenutzt worden‹, sagt Hüller. ›Vor allem die Berufsunfähigen haben oft kognitive Störungen und kriegen keine Schilderung hin, die sind psychisch angeschlagen.‹ Ihr und den anderen Sachbearbeitern sei es nicht darum gegangen, einem Verunglückten möglichst schnell zu helfen, sondern allein um die Frage: ›Wie krieg ich das Ding vom Tisch?‹ – und zwar ohne, dass das Unternehmen zahlen muss.«[45]

Das Verhalten dieses Versicherungsunternehmens scheint keine Ausnahme zu sein. Der Jura-Professor Hans-Peter Schwintowski wird in dem Artikel zitiert, dass nur zwei bis drei Prozent der Versicherten sich juristisch gegen die Ablehnung wehren. Die meisten würden vor den Gerichtskosten zurückschrecken. Die Frage »Wer hält länger durch, ein Kranker oder ein Konzern?« können sich die meisten Versicherten selbst beantworten. Das wissen die Versicherungsunternehmen und nutzen das skrupellos zu ihrem Vorteil aus. Armut und Hartz IV seien oft die Folge.

Ein unabhängiger Versicherungsmakler bemängelt in dem Artikel, dass Versicherungen bei höheren Schadenssummen kaum noch anstandslos zahlen: »Alles, was über 10 000 Euro liegt, bringen die zum Prozess.«

Dieses Beispiel soll nicht alle Versicherungsunternehmen über einen Kamm scheren. Ich habe in meiner Tätigkeit als Redner die CEOs und Vorstände mehrerer Versicherungskonzerne kennen gelernt. Darunter waren Personen, die auf mich absolut integer und werteorientiert wirkten. Ich nehme ihnen ab, dass sie für ihre Mitarbeiter und Kunden ihr Bestes geben. Wie in jeder Branche gibt es aber auch hier solche und solche.

Die Situation der Versicherer ist, und das muss man berücksichtigen, infolge von EU-Auflagen und der Finanzkrise allgemein sehr angespannt. In diesem schwierigen Umfeld bleiben einzelne Versicherer aber so weit sie können fair gegenüber den Kunden. Die aus der *ZEIT* zitierte Schadensregulierin und Juristin arbeitet heute übrigens nicht mehr für die Versicherung:

»Zum Umdenken gebracht habe sie der Fall eines todkranken Mannes, eines Familienvaters mit einer jungen Frau und einem kleinen Kind, sagt Hüller. Es habe kein Zweifel daran bestanden, dass der Mann sterben würde. Und trotzdem habe sie die Bezahlung der Berufsunfähigkeitsrente blockiert, auch dann noch, als die Ehefrau weinend anrief und sie anflehte. Sie habe dann vom Hausarzt ein weiteres Attest verlangt, obwohl schon eines vorgelegen habe. Sie wollte Zeit schinden, obwohl der Versicherte nicht mehr lange zu leben hatte.«[46]

Ich kann mir die Ohnmacht und die Wut der Angehörigen vorstellen, die sich »im Stich gelassen« fühlen, wie es im Titel des Artikels formuliert wird. Dieses menschliche Elend als Angestellter der Versicherung verursachen zu müssen, hinterlässt aber ebenfalls Spuren. Wie hält man das aus? Kann eine Angestellte, die so handeln muss, hinter ihrem Arbeitgeber stehen? Ist sie von diesem begeistert und empfiehlt sie ihn weiter? Auf Dauer wird auch der Außendienst durch die Fälle geprellter Kunden und auch über den Flurfunk mitbekommen, welche Zahlungsmoral das eigene Unternehmen gegenüber den Kunden hat. Glauben Sie, dass so ein Vertriebsmann die Versicherungspolice noch mit gutem Gewissen verkaufen kann? Ist ein solches Unternehmen, das seine Gewinne letztendlich auf Betrug am Kunden aufbaut, eines, zu dessen »Herde« man gehören will? Würden Sie für so ein Unternehmen arbeiten wollen?

Wir leben in einer Zeit der Transparenz. Mir erzählte ein Manager eines großen Chemieunternehmens, sie hätten einmal einen völlig harmlosen Brand in einem Generatorenhäuschen gehabt. Nach fünf Minuten war die Werksfeuerwehr vor Ort. Aber bereits nach zwei Minuten war ein Foto des stark qualmenden Häuschens im Internet und verbreitete sich rasend schnell als Katastrophennachricht. Das Unternehmen hatte erhebliche Probleme, der anrückenden Presse klarzumachen, dass es wirklich nur ein harmloser Zwischenfall war. Informationen lassen sich heute weder aufhalten noch zensieren.

Mittlerweile gibt es für jeden Lebensbereich Bewertungsportale, bei denen Kunden ihre Meinung sagen. Die ältere Generation nutzt diese vielleicht begrenzt, aber die Angehörigen der Generation Y, die nach 1980 geboren wurden, sind mit Internet und Smartphone aufgewachsen. Sie posten ihre Meinung und sie lesen, was andere sagen, bevor sie einen Versicherungsvertrag unterschreiben. Wer heute seine Kunden prellt, wird deshalb morgen keine mehr haben. Ein Unternehmen benötigt heute mehr denn je zufriedene Kunden. Anzustreben ist aber etwas anderes, nämlich begeisterte Kunden, die Mundpropaganda machen und zu Multiplikatoren der Markenbotschaft werden.

Nehmen wir wieder das Beispiel Hilti. Die Hilti Corporation mit ihren weltweit etwas mehr als 20 000 Mitarbeitern wurde 2013 bei der »Great Place to Work«-Studie unter die 20 besten multinationalen Arbeitgeber der Welt gewählt (Platz 15). Seit der Gründung wächst Hilti fast jedes Jahr bei Umsatz, Gewinn und Mitarbeitern. Selbst im Krisenjahr 2008 wuchs das Unternehmen (in den lokalen Währungen der Absatzmärkte) um sieben Prozent.

Was Menschen begeistert

Die meisten Hilti-Mitarbeiter sind leidenschaftliche Anhänger ihrer Marke, und dafür gibt es viele Gründe. Das Unternehmen produziert ausgezeichnete Produkte, die dank der unverkennbaren Signalfarbe Rot von jedermann sofort erkannt werden. Außerdem bietet es integrierte Dienstleistungen rund um diese Produkte an. Aber all das machen viele andere Unternehmen auch. Wo also ist der Unterschied? Drei Faktoren sind wichtig:

1. Sehr gute Produkte und Dienstleistungen. Niemand begeistert sich für Minderwertiges und Abzockerei.
2. Eine mitarbeiterorientierte Unternehmenskultur, die ein Wir-Gefühl schafft.
3. Ein übergeordneter Sinn. Die eigene Arbeit soll die Welt, in der wir leben, verbessern.

Die Qualität der Produkte und Dienstleistungen ist im Beispiel Hilti exzellent. Wie sieht es mit der gelebten Unternehmenskultur und dem Teamspirit aus? Hilti kommuniziert nach innen und außen vier grundlegende Werte: Integrität, Mut, Teamwork und Commitment.

Hilti konzentriert sich also auf vier Werte, die den Mitarbeitern durch viele Veranstaltungen vermittelt und vom Management vorgelebt werden. Diese vier Werte sind überschaubar und wurden mit wenigen Zeilen ausformuliert. Da die Übersetzung ins Deutsche etwas förmlicher klingt, gebe ich hier den Originaltext zum Thema »Values« der Hilti-Website wieder.

>*»Hilti values:* The way we do things at Hilti is based on living strong values. We act with integrity in all we do, we demonstrate courage to go beyond the circle of habits, we outperform through teamwork, and we have commitment to personal and company growth.«[47]

Wie oft bei solchen Texten, überraschen die Inhalte nicht wirklich. Der Unterschied ist, dass sie bei Hilti tatsächlich umgesetzt werden. Der erste Schritt, um Werte im Unternehmen zu leben, besteht darin, sie klar und verständlich zu formulieren.

Lesen Sie dazu einmal das Mission-Statement beziehungsweise Leitbild von Hilti. Es ist mit seinen beiden Schwerpunkten klar und verständlich:

»**Unsere Kunden begeistern:** *Wir schaffen Erfolg für unsere Kunden. Wir identifizieren ihre Bedürfnisse und bieten ihnen innovative Lösungen mit überlegenem Mehrwert.*

Eine bessere Zukunft bauen: *Wir fördern ein Klima, in dem jedes Teammitglied geschätzt wird und persönlich wachsen kann.*
Wir entwickeln Beziehungen zu unseren Lieferanten und Partnern, die allen Gewinn bringen.
Wir handeln verantwortlich gegenüber Gesellschaft und Umwelt.
Wir streben substanzielles und nachhaltiges profitables Wachstum an und sichern damit unsere Handlungsfreiheit langfristig.«[48]

Im Vergleich zu anderen Leitbildern fällt hier auf, dass Hilti sich auf je einen Kernsatz für die relevanten Gruppen Kunden, Mitarbeiter, Partner, Gesellschaft und Anteilseigner konzentriert. Die Überschriften lenken die Aufmerksamkeit auf den Sinn (bessere Zukunft) und Begeisterung. Wichtiger als das Formulieren ist aber das Vermitteln und Vorleben des Leitbilds und der vier Werte. Wie werden nun die Werte Integrität, Mut, Teamwork und Commitment an die Mitarbeiter vermittelt? Die St. Gallener Professorin Heike Bruch hat den Erfolg von Hilti untersucht.

Jeder Mitarbeiter durchläuft drei aufeinanderfolgende Team-Camps, die jeweils zwischen zweieinhalb und vier Tage dauern. Im Mittelpunkt stehen immer die vier Kernwerte und das Teamwork. Im ersten Team-Camp, das den Titel »Foundation« (Grundlage) trägt, werden die beiden Kernsätze des oben genannte Hilti-Leitbilds »We passionately create enthusiastic customers« und »Build a better future« diskutiert und konkret auf die eigene Arbeit übertragen. Im zweiten Team-Camp mit dem Namen »Rubicon« (Grenzfluss, den Cäsar 49 v. Chr. mit seinen Truppen überquerte und damit offiziell Rom angriff) wird die bisherige Arbeit bezogen auf die Kultur reflektiert, und es werden neue Ziele und Projekte zur Weiterentwicklung der Kultur im eigenen Bereich festgelegt. Das Team als Ganzes und jeder Einzelne verpflichten sich, die selbst festgelegten Schritte umzusetzen. Es gibt kein Zurück – wie bei Cäsar, der bei der Überschreitung des Rubicon den Satz »alea iacta est« (die Würfel sind gefallen) gesagt haben soll. Das dritte Team-Camp trägt den Titel »Pitstop« (Boxenstopp in der Formel 1). Hier soll aufgetankt werden. Die Teilnehmer reflektieren ihre Arbeitsbelastung und Work-Life-Balance. Um diese zu verbessern, werden Prioritäten gesetzt und entschieden, auf welche Projekte man sich konzentrieren und welche man beenden will. Weitere Module, die nicht jeder Mitarbeiter besucht, heißen »4 Moments of Truth« und »Why not«.

Zusätzlich zu den Team-Camps nimmt jeder Mitarbeiter zusammen mit seinen Kollegen alle zwei Jahre an einem Kultur-Workshop teil. Bereits 1984, also vor 30 Jahren, begann man bei Hilti, jährliche Kultur-Workshops durchzuführen. Sie befassten sich mit der Frage, wie sich eine weltweite Unternehmenskultur auf allen Ebenen schaffen lässt. Außerdem wurde immer wieder hinterfragt, inwieweit die aktuelle Kultur noch zu Vision und Strategie passt. Seit 2007 sind die Workshops für *alle* Mitarbeiter verpflichtend. Die Teams treffen sich, um immer wieder die Kultur sowie Maßnahmen zu deren Umsetzung zu diskutieren. Dabei wird auch besprochen, was jeder zum Teamerfolg beiträgt. Diese fortlaufende Workshop-Reihe trägt den Titel »Our Culture Journey«. Die Autoren Prof. Bruch und Dr. Poralla stellen fest:

> »Das Topmanagement steht uneingeschränkt hinter der Kulturentwicklung. So investiert es seit Jahrzehnten erhebliche Mittel in das Programm. Allein 2007 gab Hilti rund 13,2 Millionen Franken für die Kulturtrainings aus, die insgesamt mehr als 38 000 Arbeitstage in Anspruch nahmen. Zudem investieren die Mitglieder der Geschäftsleitung pro Jahr mindestens zehn Tage ihrer eigenen Arbeitszeit in die Kulturtrainings. Sie testen als erstes Team neue Workshop-Formate und moderieren anschließend die Seminare der nächsten Hierarchieebene, deren Mitglieder wiederum die Seminare ihrer Untergebenen leiten. Alle Führungskräfte durchlaufen das Seminar auf diese Weise zweimal. Selbst der Verwaltungsrat nimmt an regelmäßigen Teamseminaren teil.
>
> Wie stark jeder Einzelne mit den Unternehmenswerten übereinstimmt, beeinflusst entscheidend seine Weiterentwicklung und Karriere. So war bei über der Hälfte der Führungskräfte, die Hilti in den vergangenen Jahren verlassen mussten, mangelnde Einhaltung der kulturellen Werte Grund für die Kündigung. Die Kulturentwick-

lung zeigt zudem messbare Ergebnisse. Die jährliche Mitarbeiterbefragung, an der 92 Prozent der Belegschaft teilnahmen, ergab, dass 81 Prozent Hilti als Arbeitgeber weiterempfehlen würden; 87 Prozent sind stolz darauf, bei Hilti zu arbeiten; und 94 Prozent sind bereit, was immer möglich ist, für den Unternehmenserfolg zu tun.«[49]

Stellen Sie sich bitte einmal vor, 94 Prozent Ihrer Mitarbeiter wären bereit, für den Unternehmenserfolg zu tun, was immer möglich ist. Was meinen Sie, welche Erfolge sich damit erzielen ließen?

Sehr interessant ist, dass die Hälfte der Kündigungen mit mangelnder Einhaltung der Unternehmenswerte begründet wird. Viele Unternehmen haben wohlklingende Unternehmensleitsätze, aber eine Abweichung davon wird durch die Manager nicht nur geduldet, sondern zum Teil auch noch mit Bonuszahlungen und Beförderung belohnt. Denken Sie an das oben genannte Beispiel der Versicherung, die ihre in Not geratenen Kunden betrügt. Mit großer Wahrscheinlichkeit hat genau dieses Unternehmen auch Unternehmensleitsätze, in denen die eigene Verantwortung gegenüber Kunden und Gesellschaft postuliert wird.

Nun hat ein Unternehmen wie Hilti über einen langen Zeitraum daran gearbeitet, dass Mitarbeiter und Kunden begeistert sind. Was aber können Ihr Unternehmen und Sie persönlich tun, wenn Sie nicht auf Jahrzehnte des Kulturaufbaus zurückblicken können? Womit sollen Sie beginnen? Was ist der wichtigste Schritt? Die Antwort wurde schon im Kapitel 1 beim We-care-Ansatz genannt:

> **Mitarbeiterorientierung ist ein elementarer Erfolgsfaktor für Unternehmen!**

Unternehmenskultur und Mitarbeiterengagement

Vielleicht fragen Sie sich jetzt, ob das einfach nur meine Meinung ist oder ob diese Aussage auch empirisch belegt ist. Dazu werde ich Ihnen eine interessante Studie vorstellen, die 2008 veröffentlicht wurde.[50] Sie beruht auf dem Forschungsprojekt »Unternehmenskultur, Arbeitsqualität und Mitarbeiterengagement in den Unternehmen in Deutschland«, das im Auftrag des Bundesministeriums für Arbeit und Soziales vom »Great Place to Work Institute« Deutschland in Kooperation mit der Universität zu Köln durchgeführt wurde. Für diese Untersuchung wurden insgesamt 314 Unternehmen in Deutschland aus einer Zufallsstichprobe untersucht und 37 000 Mitarbeiter und Manager interviewt.

Erstmals wurde hier für Deutschland untersucht, welchen Einfluss die Unternehmenskultur auf den Erfolg von Unternehmen hat. Der Erfolg wurde mithilfe eines Erfolgsindexes bewertet, der objektive Finanzkennzahlen und subjektive Erfolgsbewertung durch das Management einbezog. Anschließend verglich man, was die erfolgreichen von den weniger erfolgreichen Unternehmen bei den Antworten der Mitarbeiter und Manager unterschied.

Was stellte sich als wichtigster Faktor für Erfolg heraus? Es zeigt sich, dass ein bedeutsamer und statistisch signifikanter Zusammenhang zwischen dem Engagement der Mitarbeiter und dem Unternehmenserfolg besteht. Unternehmen mit hohem Mitarbeiterengagement sind wesentlich häufiger erfolgreich als Unternehmen mit einem geringeren Engagement der Mitarbeiter. Das hätten Sie sicherlich auch so vermutet. Interessanter ist folgendes Ergebnis[51]: Insgesamt bewerten Manager das

Engagement der Mitarbeiter als außerordentlich wichtig. Fragte man die Entscheider, welcher der Faktoren für den Erfolg der wichtigste sei, mussten sie sich also für einen einzigen entscheiden, steht die Qualität des Angebots insgesamt an erster Stelle. Jedoch antworteten die Manager erfolgreicher Unternehmen siebenmal häufiger als die von wenig erfolgreichen, das Engagement sei der wichtigste, bei ihnen steht das Engagement der Mitarbeiter insgesamt an erster Stelle.

Kultur der Mitarbeiterorientierung

Wie aber lässt sich das Engagement der Beschäftigten positiv beeinflussen? Laut Studie hat vor allem die erlebte Unternehmenskultur einen außerordentlich hohen Einfluss auf das Engagement. Der Forschungsbericht stellt außerdem fest, dass vier von zehn Arbeitnehmern keine einheitliche und starke Kultur in ihrem Unternehmen erkennen können. Die Konsequenz ist, dass sie keine klaren Werte und Grundsätze haben, an denen sie ihr Handeln ausrichten können. Von den verbleibenden sechs von zehn Mitarbeitern, die eine einheitliche und starke Kultur wahrnehmen, nennen 77 Prozent am ehesten eine Kultur der Kundenorientierung und 70 Prozent eine Kultur der Leistungsorientierung. Deutlich seltener antworten die Befragten dagegen, eine starke Kultur der Mitarbeiterorientierung wahrnehmen zu können.

Die einzelnen Dimensionen einer Kultur der Mitarbeiterorientierung, wie zum Beispiel die Integrität der Führung (56 Prozent), die Teamorientierung (56 Prozent) und der faire Umgang miteinander (55 Prozent), werden von Mitarbeitern in wesentlich geringerem Maße als wahrnehmbar bewertet als die Dimension der Kunden- oder Leistungsorientierung. Das heißt, nur sechs von zehn Mitarbeitern können überhaupt eine Kultur wahrnehmen, und davon wiederum nehmen nur ungefähr die Hälfte eine mitarbeiterorientierte Kultur wahr. Hier liegt ein enormes Potenzial für die meisten Unternehmen, das Engagement auszubauen und den eigenen Erfolg zu erhöhen.

Die Studie brachte eine weitere, sehr interessante Erkenntnis hervor. Der Erfolg von Unternehmen steht im engen Zusammenhang mit der prozentualen Verteilung bestimmter Mitarbeitergruppen. Die Studie ent-

Grafik 3: Der Zusammenhang zwischen Unternehmenskultur, Mitarbeiterengagement und Unternehmenserfolg[52]

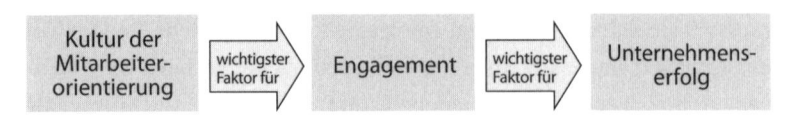

Kultur der Mitarbeiterorientierung →*wichtigster Faktor für*→ Engagement →*wichtigster Faktor für*→ Unternehmenserfolg

wickelte aus den empirischen Ergebnissen eine entsprechende Typologie, die ich sehr nachvollziehbar finde und die einen großen Praxisnutzen hat.

Mitarbeitertypologie nach Engagement und Zufriedenheit

Die Typologie unterscheidet vier Mitarbeitertypen auf der Basis ihres Engagements und ihrer Zufriedenheit und beschreibt deren Strategien und Orientierungen im Umgang mit der Arbeit.

Folgende Mitarbeitertypen werden unterschieden[53]:

- ▶ Aktiv-Engagierte
- ▶ Passiv-Zufriedene
- ▶ Akut-Unzufriedene
- ▶ Desinteressierte

Grafik 4: Verteilung der Mitarbeitertypen in deutschen Unternehmen[54]

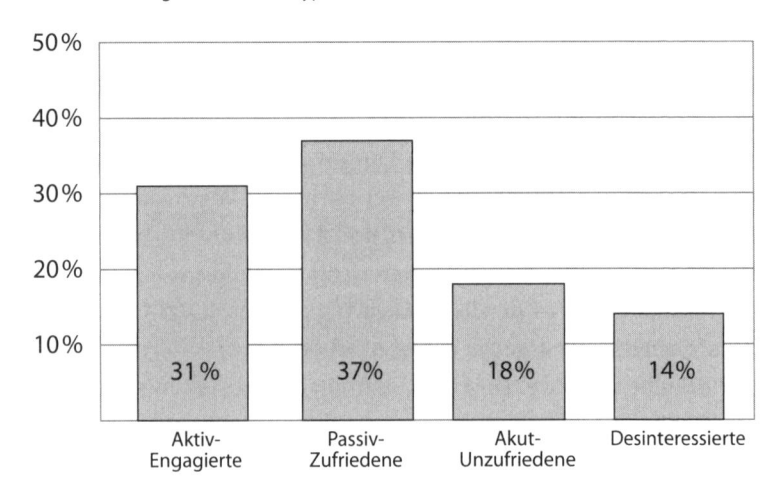

Aktiv-Engagierte	31%
Passiv-Zufriedene	37%
Akut-Unzufriedene	18%
Desinteressierte	14%

Grafik 4 zeigt die durchschnittliche Verteilung der Mitarbeitertypen in deutschen Unternehmen. Danach umfasst die Gruppe der Aktiv-Engagierten 31 Prozent – fast jeder Dritte identifiziert sich demnach also stark mit seinem Unternehmen! Der Anteil liegt damit doppelt so hoch wie bei dem jährlich erscheinenden Gallup Engagement Index, der für 2013 nur bei 16 Prozent der Mitarbeiter eine hohe emotionale Bindung an den Arbeitgeber ausweist. Der Engagement Index wird von der deutschen Wirtschaftspresse Jahr für Jahr gebetsmühlenartig zitiert. Zweifel an den Ergebnissen scheinen jedoch durchaus berechtigt. Die deutschen Unternehmen wären nicht so gut, wie sie es sind, wenn nur knapp jeder siebte Mitarbeiter ein hohes Engagement und eine hohe Bindung an das Unternehmen hätte. Die genannten Zahlen der vom Bundesministerium für Arbeit herausgegebenen Studie erscheinen mir glaubhafter.

Die Unterscheidung der vier Mitarbeitertypen hat zudem einen hohen Praxisnutzen. Im Folgenden zitiere ich deshalb mit freundlicher Genehmigung des »Great Place to Work Institutes« Auszüge aus dem Originaltext der Studie zur Beschreibung dieser Typen. Der Text ist ein Beispiel dafür, dass wissenschaftliche Arbeiten durchaus auch sehr verständlich aufbereitet werden können.

Aktiv-Engagierte

»Diese Beschäftigten zeichnen sich durch eine hohe Arbeitszufriedenheit und eine hohe Identifikation im Sinne von Stolz auf ihren Arbeitgeber aus. Sie möchten noch lange bei ihrem Arbeitgeber bleiben und zeigen dabei die höchste Einsatzbereitschaft der betrachteten Typen.

Die Aktiv-Engagierten identifizieren sich stark mit ihrer Tätigkeit und zeigen insgesamt ein hohes Maß an intrinsischer Motivation und Selbststeuerung: Für sie ist ihr Beruf eindeutig mehr als nur ein Mittel, um Geld zu verdienen, und sie würden auch dann noch arbeiten, wenn sie das Geld nicht mehr bräuchten. Sie achten stark darauf, ihr Wissen auf dem Laufenden zu halten, und vertrauen auf ihre Fähigkeiten, sodass sie Schwierigkeiten gelassen entgegensehen können. Darüber hinaus sind die Aktiv-Engagierten dadurch gekennzeichnet, dass sie aktiv nach Gelegenheiten suchen, ihre Arbeit mit Freude zu erledigen. Sorgen, ihren Arbeitsplatz zu verlieren, machen sich Aktiv-Engagierte kaum. Aktiv-Engagierte sind nicht nur, aber doch überdurchschnittlich häufig in Führungspositionen anzutreffen. Sie sind tendenziell älter – 58 Prozent sind über 40 Jahre alt – und weisen häufiger als die anderen Mitarbeiter-Typen einen (Fach)Hochschulabschluss auf (25 Prozent).«

Passiv-Zufriedene

»Passiv-Zufriedene sind mit ihrer Arbeit insgesamt relativ zufrieden. Sie identifizieren sich ebenfalls überdurchschnittlich mit ihrem Arbeitgeber und zeigen eine relativ hohe Bindung. Sie bewerten ihren Arbeitsplatz alles in allem positiv und geben auch an, Spaß bei der Arbeit zu haben. Auffällig ist jedoch, dass die Passiv-Zufriedenen eine nur durchschnittlich ausgeprägte Einsatzbereitschaft und eine geringer ausgeprägte Selbststeuerungsorientierung aufweisen: Sie achten weniger stark darauf, ihr berufsbezogenes Wissen und ihre Fähigkeiten auf dem Laufenden zu halten, und vertrauen in geringerem Maße auf ihre eigenen Fähigkeiten. Zudem suchen sie selten nach Gelegenheiten, ihre Arbeit mit Freude zu erledigen. Insgesamt sind die Passiv-Zufriedenen überdurchschnittlich zufrieden mit der Arbeit, zeigen eine damit verglichen geringere Einsatzbereitschaft und nur wenige Ansätze zur aktiven Gestaltung der persönlichen Arbeitssituation. Die Gruppe der Passiv-Zufriedenen weist den höchsten Frauenanteil auf, denn 45 Prozent aller befragten Frauen zählen zu dieser. Daneben gibt es keine Besonderheiten in den soziodemografischen Merkmalen dieser Gruppe.«

Akut-Unzufriedene

»Im Vergleich zu den anderen Typen zeichnen sich Akut-Unzufriedene durch eine im Vergleich sehr geringe Arbeitszufriedenheit und eine sehr schwache Identifikation mit ihrem Arbeitgeber aus. Am auffälligsten ist die extrem geringe Bindung der Akut-Unzufriedenen, die auf ›innere Kündigung‹ bzw. auf eine direkte Kündigungsbereitschaft schließen lässt. Entsprechend ist auch ihre Sorge um den Arbeitsplatz nur schwach ausgeprägt. Die Einsatzbereitschaft der Akut-Unzufriedenen ist die geringste unter den vier Typen.

Wichtig ist jedoch festzuhalten, dass die Akut-Unzufriedenen nicht grundsätzlich unmotiviert sind zu arbeiten: So geben sie häufiger als der Durchschnitt an, auch dann berufstätig sein zu wollen, wenn sie das Geld nicht bräuchten. Ihre Aufmerksam-

keit auf eine Aktualisierung ihres Wissens und ihrer Fähigkeiten sowie die Suche nach Gelegenheiten, ihre Arbeit mit Freude erledigen zu können, liegen etwa im Durchschnitt aller Befragten bzw. leicht darüber. Die kritische Haltung bezieht sich daher vielmehr auf die aktuellen Arbeitsbedingungen und ihren derzeitigen Arbeitgeber.

Die Akut-Unzufriedenen weisen einen leicht erhöhten Anteil an Akademikern auf (26 Prozent) und sind im Durchschnitt etwas jünger (49 Prozent sind jünger als 40 Jahre).«

Desinteressierte

»Besonderes Kennzeichen der Desinteressierten ist die grundsätzlich geringe Bedeutung, die sie der Berufstätigkeit geben, und ihre gering ausgeprägte Fähigkeit zur Selbststeuerung: Sie sind deutlich weniger als die anderen Typen bemüht, ihre Arbeit mit Freude zu erledigen und ihr berufsbezogenes Wissen auf dem Laufenden zu halten. Vielleicht haben sie auch deshalb weniger Vertrauen in ihre Fähigkeiten und bleiben bei Schwierigkeiten bei der Arbeit weniger gelassen. Die Arbeitszufriedenheit und das Engagement der Desinteressierten sind nur unterdurchschnittlich ausgeprägt; sie erleben das Unternehmen und die Arbeit aber weniger negativ als die Akut-Unzufriedenen. Im Hinblick auf die Soziodemografie fällt auf, dass die Desinteressierten überdurchschnittlich häufig einer körperlichen Arbeit nachgehen (49 Prozent vs. 33 Prozent im Gesamtteilnehmerfeld) und häufiger einen Berufsabschluss mit gewerblicher oder landwirtschaftlicher Lehre aufweisen. Außerdem zeigt sich bei den Desinteressierten ein auffallend hoher Männeranteil (72 Prozent).«[55]

Ideal für ein Unternehmen wäre nun, möglichst viele Aktiv-Engagierte und gleichzeitig wenige Akut-Unzufriedene und Desinteressierte in der Belegschaft zu haben. Bei welchen Unternehmen das der Fall ist, hat die Studie ebenfalls untersucht. Vor allem Unternehmen mit einer mitarbeiterorientierten Kultur gelingt es, einen überdurchschnittlich hohen Anteil an Aktiv-Engagierten zu entwickeln oder aber einzustellen und an das Unternehmen zu binden. Bei den Top-30-Unternehmen in der Mitarbeiterorientierung sind 45 Prozent der Belegschaft Aktiv-Engagierte.[56] Bleibt noch die Frage, wie der Zusammenhang zwischen der Mitarbeiterzusammensetzung und dem Unternehmenserfolg ist. Die Grafik 5 gibt Ihnen die Antwort.

Grafik 5: Mitarbeitertypen in den Top-30-Unternehmen nach Unternehmenserfolg im Vergleich mit den Bottom-30-Unternehmen[57]

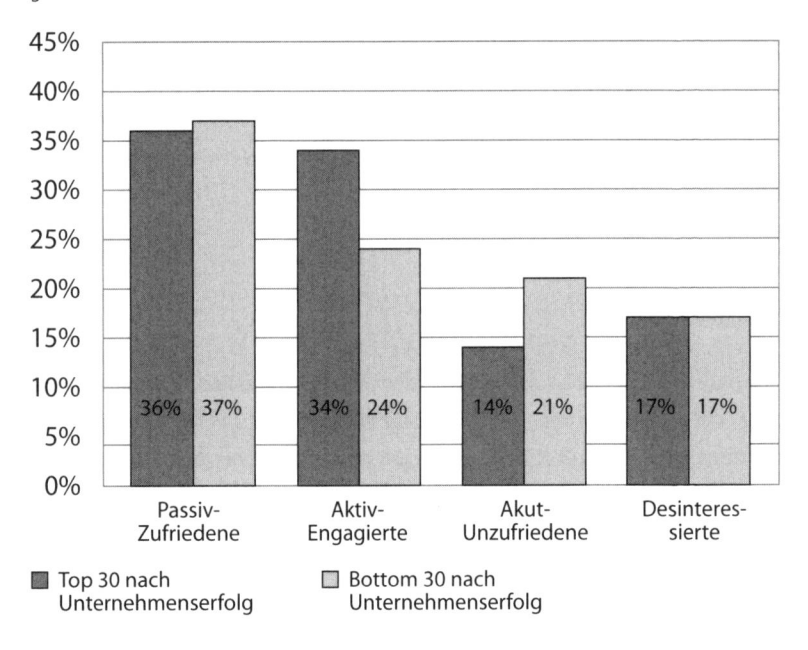

	Passiv-Zufriedene	Aktiv-Engagierte	Akut-Unzufriedene	Desinteressierte
Top 30 nach Unternehmenserfolg	36%	34%	14%	17%
Bottom 30 nach Unternehmenserfolg	37%	24%	21%	17%

Der prozentuale Anteil der Passiv-Zufriedenen und der Desinteressierten unterscheidet sich bei erfolgreichen und weniger erfolgreichen Unternehmen kaum. Die größten Unterschiede gibt es bei den Anteilen der Aktiv-Engagierten und der Akut-Unzufriedenen. Akut-Unzufriedene gibt es in den erfolgreichen Unternehmen wesentlich weniger, während der Anteil an Aktiv-Engagierten um mehr als diesen Prozentsatz größer ist. Dafür kann es mehrere Gründe geben, die sich nicht mit Sicherheit zuordnen lassen. Es ist aber klar, dass eine Kultur der Mitarbeiterorientierung mehr Mitarbeiter in Aktiv-Engagierte verwandelt. Es ist davon auszugehen, dass eine We-care-Kultur einen Teil der Akut-Unzufriedenen aus ihrer Rolle herausholt. Meine persönliche Erfahrung ist, dass anfängliche Kritiker manchmal zu echten Fans werden, wenn man sie mit Respekt behandelt und einen echten Dialog eröffnet. Viele der Akut-Unzufriedenen wollen ja durchaus Leistung erbringen, auch wenn sie aktuell Dienst nach Vorschrift machen. Die kritische Haltung ist laut der Studie vor allem den aktuellen Arbeitsbedingungen geschuldet. Es ist anzunehmen, dass diese Mitarbeiter wenig Wertschätzung und Anerkennung erfahren. Ein We-care-Leader, der sich wirklich für die Bedürfnisse der Mitarbeiter interessiert und sich für diese einsetzt, kann einen guten Teil der Akut-Unzufriedenen in Aktiv-Engagierte verwandeln. Das lässt sich in der Praxis immer wieder beobachten.

Mitarbeiterorientierte Kultur

Ausschlaggebend für das Engagement der Mitarbeiter ist die mitarbeiterorientierte Kultur im Unternehmen. Grafik 6 zeigt die Kriterien der Mitarbeiterorientierung und vergleicht deren Ausprägung in den Top-50-Unternehmen des Wettbewerbs »Deutschlands beste Arbeitgeber 2007« mit den Ergebnissen für die repräsentativen Unternehmen, die in der Studie untersucht wurden.

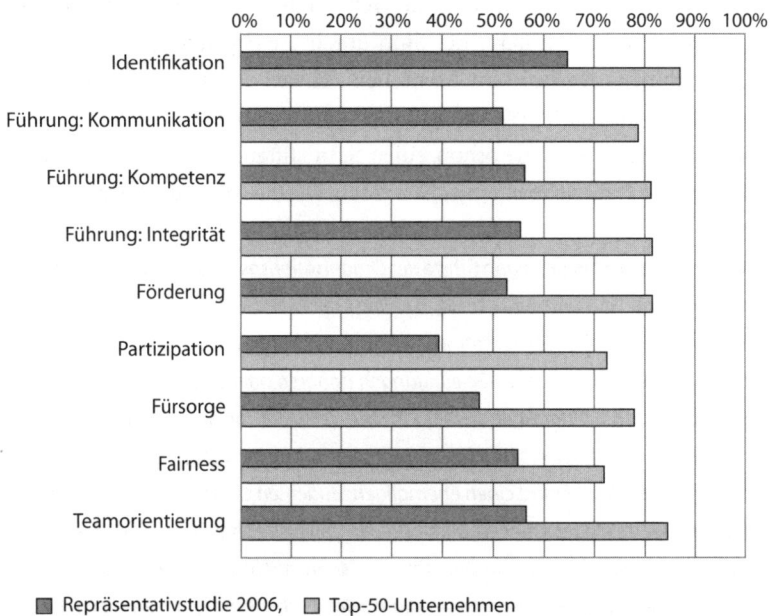

Grafik 6: Aspekte einer mitarbeiterorientierten Unternehmenskultur im Vergleich[58]

■ Repräsentativstudie 2006, N = 314
☐ Top-50-Unternehmen »Deutschlands beste Arbeitgeber 2007«, N = 50

Die Grafik zeigt, wie viel Prozent der Mitarbeiter die Fragen zu den oben genannten Items mit »trifft überwiegend zu« oder »trifft fast völlig zu« beantwortet haben. Es fällt auf, dass bei den Top-50-Unternehmen die Werte im Vergleich zur Repräsentativstudie bei den meisten Items um 20 bis 30 Prozentpunkte höher liegen. Offensichtlich wird in den Top-50-Unternehmen eine andere Führungskultur gelebt. Hier sieht die Studie noch viel Verbesserungspotenzial.

Auch interessant: In den besonders mitarbeiterorientierten und damit erfolgreichen Unternehmen ist der Anteil der Frauen in Führungspositionen deutlich höher als in den weniger mitarbeiterorientierten.

Kommen wir noch einmal auf die bereits genannten drei Faktoren zurück, die Menschen vom Unternehmen begeistern:

1. Sehr gute Produkte und Dienstleistungen
2. Eine mitarbeiterorientierte Unternehmenskultur
3. Ein übergeordneter Sinn

Der dritte Faktor für die Begeisterung der Mitarbeiter ist also der übergeordnete Sinn und der Eindruck, die Welt durch die eigene Arbeit etwas zu verbessern. Zum Teil kann der Sinn durch die eigentliche Aufgabe des Unternehmens gegeben sein. Menschen weltweit dabei zu helfen, mit den hervorragenden Hilti-Werkzeuge und -Maschinen Arbeiten besser auszuführen, kann für viele schon einen Sinn stiften. Manchmal muss der Sinn jedoch erst erlebbar gemacht werden, wie das folgende Beispiel zeigt:

»An der Universität in Michigan führte der Organisationspsychologe Adam Grant ein Experiment mit Studenten durch, die in einem Callcenter Geldspenden für Stipendien eintreiben sollten. Der Telefonjob war nicht nur eintönig und schlecht bezahlt, die Studenten mussten sich auch Beleidigungen anhören oder abwimmeln lassen. Die Erfolgsquote lag bei traurigen sieben Prozent. Versuche, die Studenten mit Geldgeschenken und Wettbewerbsspielen zu motivieren, hatten wenig Erfolg. Grant kam auf eine andere Idee: Er lud einen ehemaligen Studenten ein, der allein dank der auf diese öde Weise eingetriebenen Mittel an der Universität hatte studieren können – und der heute selbst als Lehrer arbeitet. Der Mann erzählte nun den studentischen Geldeintreibern, dass er diesem Stipendium seinen Lebenserfolg zu verdanken habe. Einen Monat später verbrachten die Studenten 142 Prozent mehr Zeit am Telefon und trieben 171 Prozent mehr Geld ein – ohne ihre Methode geändert zu haben. In einer Folgestudie verfünffachten sich die Umsätze sogar. Selbst Briefe von dankbaren Stipendiaten, die man den Anrufern vorlegte, erhöhten deren Arbeitseinsatz. Die Stu-

denten waren produktiver und glücklicher, weil sie wussten, dass sie mit ihrer Arbeit anderen halfen. Plötzlich erkannten sie Sinn in dem Stumpfsinn, den sie taten.«[59]

Hinzukommen sollte aber noch eine andere Komponente. Mitarbeiter empfinden es als sinnstiftend, wenn das Unternehmen über den eigentlichen Zweck der Leistungserbringung hinaus noch etwas für die Gesellschaft leistet, was nicht direkt dem Unternehmen dient. Ich glaube, dass es für Mitarbeiter sehr motivierend sein kann, diese sinngebende Komponente zu erleben. Ein Beispiel:

Ein Manager arbeitet in einer Hamburger Großbank. Diese Bank übernahm für zwei Monate die Patenschaft für eine Obdachloseneinrichtung. Dafür lieferte die Kantine der Bank das fertige Essen direkt dorthin aus. Mitarbeitern der Bank wurde angeboten, in der Mittagszeit freizubekommen, um bei der Essensausgabe zu helfen. Man war sich keineswegs sicher, ob sich täglich drei bis vier Freiwillige für die Essenausgabe finden würden. Aber die Nachfrage war überwältigend. Der Manager, der sich ursprünglich für drei Termine eingetragen hatte, bekam nur einen zugewiesen. Viele andere konnten gar nicht teilnehmen. Während der Essenausgaben war der Leiter der Einrichtung anwesend. Er nahm sich die Zeit, um den Bankern zu erklären, wie die Einrichtung arbeitete und welches die Probleme der Obdachlosen waren. So bot die Einrichtung zum Beispiel tagsüber saubere Ruheplätze an, wo sich die Obdachlosen ausruhen konnten, ohne Angst haben zu müssen, von Ratten gebissen, bestohlen oder im Schlaf einfach nur grundlos ins Gesicht getreten zu werden. Sie hatten dort auch ihre Postanschrift, ohne die man in Deutschland keine Anträge stellen kann. Beim Ausfüllen der Behördenformulare und den erforderlichen Ämtergängen halfen die Mitarbeiter der Einrichtung den Obdachlosen. Wichtig sei es, den mittellosen Menschen ihre Würde zu lassen. So bezahlten die Empfänger des Essens dafür beispielsweise 50 Cent, weil man herausgefunden hatte, dass diese es nicht geschenkt haben wollten. Sie wollten dafür bezahlen. Außerdem wurden Deutschkurse angeboten und Bücher verliehen, was beides gut angenommen wurde. Der Manager berichtete, er sei überrascht gewesen, dass viele nachweislich obdachlose Menschen äußerlich überhaupt nicht dem Klischee entsprechen. »Armut erkennt man oft nicht« war die Lektion, die er lernte. Auf meine Frage, was der Einsatz bewirkt habe, meinte er: »Mir ist viel bewusster geworden, wie gut es mir geht und wie schnell sich so etwas ändern kann.« Der Leiter der Institution hatte ihm und den Kollegen Beispiele von Menschen erzählt, die ihre gut bezahlte Arbeit verloren hatten und denen kurz darauf zum Beispiel wegen Eigenbedarf die Wohnung gekündigt wurde. Ohne Arbeitsnachweis fanden sie aber keinen neuen Vermieter. Wenige Monate später mussten sie auf der Straße leben. Die Aktion war sowohl für die Obdachlosenorganisation als auch für die Bank ein Erfolg.

Der Manager erzählte mir ebenfalls, dass er die Unterstützung seines Arbeitgebers für diese Institution sehr gut gefunden habe. Ich glaube, dass solche Aktionen an den Arbeitgeber binden, vorausgesetzt, es sind keine einmaligen Alibiaktionen.

Prinzipiell lassen sich drei Stufen der sozialen Aktivitäten unterscheiden:

1. Das Unternehmen spendet Geld oder Sachgüter für einen guten Zweck.
2. Das Engagement ist nicht nur punktuell und episodisch, sondern wird stetig und langfristig geplant umgesetzt.
3. Zusätzlich werden die Mitarbeiter eingebunden und helfen vor Ort. Sie sehen und erleben das Umfeld und tauschen sich über das Erlebte aus.

Mit der zweiten Stufe zeigt das Unternehmen, dass es keine reinen Presseaktivitäten startet, weil man mal wieder Bilder eines sozialen Projekts für die Lokal- oder Mitarbeiterzeitung benötigt, sondern dass eine Haltung, ein ernsthafter Wille und Nachhaltigkeit dahinterstecken. Es ist wichtig für die Mitarbeiter, zu spüren, dass das soziale Engagement dauerhaft ist. Es kann daher sinnvoll sein, sich eine oder mehrere soziale Institutionen auszusuchen, mit denen das Unternehmen langfristig zusammenarbeiten will und zu denen es im Lauf der Zeit vertiefte Beziehungen aufbauen will. Manchmal kann es förderlich sein, wenn ein Thema ausgesucht wird, das mit dem wirtschaftlichen Zweck des Unternehmens in einem Zusammenhang steht. Die Hilti Foundation investiert beispielsweise als Stiftung mit dem Leitsatz »Wir bauen eine bessere Zukunft« einen Teil ihrer Gelder in bezahlbaren Wohnraum.

Das Engagement für gute Zwecke wird in Deutschland bereits von vielen Unternehmen über viele Jahre hinweg mit Ernsthaftigkeit auf der ersten und oft auch zweiten Stufe praktiziert. Vor allem mittelständische Unternehmen sind meist regional sehr engagiert. Man könnte nun überlegen, wie man die dritte Stufe erreichen kann, sodass die Mitarbeiter den sinnvollen Beitrag persönlich erleben, denn nur das löst Emotionen aus.

Wie viel Zeit sollte ein Unternehmen für solche gemeinnützigen Aktivitäten zur Verfügung stellen? Ein normaler Arbeitnehmer arbeitet 220 Tage im Jahr. Ich bin der Überzeugung, dass es insgesamt einen Produktivitätsgewinn durch eine höhere Motivation bedeutet, wenn die Mitarbeiter ein Prozent ihrer Arbeitszeit etwas für einen guten Zweck tun können. Ein Prozent sind circa zwei Tage. Ein Unternehmen mit 3000 Mitarbeitern würde so 6000 Manntage für gute Zwecke leisten. Manch ein Controller mag diese Idee als völlig abwegig ansehen, wenn man die Kosten für Arbeitszeit plus Spendengelder durchrechnet. Ich glaube aber, dass ein Unternehmen dadurch letztendlich deutlich gewinnt. Zum einen gewinnt es Ansehen in der Gesellschaft. Zum anderen darf man nicht unterschätzen, was das Erleben einer Arbeit für einen guten Zweck bei den Mitarbeitern bewirkt. Wenn das soziale Engagement ernst gemeint und Ausdruck der Unternehmensphilosophie ist, stiftet das Sinn und erhöht die Motivation. Stellen Sie sich vor, wie ein

Mitarbeiter nach einer zweitägigen Aktion für einen guten Zweck einem Freund davon erzählt und dieser antwortet: »Mensch toll, ich wünschte wirklich, bei uns im Unternehmen könnten wir auch mal so was machen. Leider ist das bei uns undenkbar.« Alle reden von Google als dem Vorzeigeunternehmen für eine besondere Kultur, unter anderem weil es auf Platz 1 der besten Arbeitgeber der Welt steht. Ein bewundertes Unternehmen wird man aber nicht, indem man alles so macht wie alle anderen. Man braucht den Mut, mit den üblichen Gepflogenheiten zu brechen und etwas Neues zu wagen.

Damit diese Aktivierung auf der dritten Stufe den erwünschten Erfolg hat, sollte das Unternehmen sich überlegen, wie es seine soziale und gesellschaftliche Verantwortung als Unternehmen definieren will. Meist wird das unter dem Begriff der Social Corporate Responsability (CSR) gefasst. Die zahlreichen Publikationen der letzten Jahre lassen hier einen Trend vermuten. Es ist gut, wenn die CSR-Maßnahmen sinnvoll in eine Philosophie eingebettet sind. Einer der Ansätze, wie man soziales Engagement in den unternehmerischen Kontext einbeziehen kann, ist das Leitbild des »ehrbaren Kaufmanns«:

»Die Grundidee des hanseatischen Modells des ›ehrbaren Kaufmanns‹, das in Hamburg seit 1517 erfolgreich besteht, ist eine an Werten orientierte Unternehmerschaft. Der Kaufmann, dessen Wort und Handschlag gelten, hat schon immer den Kunden in den Mittelpunkt gestellt. Seine Methode: nüchtern kalkulieren, hart verhandeln, pünktlich liefern, sauber abrechnen. Um aber nicht nur verlässlicher Geschäftspartner und fairer Arbeitgeber, sondern auch erfolgreicher Unternehmer zu sein, spielen drei weitere Aspekte für den Idealtypus des ehrbaren Hamburger Kaufmanns eine wichtige Rolle: Er denkt und handelt langfristig, nicht selten über Generationen hinweg. Er engagiert sich selbstverständlich für das Gemeinwesen, ohne dafür besondere Anerkennung zu beanspruchen. Und die Firma ist ihm im Zweifel wichtiger als die eigene Person.«[60]

Das gewählte Leitbild kann unterschiedlich aussehen. In jedem Fall kommt es darauf an, dass es von Führungspersonen ernst genommen und konsequent umgesetzt wird. Die oben bereits zitierte Studie ergab, dass die Führungskräfte in 83 Prozent der Top-30-Unternehmen die Werte vorleben, während dies nur in 46 Prozent der Bottom-30-Unternehmen gegeben ist. Verstöße ziehen in 68 Prozent der erfolgreichen und nur in 33 Prozent der weniger erfolgreichen Unternehmen Konsequenzen nach sich.[61]

Das Beispiel der Hilti-Gruppe zeigt, dass ein Unternehmen nicht einfach durch Zufall über begeisterte Mitarbeiter verfügt. Das Unternehmen hat über einen sehr langen Zeitraum viel getan, damit Mitarbeiter, Kunden und die Gesellschaft sich mit dem Unternehmen und seinen Produkten identifizieren können.

Reinhold Würth, Multimilliardär und einer der erfolgreichsten Unternehmer der Welt, soll es 2005 bei einem Vortrag vor Unternehmern so formuliert haben:

»*Der Wettbewerb der Zukunft wird nicht mehr wie bisher über Produktqualität und Preise ausgefochten, sondern über den Kampf der Unternehmenskulturen. Indem sie Schlüsselkräfte und Spezialisten, Kunden und Lieferanten, ja auch die Öffentlichkeit mithilfe einer überlegenen Unternehmenskultur an sich binden.*«

Die erfolgreichen Unternehmen der Zukunft werden vor allem solche sein, die es schaffen, eine ganzheitliche Unternehmenskultur in diesem Sinne zu entwickeln.

Handlungsempfehlungen

1. Machen Sie sich Gedanken zum Thema Visionen. Was wollen Sie mit Ihrer Führungsarbeit Positives erreichen?
2. Überlegen Sie, wie sich Ihre Mitarbeiter auf die vier Gruppen verteilen. Was können Sie tun, damit Akut-Unzufriedene zu Aktiv-Engagierten oder zumindest zu Passiv-Zufriedenen werden?
3. Mitarbeiterorientierung ist der Schlüssel zum Engagement und damit zu einer hervorragenden Leistung. Welche Veränderungen können Sie einleiten oder was können Sie verbessern, um die Mitarbeiterorientierung zu steigern?
4. Wie lässt sich gesellschaftliches Engagement verbunden mit einem übergeordneten Sinn in Ihrer Führungseinheit umsetzen? Diskutieren Sie mit Ihren Direct Reports, wie Sie gemeinsam und vor Ort etwas für ein soziales Projekt tun können.

8. Den Kern verstehen
Das größte Leadership-Prinzip aller Zeiten

Die längste Reise, die du in deinem Leben machen wirst,
führt vom Kopf zum Herzen.
(Sioux-Sprichwort)

Die Trainerin blättert das Flipchart um. Die 15 Führungskräfte, allesamt gestandene Ingenieure, starren entsetzt auf das blattfüllende rote Herz. Die Trainerin eröffnet mit den Worten: »Lassen Sie uns über Gefühle reden.« Ich höre ein deutliches Knacken im Raum, als alle Anwesenden erstarren. Ich war bei dieser Szene anwesend, und sie ist bezeichnend. Wenn Sie wollen, dass man Sie augenblicklich als inkompetenten Spinner einstuft, sprechen Sie von der Bedeutung der Liebe für die Führung. Dieser Beitrag handelt vom zeitlosen Leadership-Prinzip Nummer 1: Es ist die Liebe!

Warum viele das Prinzip nicht verstehen

Die meisten Menschen deuten den Begriff der Liebe heute sehr eng. Viele verstehen die Liebe als ein Gefühl oder setzen sie sogar mit dem Zustand des Verliebtseins gleich. Insbesondere Letzterer hat mit der Liebe aber wenig zu tun, gleicht er doch eher einem hormonellen Rausch, bei dem wir die Persönlichkeit des anderen nur selektiv (durch die rosarote Brille) wahrnehmen und gleichzeitig all unsere unerfüllten Wünsche auf die andere Person projizieren. Ein erweiterter Begriff versteht Liebe nicht als Gefühl, sondern als eine Geisteshaltung. Schon in der Bibel liest man mehrfach, man solle seinen Nächsten, ja sogar seine Feinde lieben. Wäre hier mit Liebe das Gefühl gemeint, könnte man dieser Aufforderung unmöglich nachkommen. Unsere Gefühle werden im mittleren limbischen System erzeugt. Ihre Entstehung als Reaktion auf äußere Reize lässt sich mit dem Bewusstsein nicht beeinflussen. Das Bewusstsein kann lediglich wählen, wie es mit den Gefühlen umgeht. Es wäre unmenschlich zu fordern, wir sollten positive Gefühle für einen Menschen erzeugen, für den wir spontan andere Gefühle hegen. Wenn man die Liebe aber als eine Geisteshaltung versteht, ist es durchaus möglich, dem intriganten Managerkollegen, dem charakterlich defizitären Chef oder eben schwierigen Mitarbeitern mit dieser Haltung zu begegnen.

Dass die Liebe kein kurzzeitiges und spontanes Gefühl ist, kann ich Ihnen an einem einfachen Beispiel verdeutlichen. Sie werden es kaum glauben, aber es gibt Zeiten, in denen meine Frau keine sehr angenehmen Gefühle für mich hegt. Da sie mich aber liebt, versucht sie, mir trotzdem geduldig, respektvoll und vergebend zu begegnen. Und zwar auch dann, wenn ich mich mal wieder wie ein Idiot aufgeführt habe und mit der Planierraupe über ihre Gefühle gefahren bin. Wäre die Liebe nur ein Gefühl, würde sie meiner Frau definitiv in regelmäßigen Abständen abhandenkommen.

Ein weiteres Missverständnis bezogen auf die Liebe ist, dass man sie oft mit einem sich außerhalb der eigenen Person befindlichen Objekt verbindet. Man müsste nur den rundum perfekten Partner, den absoluten Traumjob finden, um ihn dann lieben zu können. Erich Fromm widerlegt diese Sichtweise in seinem Weltbestseller *Die Kunst des Liebens* mit einer anschaulichen Analogie: Wenn jemand malen lernen wolle, sei es sinnlos zu sagen, man warte nur auf das passende Objekt. Wenn man dieses erst einmal gefunden habe, könne man es sicherlich perfekt malen. Malen sei vielmehr eine Aktivität. Man müsse üben, um sie zu erlernen, unabhängig vom Objekt. Genauso ist es mit der Liebe. Diese ist an eine Aktivität gekoppelt, die man wie das Malen üben muss, um darin gut zu werden.

Sie wissen jetzt, dass Liebe kein Gefühl und auch nicht objektabhängig ist. Man kann die Liebe stattdessen als eine Geisteshaltung verstehen. Worin besteht nun diese Haltung, und welchen Zusammenhang gibt es zur Führung?

Was ist der Kern guter Führung?

Sowohl Religionsstifter wie Laotse, Buddha oder Jesus als auch andere Große der Menschheitsgeschichte wie Albert Schweitzer, Mahatma Gandhi und Martin Luther King hätten darauf sehr wahrscheinlich die gleiche Antwort gegeben: Liebe!
Nach Erich Fromm ist die Liebe:

»… nicht in erster Linie eine Bindung an eine bestimmte Person. Sie ist eine Haltung, eine Charakter-Orientierung, welche die Bezogenheit eines Menschen zur Welt als Ganzem und nicht zu einem einzigen ›Objekt‹ der Liebe bestimmt. Wenn jemand nur eine einzige andere Person liebt und ihm alle übrigen Menschen gleichgültig sind, dann handelt es sich bei seiner ›Liebe‹ nicht um Liebe, sondern um eine symbiotische Beziehung oder um einen erweiterten Egoismus.«[62]

Wer in diesem Sinne lieben kann, wird alle Menschen lieben. Die Liebe als grundsätzliche Haltung kann auch innerhalb von Unternehmen bestehen, davon bin ich überzeugt.

Liebe ist eine Haltung, eine Charakterorientierung.

Die Liebe als Grundhaltung besteht aus vier Elementen. Bitte fragen Sie sich jeweils, wie Sie diese vier Elemente bei Ihrer Familie oder Ihren Nächsten leben und wie Sie es mit Ihren Mitarbeitern halten.

1. Den anderen sehen

Der erste Schritt besteht darin, unser jeweiliges Gegenüber wirklich wahrzunehmen. Gemeint ist damit aber nicht die Persona. Nach C. G. Jung ist die Persona der Teil unserer Persönlichkeit, den wir nach außen zeigen und darstellen. Dazu gehören unsere sozialen Rollen wie zum Beispiel der Jobtitel auf der Visitenkarte, gestützt durch Besitztümer und Statussymbole wie den eleganten Firmenwagen. Hinter der Maske steht der Mensch mit all seiner Verletzlichkeit. C. G. Jung nennt diesen Teil das individuelle Ich, das von der Persona geschützt wird. Werden die Persona und die Anpassung an äußere Rollenmuster zu stark, verkümmert jedoch das individuelle Ich.

Eine Führungskraft, die Menschen mit der Grundhaltung der Liebe begegnet, weiß, dass die Maske niemals den ganzen Menschen zeigt, und erahnt bei regelmäßigem Kontakt, was sich dahinter verbirgt. Dafür muss man sich aber auf den anderen einlassen und ihn wirklich sehen wollen. Warum verhält ein Mitarbeiter sich in einer Weise, die mich ärgert? Wenn wir den anderen wirklich wahrnehmen, entdecken wir hinter dem vordergründigen Verhalten den ängstlichen, verletzten, wütenden oder traurigen Teil des Menschen. Das bedeutet jedoch keineswegs, dass man als Führungskraft jedes Verhalten akzeptieren und durchgehen lassen soll. Oft ist es unsere Aufgabe in der Rolle als Führungskraft, Grenzen zu setzen, spätestens da, wo Sie selbst oder andere zu Schaden kommen. Ihr Gegenüber merkt aber, aus welcher grundsätzlichen Haltung heraus Sie dies tun: Ist der Antrieb das eigene Ego, löst das beim anderen Trotz und Widerstand aus. Das gilt auch dann, wenn Ihre Vorschläge eigentlich sinnvoll oder sogar im Interesse des anderen sind. Agieren Sie aus einer Haltung der Liebe, stoßen Sie zwar nicht automatisch und sofort auf Akzeptanz, aber die Wahrscheinlichkeit dafür ist wesentlich höher.

Den anderen zu sehen, heißt übrigens nicht, ihn mit Scharfsinn und Kenntnissen von Psychologie und Körpersprache wie ein interessantes Insekt zu analysieren. Gemeint ist hier vielmehr, was Saint-Exupéry seinen Fuchs sagen ließ: »Es ist ganz einfach: Man sieht nur mit dem Herzen gut. Das Wesentliche ist für die Augen unsichtbar.« Der Verstand kann analysieren, aber die Verbindung zu einem Menschen führt über das Herz. Dafür müssen wir den anderen sehen wollen, statt ihn auf seine Rolle (Persona) zu reduzieren. Wie heißt es doch:

Einen Menschen anzusehen schafft Ansehen.

Nicht wenige Vorgesetzte nehmen nicht die Menschen als Individuen, sondern nur deren Funktionen wahr. Da ist jemand »der Pförtner«, »die Putzfrau« oder »der Personaler«. Das erinnert an den Krankenhausarzt, der von der »Niere auf Zimmer 6« spricht.

Eine Grundvoraussetzung, um andere Menschen wirklich zu sehen, ist die Wahrnehmung des eigenen individuellen Ichs. Viele Vorgesetzte identifizieren sich sehr einseitig mit ihrem öffentlichen Ich. Sie machen ihr Selbstwertgefühl von ihrer Leistung, der Position im Unternehmen und dem allgemeinen sozialen Prestige abhängig. Wer aber im Spiegel nur noch seine Persona sieht, verdrängt den wesentlichen Teil. Ein solcher Mensch wirkt, passend zum Bild der Maske, »aufgesetzt« statt authentisch. Als authentisch bezeichnen wir jemanden, bei dem das individuelle Ich hinter der Maske deutlich durchscheint. Eine Führungskraft muss sich also zuerst einmal selbst (an)sehen, bevor sie es bei anderen kann.

Präsent sein

Ein Problem dabei, den anderen zu sehen, ist unser allgemeiner Geisteszustand. Um den anderen wahrzunehmen, müssen wir aufnahmefähig zu sein. Unser Geist ist aber meist zerstreut und daher zum Teil nur sehr begrenzt aufnahmefähig. Wenn es Ihnen ergeht wie den meisten Menschen, ist es gut, sich bewusst zu machen, dass es nur eine Zeit und einen Ort gibt, in der und an dem das Leben stattfindet. Diese Zeit ist jetzt, und der Ort ist genau da, wo Sie gerade sind. Nur auf den gegenwärtigen Augenblick haben Sie einen Einfluss. Alles andere ist vorbei oder liegt in der Zukunft. Ihre ganze Macht liegt im Hier und Jetzt. Wo also sollte Ihr Geist sein?

Selbstverständlich müssen Sie als Führungskraft und auch als Privatperson manchmal über die Vergangenheit oder auch über die Zukunft nachdenken. Der Geist sollte sich dann durchaus darauf konzentrieren. Problematisch wird es jedoch, wenn er sich fast die gesamte Zeit außerhalb des Hier und Jetzt bewegt, denn dann verpassen wir das wahre Leben. Wir denken beispielsweise über etwas nach und sehen dabei nicht den Gesichtsausdruck des Mitarbeiters, der deutlich seine Zweifel, Angst oder Verärgerung widerspiegelt.

Natürlich ist der Verstand ein sehr wirkungsvolles Instrument, das uns wunderbar dienen kann. Bei vielen von uns verhält der Verstand sich leider wie eine Waschmaschine, bei der die Stoppfunktion defekt ist. Die Kleidungsstücke bzw. die Gedanken werden immer weiter gedreht und durcheinandergeworfen. Die Maschine hört niemals auf, zu drehen. Sie wurde aber nicht dafür gebaut, endlos zu drehen. Nach getaner Arbeit sollte sie eigentlich wieder stillstehen, und genauso ist es mit dem Verstand. Machen Sie einfach mal einen Test, indem Sie sich bequem auf einen Stuhl setzen und versuchen, für zehn Minuten nur wahrzunehmen, ohne zu denken. Sie werden dann beispielsweise Ihren Atem wahrnehmen, den Körper spüren oder Geräusche hören. Das Erstaunliche ist, dass wir es kaum schaffen, den Verstand inaktiv zu lassen. Noch während Sie sitzen und atmen, kommentiert und bewertet Ihr Verstand, was Sie wahrnehmen. Er spielt Ihnen Bilder ein, stellt Fragen oder tut irgendetwas, was Sie in Ihrer reinen Wahrnehmung stört. Sie können ihn nicht abstellen.

Weil unser Verstand niemals stillsteht, fühlen wir uns oft ruhelos, also ohne Ruhe. Das Gefühl der Hetze teilen mittlerweile die meisten Menschen, denn wir sind stets überall, nur nicht im Hier und Jetzt. Wie aber erreicht man es, nur das zu tun, was man gerade tut, also im Hier und Jetzt zu sein? Ein Modethema in Journalen und Zeitschriften ist schon seit einigen Jahren die »Achtsamkeit« und ihre Bedeutung für unser Glück und unseren Seelenfrieden. Sie spielte auch auch schon im Buddhismus sowie bei den mittelalterlichen Mystikern des Christentums eine wichtige Rolle. Warum aber gelingt es uns so schlecht, achtsam zu sein, wenn es doch so wichtig ist? Um die Frage zu beantworten, werden wir zuerst klären, was unter dem Begriff zu verstehen ist. Eine Beschreibung der buddhistischen Auslegung von Achtsamkeit findet sich bei Thomas Hohensee in *Der Buddha hatte Zeit*:

»*Achtsamkeit genießt im Buddhismus einen hohen Stellenwert. Der voll bewusste Mensch ist ein Ideal. Worauf richtet dieser seine Aufmerksamkeit? Insgesamt auf vier Punkte: Achtsame Menschen sind sich erstens ihres Körpers bewusst. Sie wissen, wie sie atmen, wie sie gehen, sitzen, stehen und liegen. Bei ihrem Tun sind sie in Gedanken ganz bei der Sache. Sie schweifen nicht ab. Bewusste Menschen kennen zweitens ihre Gefühle, wissen, wie sie entstehen und wieder vergehen. Sie nehmen drittens wahr, was ihnen durch den Kopf geht, und können ihre Phantasien und inneren Gespräche bei Bedarf stoppen und in eine andere Richtung lenken. Viertens sind sie sich auch ihrer Umwelt und ihrer Mitmenschen bewusst. Sie handeln mit Umsicht und kennen die direkten und indirekten Wirkungen ihrer Umgebung auf ihre Person und umgekehrt.*

Da der Körper, die Gefühle, die Gedanken sowie die Umwelt sehr komplex sind und auch die Achtsamkeit Schwankungen unterworfen ist, ist es ausgeschlossen, alles immer mit höchster Aufmerksamkeit wahrzunehmen. […] Deshalb ist 100%ige Bewusstheit ein unerreichbares Ideal.

Um aber die größten Probleme zu lösen und die meiste Zeit glücklich und gelassen zu sein, reicht bereits ein normaler Grad an Aufmerksamkeit.«[63]

Wenn man Achtsamkeit als vollständig bewusste Wahrnehmung unseres Körpers, unserer Gefühle, unseres Denkens und unserer Umwelt definiert, so bringen wir sie nur in geringem Grade auf. Mir erscheint Achtsamkeit als Ideal zwar richtig, aber gleichzeitig für den modernen

Menschen, der in jeder freien Minute auf sein Smartphone starrt, kaum erreichbar. Was also tun? Richten Sie Ihre Aufmerksamkeit immer wieder auf eine Sache aus. Mir gefällt der Begriff der Präsenz sehr gut. Während Achtsamkeit mit ihren vier Dimensionen der Wahrnehmung von Körper, Gefühlen, Gedanken und Umwelt ein bestenfalls anzustrebendes Ideal bleiben muss, ist Präsenz hier und jetzt durchaus möglich. Versuchen Sie, gegenwärtig zu sein und sich mit Ihrer Aufmerksamkeit einer Sache voll zu widmen. Sie können Ihre Aufmerksamkeit auch einzeln auf eine der Dimensionen richten:

- Wie geht es meinem Körper? (spüren)
- Was fühle ich gerade? (empfinden)
- Was denke ich? (dem inneren Dialog zuhören)
- Was passiert in meinem Umfeld? (sehen und hören)

Wenn es nun um die Führung von Mitarbeitern geht, dann kommt es auch hier darauf an, präsent zu sein. »Den anderen sehen« beginnt damit, dass wir ihn sehen wollen und uns ganz auf ihn konzentrieren, also unsere Aufmerksamkeit auf ihn oder sie ausrichten. Oft ist dies aber nicht der Fall, wie in dem folgenden Beispiel:

Ich führte einmal eine Seminarreihe für den Vorstand eines Konzerns und dessen obere Führungskräfte durch. Einer der Manager erzählte mir abends, der Vorstand habe die Angewohnheit, in Gesprächen und Besprechungen mit seinen Direct Reports parallel an seinem Schreibtisch zu arbeiten. Während er zuhörte oder diskutierte, saß er vor dem Computerbildschirm und tippte. Dabei schaute er vom Bildschirm nicht ein einziges Mal auf, sondern sagte lediglich rhytmisch: »mmh … okay … mmh … verstehe …« Parallel dazu hämmerte er schwungvoll und lautstark auf seine Tastatur ein. Dieser Chef war enorm stolz auf seine Multitasking-Fähigkeit. Er konnte Mails beantworten und gleichzeitig zuhören und diskutieren. Für die Aufnahme reiner Sachinformationen mag das vielleicht noch gelingen. Leider verpasste er aber alle menschlichen Signale, die zwischen den Zeilen gesendet werden. Ich hatte bei der Veranstaltungsreihe wiederholt mit dem persönlichen Assistenten des Vorstands Kontakt, einem Mittvierziger, der ihn von frühmorgens bis spätabends begleitete. Als ich ihn bei einer Veranstaltung etwas besser kennen lernte, machte er auf mich einen merkwürdig überdrehten Eindruck. Er schien innerlich zu vibrieren und hatte etwas latent Aggressives an sich. Ich empfand seine Ausstrahlung und sein Verhalten als eher unangenehm und auffällig. Wie ich später erfuhr, hat sich dieser Mann wenige Monate später erschossen. Er hinterließ eine Frau und zwei Kinder. Der Vorstand zeigte sich »persönlich betroffen« von der Tragödie und betonte wiederholt, es habe keinerlei Anzeichen gegeben. Dass es diese für ihn nicht gegeben hat, glaube ich ihm sogar. Vielleicht hat er danach aufgehört, am Computer zu arbeiten, während jemand mit ihm redete, und den Menschen mehr Beachtung geschenkt.

Dieses Beispiel mag wegen des Ausgangs etwas extrem erscheinen, aber es ist nur ein besonders tragisches Beispiel für fehlende Präsenz und Aufmerksamkeit. Ich höre immer wieder von Führungskräften und Mitarbeitern, dass deren Vorgesetzte in Besprechungen und selbst während des Mitarbeiterjahresgesprächs ans Telefon oder Handy gehen und auch sonst diverse Störungen zulassen. »Den anderen sehen« bedeutet, seine Aufmerksamkeit ganz auf den anderen zu richten und neben den reinen Sachinformationen auch den Menschen wahrnehmen zu wollen. Das geht aber nicht, wenn wir uns dauernd vom Handy und eintretenden Kollegen ablenken lassen.

Manchmal werden Menschen schon im wörtlichen Sinne gar nicht angesehen. Ich erinnere mich noch gut an ein Erlebnis, als ich meinen Chef zu einem wichtigen Kunden begleitete. Dieser gab mir zur Begrüßung kurz die Hand. Während des gesamten Gesprächs schaute er aber ausschließlich meinen Chef an. Ich war quasi Luft für ihn. Er hatte mich offensichtlich in die Kategorie »jung & bedeutungslos« einsortiert. Leider konnte ich auch inhaltlich kaum etwas zu dem Gespräch beitragen. Ich kann mich heute noch daran erinnern, wie es sich anfühlt, wenn man nicht angesehen wird. Ich saß ihm knapp eine Stunde direkt gegenüber, und er würdigte mich keines Blickes. Diese völlige Gleichgültigkeit kann für das Gegenüber verletzend sein, wenn man sich nicht bewusst macht, dass es mehr über den aussagt, der den anderen nicht sieht, als über den, der nicht gesehen wird. Seit dieser Erfahrung achte ich darauf, in Gesprächen alle Gesprächspartner anzuschauen. Sie wissen ja bereits: Den anderen anzusehen schafft Ansehen.

2. Den anderen achten

Als Führungskräfte haben wir die Wahl, in welcher Haltung wir Mitarbeitern begegnen. Wenn wir sie tatsächlich ansehen und wahrnehmen, dann wird uns auffallen, wie unterschiedlich die Menschen in vielen Dingen sind – und wie ähnlich in anderen. Die Andersartigkeit zu achten bedeutet, den anderen sein zu lassen, wie er ist, ihn nicht verbiegen und den eigenen Wünschen anpassen zu wollen. Diese Achtung haben viele Vorgesetzte nicht. Sie erwarten, dass die Mitarbeiter sich exakt nach ihren Vorstellungen verhalten. Da diese das nicht tun, werden sie fortwährend kritisiert. Welche geistige Haltung zeigt ein Vorgesetzter, der hauptsächlich kritisiert und bei Erfolgen nach dem Motto »net gschimpft is globt gnug« verfährt? Wer als Führungskraft eine Grundhaltung der Liebe pflegt, achtet die Menschen und gibt ihnen regelmäßig Rückmeldungen, was er an ihnen und ihrer Arbeit schätzt. Er vermittelt Mitarbeitern den Eindruck, ihre Arbeit mache Sinn und sie lieferten einen wichtigen Beitrag zum Ganzen.

Eine häufige Ursache übertriebener Kritik ist übrigens die Ungeduld vieler Führungskräfte. Jemand, der Menschen führt, benötigt Geduld. Ungeduldige Menschen sind solche, die im Stau stehen und hupen. Sie bewirken damit nichts, sie strapazieren lediglich die Nerven aller Anwesenden. Wenn Sie ungeduldig sind, arbeiten Sie an sich. Die Dinge und die Menschen brauchen ihre Zeit, und eine gute Führungskraft weiß das.

Den anderen zu achten bedeutet auch, ihn anzunehmen, wie er ist. Ein gutes Beispiel findet sich in der Bibel. Einer der Apostel, Matthäus, der auch einer der vier Evangelisten ist, war vorher Zöllner. Diese hatten vom römischen Kaiser eine Lizenz zur Steuereintreibung erworben und erpressten von den Israeliten zum Teil mithilfe von Schlägern und roher Gewalt deren Geld. Damit füllten sie die römische Staatskasse und ihre eigenen Taschen. Ein Zöllner stand in seinem sozialen Status noch unter den Prostituierten. Seine Tätigkeit machte ihn zu einem Volksverräter. Deshalb wurde er von religiöser Betätigung ausgeschlossen. Das Betreten der Synagoge war ihm verboten. Jesus aber soll im Vorbeigehen gesagt haben: Folge mir nach! Und er stand auf und folgte ihm.[64] Der Zöllner gibt ein Festmahl für Jesus, zu dem er all die Menschen einlädt, die er kennt und mit denen er Umgang haben kann: andere Zöllner und wahrscheinlich Kleinkriminelle, Ganoven und Prostituierte. Natürlich bekommt Jesus dafür Vorwürfe, wie er in einer solchen Gesellschaft verweilen könne, ohne sich zu entrüsten.

Und genau das ist der Punkt! Was bedeutet es denn, den anderen zu achten? Heißt es, den Menschen gegenüber Achtung zu zeigen, die man mag und respektiert und die moralisch unbelastet sind? Wenn die Liebe eine Haltung ist und man in diese Haltung vertritt, dann gilt das für alle Menschen. Jedem Menschen gebürt Achtung. Das bedeutet nicht, mit allem einverstanden zu sein, was andere tun. Und es bedeutet schon gar nicht, sich von anderen alles gefallen zu lassen. Was heißt das für Sie als Führungskraft? Leistungsträgern gegenüber Achtung zu zeigen ist nicht sonderlich schwierig. Das dürften wohl die meisten Vorgesetzten hinbekommen. Aber wie sieht es mit den Mitarbeitern aus, die Ihr Nervenkostüm jeden Tag aufs Neue strapazieren, die Fehler machen, für die Sie dann den Kopf hinhalten müssen? Solche, die eine Lebenseinstellung und Arbeitsmoral haben, die Ihrer direkt entgegensteht? Wie viel Achtung bringen Sie für diesen Menschen auf? Anders formuliert: Wenn jemand diesen Mitarbeiter fragen würde: »Achtet dich deine Chefin/dein Chef?«, was würde dieser dann wohl sagen? Das Beste, was er sagen könnte, wäre: »Ja, meine Führungskraft achtet mich, aber sie ist mit meiner Leistung nicht zufrieden.« Wir können jedem Menschen gegenüber Achtung zeigen. Jesus hat den Zöllner nicht verurteilt, sondern er hat sich mit ihm an einen Tisch gesetzt, ihm Achtung erwiesen. Matthäus folgt ihm und wird einer seiner zwölf Apostel.

Manche Führungskräfte achten dagegen sehr darauf, mit wem sie in der Öffentlichkeit gesehen werden. Niemals würden sie sich mit dem Problemfall der Abteilung, einem Betriebsratsmitglied oder einem Kollegen mit schlechtem Ruf zusammen in der Kantine zeigen. Es ist ihnen wichtig, mit den richtigen Leuten gesehen zu werden und einen guten Eindruck zu hinterlassen. Das zeigt natürlich einen deutlichen Mangel an Achtung, den die Menschen, nicht nur diejenigen, die man meidet, auch deutlich spüren. Das Ziel soll aber natürlich auch nicht sein, sich nur noch mit »Zöllnern« zu umgeben, damit jeder sieht, dass man keinen Dünkel hat. Es geht vielmehr darum, den Menschen gegenüber, denen wir tagtäglich beggnen, Achtung zu zeigen.

Eine Beispiel veranschaulicht, was es heißt, den Menschen zu sehen und zu achten:[65]

Ein weißer Manager eines internationalen Unternehmens, das den Aufbau einer Schule in Südafrika finanziert hatte, wurde eingeladen, das Projekt dem Präsidenten Nelson Mandela bei einem gemeinsamen Frühstück vorzustellen. Am vereinbarten Tag fährt ihn ein schwarzer Chauffeur des Unternehmens zu dem Termin. Mandela erweist seinem Gast die Ehre, ihn bereits vor dem Haus zu erwarten. Als sie sich zum Frühstück setzen, fragt Mandela: »Wo ist denn die andere Person? Sie waren doch zu zweit?« Der Unternehmensvertreter antwortet spontan: »Ach, das ist nur ein Fahrer.« Mandela steht auf und geht auf den Parkplatz, um den Chauffeur herzlich zum Frühstück dazuzubitten. Nach dem gemeinsamen Essen verabschiedet sich der Manager und steigt mit dem Chauffeur in den Wagen. Der Fahrer lenkt das Auto vom Grundstück und bleibt bei der nächsten Gelegenheit an der Seite stehen. Er steigt aus, läuft um das Auto, öffnet die Tür des Managers und kniet nieder. Mit gesenktem Kopf bedankt er sich tief bewegt dafür, dass der Manager »Madiba« darum gebeten habe, dass er an dem Frühstück teilnehmen dürfe. Der Manager antwortet, das sei doch das Mindeste gewesen, was er hätte tun können. Wenige Tage später ruft er den Fahrer erneut zu sich, um ihm voller Scham zu berichten, wie es sich wirklich zugetragen hatte. Ein wichtiger Entwicklungsschritt – für den Manager.

Eine Führungskraft mit der Geisteshaltung der Liebe sieht den Menschen und achtet ihn, unabhängig von seiner sozialen Rolle und sonstigen Unterscheidungsmerkmalen. Als christliche Tugend schließt die Liebe auch die Feindesliebe ein. Selbst wenn wir einem Menschen gegenüber unangenehme Emotionen haben, können wir hinter die Maske blicken und sehen, was sein Verhalten auslöst. Wenn wir Menschen wahrnehmen und ihre Würde achten, beginnen sie oft selbst damit, sich ebenfalls respektvoll zu verhalten. Ein solcher Anspruch erfordert eine hohe menschliche Reife, aber er ist nicht übermenschlich.

3. Verantwortung übernehmen

Wenn eine Person sagt, sie liebe Tiere, und Sie bekommen mit, dass sie immer wieder vergisst, dem eigenen Hund Wasser zu geben, und er Durst ertragen muss, werden Sie ihr die Liebe nicht abnehmen. Liebe bedeutet auch, Verantwortung zu übernehmen. Sie können zwar jedermann gegenüber präsent sein, die Person sehen und achten, aber Sie können nicht für alle Verantwortung übernehmen.

Ein Leader sollte sich die Frage stellen, wofür und für wen er Verantwortung übernehmen will und kann. Als einzelne Person haben Sie nur begrenzt Energie und Zeit zur Verfügung. Für wen wollen Sie diese investieren? Diese Frage scheint rhetorisch zu sein, denn die Antwort wird bei den meisten ganz selbstverständlich lauten: »Ich übernehme Verantwortung für meine Familie und meine Mitarbeiter.« Aber auch hier muss man wieder unterscheiden zwischen wohlklingenden Worten und dem Verhalten, das dazu oft im Widerspruch steht. Was uns wichtig ist und wofür wir Verantwortung übernehmen, zeigt sich immer im Handeln, nicht im Reden.

Bezogen auf die Familie fällt mir eine Geschichte ein, bei der die Mutter zum Kind sagt: »Morgen kommt jemand, den du sehr gerne hast, den du aber nur ganz selten siehst.« Gemeint war damit die weit entfernt wohnende Oma. Das Kind strahlt und antwortet: »Der Papa?« Es liegt in der Verantwortung der Eltern, Zeit für ihre Kinder zu finden und sich selbst in einen Zustand zu versetzen, dass die Kinder das Beisammensein als schön empfinden. Das geht nicht immer, aber es sollte regelmäßig der Fall sein. Verantwortung zu übernehmen kann im Sinne der Familie auch bedeuten, eine Beförderung abzulehnen, weil die ohnehin schon hohe zeitliche und psychische Belastung im Beruf durch die Annahme noch weiter steigen würde.

Auch bei den eigenen Mitarbeitern stellt sich die Frage, was genau Sie darunter verstehen, ihnen gegenüber Verantwortung zu übernehmen. Diese Frage ist keineswegs trivial. Was bedeutet es ganz konkret? Woran merken Ihre Mitarbeiter, dass Sie Verantwortung für diese übernehmen? Lassen Sie uns dazu ein paar Beispiele betrachten, was es heißt Verantwortung zu übernehmen.

Es bedeutet …

... die Mitarbeiter zu schützen, wenn sie Fehler gemacht haben. Fehler des Mitarbeiters sind nach oben und nach außen Fehler des Chefs. Er trägt die Verantwortung und steht dafür gegenüber seinem Vorgesetzten oder Kunden gerade. Leider ist es manchmal eher so, dass Chefs nicht nur für die Fehler ihrer Leute eben nicht einstehen, sondern sogar die eigenen Fehler auf genau diese Mitarbeiter schieben. Das ist natürlich ein schwaches Verhalten und zeugt von mangelnder Charakterstärke.

... sich für die Entwicklung des anderen einzusetzen. Personalentwicklung ist nicht eine Sache der Personalabteilung, sondern des jeweiligen Vorgesetzten. Jeder Mensch hat ein bestimmtes Wachstumspotenzial. Ihre Aufgabe als Chef ist es, dafür zu sorgen, dass dieses Potenzial im Rahmen der Möglichkeiten verwirklicht werden kann. Dies bedeutet zum Beispiel, jemandem eine Aufgabe zu geben, damit er etwas Neues lernen kann, obwohl jemand anderes das Ganze wesentlich schneller bearbeiten würde und Sie danach auch noch Feedback geben müssen. All das kostet Ihre Zeit.

... sich für die Mitarbeiter und ihre Bedürfnisse einzusetzen. Da fällt mir die Geschichte ein, die mir einst ein Manager erzählte: Er setzte sich bei seinem Vorgesetzten zum wiederholten Male mit Vehemenz dafür ein, dass einige seiner Mitarbeiter in Zeiten knapper Kassen eine Gehaltserhöhung bekommen sollten, weil sie sehr gute Arbeit geleistet hatten. Irgendwann am Ende eines solchen Verhandlungsmarathons sagte sein Chef zu ihm: »Sagen Sie mal, Sie setzten sich immer so für Ihre Leute ein, aber für sich selbst verlangen Sie nie Gehaltserhöhung, obwohl Sie einen super Job machen. Wie kann das sein? »Richtig«, antwortete der Manager, »das tue ich nicht, denn das ist Ihre Aufgabe.«

... dem Mitarbeiter Rückmeldung zu seiner Leistung zu geben. In Unternehmen stelle ich zum Beispiel immer wieder fest, dass Vorgesetzte Mitarbeitern, die eine bestenfalls mittelmäßige Leistung erbracht haben, trotzdem im Jahresgespräch eine wohlwollende Beurteilung geben. Sie scheuen den Konflikt und wollen sich selbst den Stress eines Kritikgesprächs ersparen. Kommt dann eine Kosteneinsparrunde, wird genau dieser Mitarbeiter als Erster entlassen, ohne dass er jemals die Chance hatte, sein Verhalten zu ändern. Ein Chef soll Fehlleistungen ansprechen. Er hat dabei die Verantwortung, sich sorgsam auf das Gespräch vorzubereiten und es so wertschätzend zu führen, dass der Mitarbeiter die Kritik prinzipiell annehmen kann.

Natürlich sollte die Führungskraft zuerst auch die Verantwortung für das eigene Handeln übernehmen. Das beginnt damit, dass sie sagt, was sie tun wird, und tut, was sie sagt. Wenn ihr Fehler unterlaufen sind, sollte sie die Größe haben, diese zuzugeben. Hat die Führungskraft jemanden verletzt oder unrecht behandelt, ist eine ehrliche Entschuldigung angebracht. Sie wissen wahrscheinlich aus eigener Erfahrung, dass diese drei Verhaltensweisen nicht unbedingt typisch für Manager sind.

4. Gutes im Leben anderer bewirken

Wer sich die Grundhaltung der Liebe angeeignet hat, will einen positiven Beitrag im Leben anderer leisten. Dieser positive Beitrag sollte nicht an Erwartungen gekoppelt sein. Wenn wir jemandem etwas Gutes tun und schon im Sinn haben, was wir demnächst dafür einfordern werden, ist das ein Geschäft. Natürlich muss eine Führungskraft auch Forderungen an Mitarbeiter stellen. Hier geht es aber um die grundsätzliche Haltung. Gebe ich nur, um selbst einen Vorteil daraus zu ziehen, oder gebe ich dem Menschen zuliebe?

Wenn wir Mitarbeitern etwas Gutes tun wollen, müssen wir zuerst einmal wissen, was das für die jeweilige Person bedeuten kann. Eine Aufgabe, die für den einen Mitarbeiter eine willkommene Förderung ist, kann für den anderen eine Bestrafung sein. Es ist in diesem Zusammenhang immer wieder überraschend, wie wenig ernst manche Führungskräfte die Mitarbeitergespräche nehmen. Ich erinnere mich heute noch mit Betroffenheit an den Mann, der mir bei einer Veranstaltung zu diesem Thema sagte: »Mit mir hat sich in den letzten acht Jahren kein Vorgesetzter unterhalten.« Diese Person leitete sogar ein Team, war also selbst Führungskraft. Was für ein Mangel an Liebe und Wertschätzung. Woher will der Vorgesetzte wissen, was diesen Mann bewegt? Was mag er an seinem Job und was nicht? Was sind seine Erfolge? Was würde er in Zukunft gern leisten? Zu all diesen Fragen kann der Vorgesetzte keine Antworten geben und dementsprechend auch nichts davon umsetzen. Um für die Mitarbeiter etwas Gutes zu bewirken, braucht es den regelmäßigen Austausch. Auch hier ein paar Beispiele, wie Sie als Führungskraft etwas Gutes bewirken können:

1. Manchmal bedeutet »Gutes im Leben des anderen bewirken« auch, einem Mitarbeiter Grenzen zu setzen. Gut bedeutet nicht immer angenehm. Es ist gut für uns, eine klare Rückmeldung zu bekommen, wenn wir uns falsch verhalten. Stellen Sie sich vor, ein Mitarbeiter macht häufiger Scherze auf Kosten von Kollegen. So etwas kann sehr witzig sein, wenn dabei die Wertschätzung erhalten bleibt und etwas liebevoll Ironisches mitschwingt. Bei manchen Menschen rutschen solche Bemerkungen aber schnell unter die Gürtellinie ab und wirken verletzend. Wenn Sie das als Chef wahrnehmen, dann ist es Ihre Aufgabe, dem Mitarbeiter ein klares Feedback zu geben. Auch wenn Ihnen das wahrscheinlich beiden eher unangenehm ist, tun Sie dem anderen mit dem Gespräch etwas Gutes.

2. Ich habe früher bei den Auswahlgesprächen für einen sehr begehrten High-Potential-Pool mitgewirkt. Am Ende des Tages gab es meist weni-

ge Zu- und viele Absagen. Für meine Abschlussgespräche suchte ich mir stets nur Absagen aus. Die anderen Teilnehmer der Kommission bedauerten mich manchmal deswegen, weil sie diese Art von Gespräch für sehr unangenehm hielten. Ich antwortete dann im Allgemeinen, dass ich die Gespräche gern führe. Natürlich ist eine Absage für den Empfänger nicht angenehm. Wenn der Bewerber dabei aber ein ehrliches, wertschätzendes und vor allem präzises Feedback erhält, wie man ihn an dem Tag wahrgenommen hat, wo seine Stärken und Schwächen lagen, kann er für sich sehr viel daraus lernen.

3. Eine Möglichkeit, etwas Gutes für die eigenen Mitarbeiter zu tun, besteht unter anderem darin, sie bei Karrierechancen gehen zu lassen und sogar zu unterstützen. Manche Vorgesetzte versuchen, die Leistungsträger zu halten, weil diese ihnen natürlich viel Arbeit abnehmen. Ich habe in einem Unternehmen einmal mitbekommen, dass ein Vorgesetzter seine exzellente Mitarbeiterin nicht für den unternehmensweiten High-Potential-Pool vorgeschlagen hat. Darauf angesprochen, gab er unumwunden zu, die Mitarbeiterin lieber in der Abteilung behalten zu wollen. Er sah die Gefahr, dass sie von anderen Abteilungen abgeworben wird, wenn sie erst einmal im »Goldfischteich« sichtbar wäre. Eine solche Einstellung ist egoistisch. Die Führungskraft will nur sich selbst etwas Gutes tun. Ohne sich darüber bewusst zu sein, zeigt sie mit ihrem Verhalten ein deutliches Mangeldenken, mit dem sie auf Dauer nicht erfolgreich sein wird. Man darf sich auch fragen, welche Wirkung es auf die Mitarbeiterin hat, wenn sie merkt, warum sie nicht vorgeschlagen wurde.

Diese Beispiele sollen genügen. Sie werden sicherlich im Alltag viele Gelegenheiten finden, etwas Gutes für Ihre Mitarbeiter zu tun, wenn Sie präsent sind.

Auch hier gilt: Um Gutes im Leben anderer zu bewirken sollte man zuerst einmal Gutes im eigenen Leben bewirken. Der erste Schritt zu einer Haltung der Liebe ist die Selbstliebe. Gemeint sind nicht Narzissmus oder Egoismus, die mit echter Selbstliebe nichts zu tun haben, ja sogar die Abwesenheit derselben anzeigen. Selbstliebe meint die Anwendung der vier Grundelemente der Liebe auf die eigene Person: Selbstwahrnehmung, Selbstachtung, Eigenverantwortung und Selbstfürsorge. Ohne Selbstliebe sind wir nicht fähig, andere zu lieben. Dies kommt indirekt in dem Gebot »Liebe (deinen Nächsten wie) dich selbst« zum Ausdruck. Selbstliebe beginnt damit, sich selbst zu sehen, sich anzunehmen und zu achten. Dazu gehört, die eigenen Unzulänglichkeiten, Schwächen und Fehler zu akzeptieren und damit umzugehen.

Was es bedeutet, wenn die Haltung der Liebe nicht vorherrscht, hat der chinesische Philosoph Laotse beschrieben:

Es gibt nur eine Großmacht auf Erden …
DIE LIEBE
Pflichtbewusstsein ohne Liebe macht verdrießlich
Verantwortung ohne Liebe macht rücksichtslos
Wahrhaftigkeit ohne Liebe macht kritiksüchtig
Klugheit ohne Liebe macht betrügerisch
Gerechtigkeit ohne Liebe macht hart
Freundlichkeit ohne Liebe macht heuchlerisch
Ordnung ohne Liebe macht kleinlich
Sachkenntnis ohne Liebe macht rechthaberisch
Macht ohne Liebe macht gewalttätig
Ehre ohne Liebe macht hochmütig
Besitz ohne Liebe macht geizig
Glaube ohne Liebe macht fanatisch

All diese Zeichen des Mangels lassen sich in Unternehmen beobachten. Niemand wird aber als großartiger Leader oder mit der Grundhaltung der Liebe geboren. Beides können Sie sich aber erarbeiten. Erwarten Sie dabei keine Perfektion von sich selbst. Wenn Ihnen etwas gut gelingt, seien Sie dankbar. Wenn das nicht der Fall ist, werden Sie es beim nächsten Mal besser machen. Mit der Zeit müssen Sie immer weniger überlegen, wie Sie handeln sollen, weil sich die neue Haltung festigt. Das Schöne ist auch, dass Sie an jedem Menschen üben können. Beginnen Sie doch bei Ihren Kindern. Wie oft kritisieren wir diese, weil sie sich nicht wie kleine Erwachsene verhalten, und übersehen ihr wunderbares Wesen? Fragen Sie sich auch hier: Sehe ich ihn/sie? Wenn wir bessere Eltern werden, können wir auch bessere Chefs werden. Wer gelernt hat zu lieben, kann dies auf andere Lebensbereiche übertragen. So werden Sie ein Chef, der im besten Sinne Spuren im Leben und im Herzen der Menschen hinterlässt.

Handlungsempfehlungen

Fragen Sie sich bezogen auf Ihre eigene Person, Ihre Familie und Ihre Mitarbeiter immer wieder:

1. *Sehe ich mein Gegenüber?*
2. *Achte ich meine Mitmenschen?*
3. *Übernehme ich Verantwortung für andere?*
4. *Bewirke ich etwas Gutes für andere?*

Ihre ersten Schritte zum We-care-Leader

Führen heißt vor allem, Leben in den Menschen wecken,
Leben aus ihnen hervorlocken.
Anselm Grün (Benediktiner-Pater)

In diesem Buch haben Sie vielfältige konkrete Vorschläge erhalten, wie Sie Ihre Mitarbeiter besser führen und sich selbst mehr und mehr zu einem We-care-Leader entwickeln können. Natürlich gibt es den perfekten Leader nicht. Leider gab es auch meinen fabelhaften Chef in dieser Form nicht. Ich habe mir die Freiheit genommen, die Geschichten über ihn aus den Erlebnissen mit verschiedenen früheren Chefs und aus Tatsachenberichten von Seminarteilnehmern zusammenzusetzen. Jede Führungskraft sollte aber anstreben, ein solcher We-Care-Leader zu werden.

Das Ziel eines We-care-Leaders ist es, Weisheit verbunden mit einer großen Herzensbildung zu erlangen. Und genau diesen Weg können Sie in Ihrer täglichen Arbeit als Führungskraft beschreiten. Es geht sogar noch einen Schritt weiter. Weisheit und Herzensbildung können Sie natürlich in allen Bereichen des Lebens und auch in jedem Beruf entwickeln. Aber diese beiden Eigenschaften sind es auch, die einen herausragenden Leader auszeichnen. Und Sie sind ein Multiplikator. Ihr Führungsstil wird auf die Dauer auch Führungspersonen und Mitarbeiter beeinflussen, die zu Ihrem Wirkungskreis gehören. Es ist egal, ob Sie als Manager 8 oder 80 000 Menschen führen. Was immer Sie vorleben, wird sich in seiner Wirkung in Ihrer Umgebung multiplizieren. In kaum einem Beruf können Sie mit Ihrem Vorbild so viel bewegen wie in dem des Leaders. Genau dieser Gedanke findet sich bei einem der vorbildlichsten Unternehmer unser Zeit wieder. Bei Götz Werner, dem Begründer der DM-Märkte, lesen wir:

»Kindermund tut Wahrheit kund. ›Vieles von dem, was die Mama für uns tut, macht sie nicht gerne‹, sagte eine kleine Grundschülerin bei einer meiner Lesestunden, um die ich hin und wieder gebeten werde. ›Die Mama macht es aber, weil sie uns liebt‹, meinte daraufhin ein anderes Kind in der Klasse.

Diese beiden Aussagen wiederhole ich hier, weil die Kinder mehr intuitiv als bewusst erfasst haben, dass Liebe und Zuneigung keine Spaßveranstaltung sind, sondern eine andere Grundlage brauchen und auch haben. Bei Müttern und Vätern halten wir es für selbstverständlich, dass sie für ihre Kinder tätig werden, weil Liebe und Zuneigung durchaus auch einmal mit unangenehmen Pflichten verbunden sind.

Man kann sich aber schnell bewusst machen, dass das Miteinander aller Menschen funktioniert wie das zwischen Eltern und Kindern: ein Miteinander von Menschen, die konstruktiv und nicht destruktiv ihr Leben gestalten wollen. Wenn wir also für andere tätig werden, dann geht es nicht nur um Spaß, sondern es geht darum, aus Interesse, aus Liebe zu unseren Mitmenschen und zur Schöpfung insgesamt die Initiative zu ergreifen und füreinander tätig zu werden. Es geht um ›die von Weisheit erleuchtete und von Liebe erwärmte Tat des Menschen‹, wie es Rudolf Steiner, der Begründer der Anthroposophie, so pointiert formulierte.[66]

[…]

Wir tun nichts Gutes, wenn wir die Fähigkeiten, die Welt zu analysieren und zu beherrschen, immer weiter perfektionieren und dabei die Herzensbildung vernachlässigen.«

Ich wünsche Ihnen eine wunderbare und erlebnisreiche Reise hin zu Weisheit und Herzensbildung. Schreiben Sie mir gern, wenn Sie Beispiele für das Verhalten eines We-care-Leaders haben. Ich freue mich über Feedback, Anregungen und Anfragen:

Alexander Groth Leadership
Professional Speaker & Autor
E-Mail: dialog@alexander-groth.de
Web: www.alexander-groth.de

Eine Bitte zum Schluss: Wenn Ihnen das Buch gefallen hat, empfehlen Sie es weiter. Vielen Dank!

Danksagung

Mein Lieblingsaphoristiker Mark Twain hat einmal geschrieben: »Es ist idiotisch, sieben oder acht Monate an einem Roman zu schreiben, wenn man in jedem Buchladen für zwei Dollar einen kaufen kann.« Um die Idiotie trotzdem zu wagen und noch ein Buch zu schreiben braucht es ein Umfeld, das viel Toleranz übt und unterstützt. Dank gilt vor allen anderen meiner Frau Tanja, die mit Liebe und Geduld reagiert, wenn ich über Monate viele Tage in Folge nicht nur tagsüber, sondern auch nachts hinter meinem Schreibtisch brüte. Sie ist ein wunderbarer Mensch und ein We-care-Leader, von dem ich immer wieder lerne.

Großer Dank gilt ebenfalls dem Team. Es ist wunderbar, von exzellenten Menschen umgeben zu sein, die mehr können als man selbst. Die Lektorin Marion Kümmel hat das Skript mit sprachlicher Präzision und Feingefühl redigiert und meine Thesen manchmal auch sehr pointiert hinterfragt. Die Auseinandersetzung mit ihren Kommentaren ist mir stets eine Freude. Thomas Plaßmann danke ich für die wunderbaren Cartoons, die viele Thesen des Buchs mit dem ihm eigenen wunderbaren Humor vermitteln. Jedes seiner Bilder ist eine Bereicherung. Gianna Slomka vom Campus Verlag danke ich für das professionelle Management und ihre Geduld mit dem Autor.

Eine große Inspiration waren für mich Gespräche mit Heinz Landau, der mir nicht nur den Begriff »We-care-Leader« vorschlug, sondern selbst ein herausragendes Beispiel für die Umsetzung der Ideen ist. Jörg Seufert danke ich für die Idee, eine Gebrauchsanleitung für sich selbst zu schreiben. Viel gelernt habe ich von Heidemarie Grünewald, deren Inspirationen sich in den Kapiteln 4 und 8 wiederfinden. Ich danke meinen Auftraggebern und allen Führungskräften und Mitarbeitern, die ich kennen lernen durfte, für ihr Vertrauen und viele Beispiele, die Sie in diesem Buch finden.

Literatur

Appelo, Jurgen: *Management 3.0 – Leading agile developers, developing agile leaders,* Boston 2011.
Bruch, Heike u. Poralla, Sabine: »Wie Hilti über Generationen gute Führung garantiert«, in: *Harvard Businessmanager,* Ausgabe 03/2009.
Crowley, Mark C.: *Lead from the heart – Transformational leadership for the 21st century,* Bloomington 2011.
Csíkszentmihályi, Mihály: *Flow – Das Geheimnis des Glücks,* 6. Aufl., Stuttgart 1998.
Cuddy, Amy J. C. et al.: »Freundlich führt am besten«, in: *Harvard Businessmanager* 09/2013, S. 20–30.
Dalai Lama: *Der Weg zum Glück – Sinn im Leben finden,* Freiburg 2003.
Drucker, Peter: *Was ist Management? Das Beste aus 50 Jahren,* 3. Aufl., Berlin 2005.
Fromm, Erich: *Die Kunst des Liebens,* in: Gesamtausgabe, Band 9, Stuttgart 1981.
Giuliani, Rudolph W.: *Leadership – Verantwortung in schwieriger Zeit,* München 2002.
Gladwell, Malcolm: *Überflieger – Warum manche Menschen erfolgreich sind und andere nicht,* 4. Aufl., Frankfurt am Main 2010.
Gratch, Alan: *Wenn Männer reden könnten. Und was sie fühlen, ohne es zu sagen,* Frankfurt am Main 2002.
Greenleaf, Robert K.: *The servant as leader.* Neuauflage. The Robert K. Greenleaf Center 1991.
Groth, Alexander: *Führen mit EQ,* 2. Aufl., Offenbach 2014.
Groth, Alexander: *Stärkenorientiertes Führen,* 6. Aufl., Offenbach 2013.
Groth, Alexander: »Das größte Leadership-Prinzip aller Zeiten«, in: Seiwert, Lothar (Hrsg.): *Die besten Ideen für erfolgreiche Führung,* Offenbach 2014.
Grün, Anselm: *Das kleine Buch vom wahren Glück,* 22. Aufl., Freiburg 2001.
Grün, Anselm: *Menschen führen – Leben wecken,* 11. Aufl. Münsterschwarzach 2011.
Hamel, Gary: *Worauf es jetzt ankommt – Erfolgreich in Zeiten kompromisslosen Wandels, brutalen Wettbewerbs und unaufhaltsamer Innovation,* Weinheim 2013.
Hauser, Frank, Schubert, Andreas u. Aicher, Mona: *Unternehmenskultur, Arbeitsqualität und Mitarbeiterengagement in den Unternehmen in Deutschland. Ein Forschungsprojekt des Bundesministeriums für Arbeit und Soziales.* Abschlussbericht. URL: http://www.cbdata.de/hv-sales/HVConsult/AbschlußBericht.pdf [Abruf: 16.05.2014].
Hohensee, Thomas: *Der Buddha hatte Zeit – Der Weg zu einem Leben ohne Hektik und Stress,* München 2005.
Kaplan, Robert Steven: *What to ask the person in the mirror – Critical questions for becoming a more effective leader and reaching your potential,* Boston 2011.
King, Martin Luther jr.: *Kraft zum Lieben – Betrachtungen und Reden des Friedensnobelpreisträgers,* Konstanz 1983.

Lyman, Amy: *Creating trust: It's worth the effort*, Great Place to Work Institute 2010.

Oermann, Nils Ole: *Albert Schweitzer 1875–1965. Eine Biographie*, 3. Aufl., München 2010.

Pearlstein, Steven: »How the cult of shareholder value wrecked american business«, in: *Washington Post online* vom 9. September 2013.

Reiter, Markus: *Lob des Mittelmaßes – Warum wir nicht alle Elite sein müssen*, München 2011.

Schmitt, Jochen: *Firmen müssen nicht sterben – aber manchmal werden sie umgebracht*, Münster 2013.

Schopenhauer, Arthur: *Die Welt als Wille und Vorstellung II*, Werke in 5 Bänden, Band 2, Zürich 1988.

Schweitzer, Albert: *Was sollen wir tun? 12 Predigten über ethische Probleme*, 2., verb. und erg. Aufl., Heidelberg 1986.

Süfke, Björn: *Männerseelen – Ein Psychologischer Reiseführer*, München 2010.

Tichy, Noel M. u. Sherman, Stratford: *Control your destiny or someone else will – How Jack Welch is making General Electric the world's most competitive company*, New York 1993.

Watkins, Michael: *Die entscheidenden 90 Tage – So meistern Sie jede neue Managementaufgabe*, Frankfurt 2007.

Wegmann, Jürgen et al.: *Der ehrbare Kaufmann: Leistungsfaktor Vertrauen – Kostenfaktor Misstrauen*, Köln 2009.

Welch, Jack u. Welch, Suzy: *Winning – Das ist Management. Wissen was zu tun ist*, Frankfurt am Main 2005.

Werner, Götz W.: *Wann fällt der Groschen? 52 Schlüsselfragen zum eigenen Leben*, Stuttgart 2014.

Anmerkungen

1 Robert K. Greenleaf: *The servant as leader*. Neuauflage. The Robert K. Greenleaf Center 1991 (Erstveröffentlichung 1970), S. 22.
Im Original lautet das Zitat: »The servant-leader is servant first […]. It begins with the natural feeling that one wants to serve, to serve first. Then conscious choice brings one to aspire to lead […]. The difference manifests itself in the care taken by the servant – first to make sure that other people's highest-priority needs are being served.
The best test, and the most difficult to administer is: Do those served grow as persons? Do they, while being served, become healthier, wiser, freer, more autonomous, more likely themselves to become servants? And, what is the effect on the least privileged in society; will they benefit or, at least, not be further deprived?«
2 Pearlstein, Steven: »How the cult of shareholder value wrecked american business«. In: *Washington Post online* am 9. September 2013 [15.05.2014].
3 Fromm, Erich: *Die Kunst des Liebens*, in: Gesamtausgabe, Band 9, Stuttgart 1981, S. 490.
4 *Brockhaus Bilder-Conversations-Lexikon*, Band 3, Leipzig 1839, S. 351. Zitiert nach: http://de.wikipedia.org/wiki/Original_(Person) [08.03.2014].
5 Der hier zitierte Text lag der von mir erworbenen Fotografie bei. Darauf ist keine Quelle genannt. Eigene Übersetzung aus dem Englischen.
6 Stichwort »Humor«, in: *Duden – Deutsches Universalwörterbuch*. 6. Aufl., Mannheim 2006.
7 Hamel, Garry: *Worauf es jetzt ankommt – Erfolgreich in Zeiten kompromisslosen Wandels, brutalen Wettbewerbs und unaufhaltsamer Innovation*, Weinheim 2013, S. 19.
9 Aldinger, Marco: *Geschichten für die kleine Erleuchtung – Das Buch der Bewusstseinserheiterung*, Freiburg 2006, S. 48.
10 Giuliani, Rudolph W.: *Leadership – Verantwortung in schwieriger Zeit*, München 2002, S. 88.
11 Die Begebenheit wurde beschrieben in: Deutschman, Alan: *Walk the talk – The #1 Rule for real leaders*. New York 2009, S. 1–7.
12 Cuddy, Amy J. C. et al.: »Freundlich führt am besten«, in: *Harvard Businessmanager* 09/2013, S. 22.
13 Aus Gratch, Alan: *Wenn Männer reden könnten. Und was sie fühlen, ohne es zu sagen*, Frankfurt am Main 2002.
14 Schweitzer, Albert: *Was sollen wir tun? – 12 Predigten über ethische Probleme*, verb. und erg. Aufl., Heidelberg 1986, S. 99 f.
15 Ebenda, S. 131 f.
16 Fromm, S. 454.

17 Dalai Lama: *Der Weg zum Glück – Sinn im Leben finden.* Freiburg 2003, S. 18.
18 Schweitzer, S. 131 f.
19 King, Martin Luther jr.: *Kraft zum Lieben – Betrachtungen und Reden des Friedensnobelpreisträgers,* Konstanz 1983, S. 12 und 17.
20 Schuller, Konrad: »Nach wie vor kaum Studienchancen für Arbeiterkinder«, online unter: *FAZ.net* vom 10.09.2012 [15.05.2014].
21 Reiter, Markus: *Lob des Mittelmaßes – Warum wir nicht alle Elite sein müssen,* München 2011. Darin zitiert Reiter eine Studie des Elitenforschers Michael Hartmann von der Universität Darmstadt.
22 Schopenhauer, Arthur: *Die Welt als Wille und Vorstellung II.* Werke in 5 Bänden, Zürich 1988, Band 2, S. 270.
23 Dalai Lama, S. 13.
24 Ebenda, S. 36.
25 Aldinger, Marco: *Die Erschaffung des Mannes und andere Geschichten für die kleine Erleuchtung.* Freiburg 2008, S. 36.
26 In Anlehnung an Appelo, Jurgen: *Management 3.0,* Boston 2011. Appelo verwendet in seinem Buch sieben Stufen. Anzahl wie auch die Bezeichnungen der Stufen sind hier verändert.
27 Goethe, Johann Wolfgang: *Wilhelm Meisters Lehrjahre,* Sämtliche Werke, Band 5, München 2006, S. 533.
28 Vgl. Website der Delancey Street Foundation. URL: http://www.delanceystreetfoundation.org [21.02.2014].
29 Csikszentmihalyi, Mihaly: *Flow – Das Geheimnis des Glücks,* 6. Aufl., Stuttgart 1998, S. 16.
30 Ebenda, S. 211.
31 Cheng, Victor: »McKinsey up or out policy«. URL: http://www.caseinterview.com/mckinsey-up-or-out-policy [13.03.2014].
32 Kaplan, Robert Steven: *What to ask the person in the mirror,* Boston 2011, S. 90 (eigene Übersetzung).
33 Ebenda, S. 99 f. (eigene Übersetzung).
34 Drucker, Peter: *Was ist Management? Das Beste aus 50 Jahren,* 3. Aufl., Berlin 2005, S. 159. Der Text ist älter, wurde aber von Drucker für den Sammelband (1. Aufl. 2001) ausgewählt.
35 Welch, Jack u. Welch, Suzy: *Winning – Das ist Management,* Frankfurt am Main 2005, S. 93.
36 Tichy, Noel u. Sherman, Stratford: *Control your destiny or someone else will,* New York 1993, S. 237.
37 Watkins, Michael: *Die entscheidenden 90 Tage – So meistern Sie jede neue Managementaufgabe,* Frankfurt am Main 2003, S. 151.
38 Diese Äußerung wird Warren Buffett zugeschrieben, ist aber nicht belegbar.
39 Stichwort »Persönliche Integrität« im Artikel »Integrität« auf Wikipedia.de, URL: http://de.wikipedia.org/wiki/Integrität_(Ethik) [15.05.2014].
40 Reiter, S. 16 f.
41 Giuliani, , S. 78.
42 Welch & Welch, S. 105.
43 Lyman, Amy: *Creating trust: It's worth the effort,* Great Place to Work Institute 2010, S. 10 (eigene Übersetzung).
44 Lorenzo, Giovanni di: »Verstehen Sie das, Herr Schmidt?«, in: *ZEITMagazin,* 4. März

2010, online unter: http://www.zeit.de/2010/10/Fragen-an-Helmut-Schmidt/komlettansicht [12.03.2014].

45 Vgl. Kaplan, Robert Steven: *What to ask the person in the mirror*, Boston 2011, S. 24.
46 Kirbach, Roland: »Im Stich gelassen«, in: *ZEIT online* vom 11. Januar 2013. [12.03.2014].
47 Ebenda.
48 »Hilti values«, unter: Core purpose and values. URL: https://www.hilti.com/vision-and-values [Abruf: 16.05.2014]. URL für die deutsche Version: https://www.hilti.de/werte [16.05.2014]. Der Text: »Die Art, wie wir bei Hilti Dinge anpacken, ist durch unsere starken Werte geprägt. Wir sind integer in allem, was wir tun, haben den Mut, den Kreis der Gewohnheiten zu verlassen, erzielen durch Teamarbeit hervorragende Resultate und fördern mit hohem Engagement Unternehmens- und persönliches Wachstum.«
49 »Hilti Leitbild«. URL: https://www.hilti.de/leitbild [27.05.2014].
50 Bruch, Heike u. Poralla, Sabine: »Wie Hilti über Generationen gute Führung garantiert«, in: *Harvard Businessmanager* 03/2009.
51 Hauser, Frank, Schubert, Andreas u. Aicher, Mona: *Unternehmenskultur, Arbeitsqualität und Mitarbeiterengagement in den Unternehmen in Deutschland. Ein Forschungsprojekt des Bundesministeriums für Arbeit und Soziales. Abschlussbericht.* URL: http://www.cbdata.de/hv-sales/HVConsult/AbschlußBericht.pdf [16.05.2014].
52 Ebenda, S. 136.
53 Quelle der Grafik: Ebenda, S. 130.
54 Ebenda, S. 114–117.
55 Quelle der Grafik: Ebenda, S. 114.
56 Ebenda, S. 113–117.
57 Ebenda, S. 132.
58 Quelle der Grafik: Ebenda, S. 134.
59 Quelle der Grafik: Ebenda, S. 108.
60 »Meine Firma liebt mich nicht. Das Klimaproblem im Job«, in: *DIE ZEIT* 15/2014 vom 3. April 2014, S. 23.
61 Wegmann, Jürgen et al.: *Der ehrbare Kaufmann: Leistungsfaktor Vertrauen – Kostenfaktor Misstrauen*, Köln 2009, S. 45.
62 Hauser, Frank, Schubert, Andreas u. Aicher, Mona: *Unternehmenskultur, Arbeitsqualität und Mitarbeiterengagement in den Unternehmen in Deutschland. Ein Forschungsprojekt des Bundesministeriums für Arbeit und Soziales. Abschlussbericht.* URL: http://www.cb-data.de/hv-sales/HVConsult/AbschlußBericht.pdf [16.05.2014], S. 147.
63 Fromm, S. 467.
64 Hohensee, Thomas: *Der Buddha hatte Zeit – Der Weg zu einem Leben ohne Hektik und Stress*, München 2005, S. 99.
65 Die Bibel: Matthäus 9,9. URL: http://www.bibleserver.com/text/EU/Matthäus9 [10.02.2014].
66 Die Geschichte ist eine gekürzte Version. Das Original findet sich in: Kalungu-Banda, Martin: *Leading like Madiba: Leadership Lessons from Nelson Mandela*, Adelaide 2008, Kapitel 1.
67 Werner, Götz W.: *Wann fällt der Groschen? 52 Schlüsselfragen zum eigenen Leben*, Stuttgart 2014, S. 191 f.

Register

Achtsamkeit 200 f.
Aktivitäten, soziale 190 f.
Akzeptanz 7, 12, 84, 90, 93, 96 f., 100, 109, 155, 197
Ambivertierte 142 f.
Andersartigkeit, Achten der 203
Apathie 127 f.
Arbeit, Sinn von 19 f., 23, 29, 167, 176 f., 188 f., 191, 193, 203
Arbeitsbeispiele 161 f.
Arbeitsklima 14
Arroganz 101
Aufgabenübertragung, gezielte 129, 133 f., 139
Authentizität 38
Autorität 35, 37, 44, 105

Bedienungsanleitung, für sich selbst 59 f.
Besitz, Stolz auf den 106 f.
Bestleistung 137, 141, 165
Bewerberauswahl, professionelle 160
Blasiertheit 101

Charakter 10 f., 15 f., 20, 34, 37, 39, 43, 61, 79 f., 98, 100, 102, 196, 207
Corporate Social Responsibility (CSR) 30, 192
Courage 44, 176

Dankbarkeit 14, 84, 101
Demotivation 14, 118, 126
Demut 7, 10, 16, 23, 49, 84, 100 – 102, 108 f.
Denken, selbstständiges 111 f.
Denkmuster 147 f., 150, 165
Dienst am Nächsten 87
Distanz 64 f., 72, 89

Distress 70
Dünkel 49, 204

Egoismus 196, 210
Ego-Säule 100 – 102
Ehrgefühl 49
Ehrlichkeit 48
Eigenverantwortung 210
Eitelkeit 49, 108
Emotionen 62 f., 65 – 73, 75 – 77, 167, 191, 205
Empowerment 113 – 120, 138
Energiequelle 62
Engagement, soziales 190 – 192
Entwicklungsaufgaben 98, 109
Entwicklungschancen 135 141
Erfolg, Stolz auf den 105
Erfolge, Feiern von 166
Erwartungen 35, 37, 40, 62, 87, 90 f., 94, 97, 121, 123, 163 f., 208
Eustress 70
Extravertierte 142 f.

Feedback
– kritisches 47, 129
– positives 129
– regelmäßiges 59, 129 – 132, 139
– wertschätzendes 96, 210
Fehler
– fahrlässige 119 f.
– intelligente 119 f.
Flow 126 – 128
Format 10, 49, 55
Fragetechnik 160, 165
Führen, empathisches 34
Führungsfähigkeit 21, 78

Führungsqualität 7, 21, 79

Gefühle, Verbalisieren von 69, 72, 76
Generation Y 29, 175
Gesetz von Ursache und Wirkung 80–83, 85, 87
Grenzen, Setzen von 97, 108, 197, 209
Gutes im Leben anderer bewirken 87, 208–210

Haltung, wertschätzende 96
Handlungsoptionen 69, 74
Happiness Set Point 143
Herzensbildung 107, 109, 213 f.
Herzensgüte 10, 16
High Performer 129
Hochmut 101–103, 105 f., 109, 211
Höflichkeitslügen 46
Humor 41–44, 59 f., 84, 88, 166, 215

Ich, individuelles 62 f., 88, 197 f.
Individualität 35–37, 62
Integrität 17, 38, 48, 51, 156 f., 176 f., 181
Intelligenz, emotionale 38, 65
Interview, strukturiertes 161
Introvertierte 142 f.

Karma 80, 82
Karriereentwicklungsplan 129, 136 f.
Kaufmann, ehrbarer 192
Klugheit 53, 57, 211
Kollektiv, Zugehörigkeit zum 36
Komfortzone 133–135, 137
Kontaktfähigkeit 148
Kreativität 42, 138
Krisen 26, 29, 98, 115, 174
Kritikgespräch 207
Kundenorientierung 181
Kündigung, innere 123, 184

Langeweile 126 f.
Lebensenergie 23, 31
Leistungs- und Fähigkeitsanalyse 154
Leistungsorientierung 181
Leistungsverweigerer 95, 123 f.
Leitbild 177, 192
Liebe 7, 41, 84, 88, 104, 194–197, 203–206, 208–211, 214 f.

Lösungsfindung, Prozess der 112
Loyalität 10 f., 14, 56, 89 f.

Marke 61, 171–173, 175 f.
Meinungsvielfalt 159
Menschlichkeit 17
Mikromanagement 112, 117
Minderleister 101
Mitarbeiter
– Aktiv-Engagierte 158, 182 f., 185–187, 193
– Akut-Unzufriedene 182, 184–187, 193
– Anerkennung 129, 187
– Arbeitsmoral 124, 204
– Beziehungskompetenz 155
– Demotivation 14, 118, 126
– Desinteressierte 182, 185 f.
– Energie 21–23, 31, 75, 138, 151, 155 f.
– Fachkompetenz 155
– Fehler von 56, 94, 117–120, 133, 139, 204, 206 f.
– Fokussierung 155
– Misserfolge von 118 f.
– Motivation 113, 125, 134, 141, 150, 183, 191
– Passiv-Zufriedene 158, 182, 184, 186, 193
– professioneller Auswahlprozess 162
– Urteilsvermögen 155
Mitarbeitergespräch 131, 145, 209
Mitarbeiterjahresgespräch 55, 131, 135, 155, 202
Mitarbeiterorientierung 30 f., 180 f., 185–188, 193
Mitgefühl 69, 84, 88, 108
moralelastisch 49
Multiplikator 13, 175, 213

Nachfolgeplanung 136, 154
Narzissmus 210

Originalität 36 f.

Panikzone 133 f., 139
Passivität 127
Persona 31, 36, 61–63, 88, 196–198
Personalauswahl 152 f., 164
Personalentwicklung 207
Persönlichkeit, normotische 71

Persönlichkeitsmerkmale 142, 144, 149 f.
Perspektivenwechsel 94
Präsenz 201 f.
Produktivität 43 126, 191
Pygmalion-Effekt 120

Reflexionszeit 150
Reichtum
– äußerer 83–87, 90, 103, 106–109
– innerer 83–85, 87, 90, 107, 109
Reife, menschliche 11, 53, 65, 98, 103, 114, 205
Rückgrat 12, 52 f.

Selbstachtung 49, 210
Selbstfürsorge 210
Selbstliebe 210 f.
Selbstvertrauen 23, 111
Selbstwahrnehmung 210
Shareholder-Value 24, 26–29
Sinn, übergeordneter 20, 176, 188
Sozialsierung 67, 69, 106
Stärken, Entwicklung von 131, 134, 141, 146, 151, 165
Stärkengespräch, strukturiertes 151
Statussymbole 61, 196
Stereotype 67

Talente 146–151, 165

Überheblichkeit 101
Überzeugungskraft 16
Unangenehmes 56, 60 98
Unternehmenserfolg 179 f., 182, 185 f.
Unternehmenskultur 176, 178, 180–182, 187 f., 193
Unternehmensleitsätze, Abweichungen von 179

Verantwortung
– gesellschaftliche 29 f., 192
– soziale 30, 192
– Übernehmen von 55 f., 58, 112, 136, 157, 163, 206–208, 212

Verbundenheit 64, 88 f.
Verdrängung, von Gefühlen 68, 74
Verhaltensmuster 62, 78, 98, 147 f., 150, 165
Versprechen, Halten von 53–55, 58, 164
Verstand, Stolz auf den 103
Vertrauen 7, 15 f., 30, 43–45, 48, 54, 64, 79–81, 84 f., 90, 109, 116 f., 122–124, 139, 164, 183–185, 215
Vision 20, 167–171, 178, 193
Vorbild 11, 17, 29, 38, 50, 56, 60, 106, 117, 152, 213

Wachstum
– inneres 99
– persönliches 38, 129
Wachstumszone 133–135, 137, 139
Wahrhaftigkeit 44, 48, 58–60, 211
Wahrnehmungsfähigkeit, emotionale 72
Wahrnehmungsfehler 160, 165
Wahrnehmungsmuster 147 f., 150, 165
Walk the talk 57 f., 60
Warmherzigkeit 64 f., 84, 108 f.
We-care-Leader 15 f., 18, 20, 24, 52, 55, 74, 89 f., 96 f., 120, 129, 151, 160, 164, 187, 213–215
We-care-Unternehmen 24 f., 30
We-care-Value 24, 28
Weisheit 23, 37 f., 40, 53, 84, 107, 194, 203, 213 f.
Wertesystem 156 f.
Wertschätzung 107, 187, 209
Wichtigtuerei 101
Widerstand, innerer 90–94, 197
Wir-Gefühl 167, 170, 176
Wissensarbeiter 8, 29, 113, 129, 133, 147
Würde 44, 49, 52, 60, 189, 205

Zutrauen 124, 139
Zweck- und Nutzendenken 104

Alexander Groth, Jahrgang 1970, ist Redner, Autor und Trainer – und der Mann, der weiß, wie Führungsstärke entsteht. Mit seinen Büchern und Auftritten gibt er Führungskräften aus dem oberen und mittleren Management neue Impulse für ihre Arbeit, und zeigt, »wie dieser Höllenjob zwischen allen Stühlen gelingen kann« (Hamburger Abendblatt).

Alexander Groth gehört zu den »Top 100 Excellent Speakers« in Deutschland und tritt regelmäßig in der bundesweit bekannten Vortragsreihe »Von den Besten profitieren« auf.

Der mitreißende Redner engagiert sich zudem als Dozent an drei Universitäten: An der TU München und an der Universität Stuttgart hält er Vorlesungen zu High Performance Leadership, an der Universität Mannheim ist er Lehrbeauftragter für Rhetorik. Seine Fähigkeit, universelle Führungsprinzipien auf praktisches How-to herunterzubrechen, macht ihn zu einem gefragten Keynote-Speaker und Interviewpartner für die Medien.

Bei Campus sind von Alexander Groth ebenfalls erschienen: *Führungsstark im Wandel* und *Führungsstark in alle Richtungen*, sowie die zugehörigen Hörbücher.

www.alexander-groth.de